팀 켈러의
그리스도인의
삶에 관하여

팀 켈러의
그리스도인의 삶에 관하여

지은이 | 맷 스메서스트
옮긴이 | 정영준
초판 발행 | 2025. 5. 14.
등록번호 | 제1988-000080호
등록된 곳 | 서울특별시 용산구 서빙고로65길 38
발행처 | 사단법인 두란노서원
영업부 | 02) 2078-3333 FAX | 080-749-3705
출판부 | 02) 2078-3330

책값은 뒤표지에 있습니다.
ISBN 978-89-531-5103-1 03230

독자의 의견을 기다립니다.
tpress@duranno.com www.duranno.com

두란노서원은 바울 사도가 3차 전도 여행 때 에베소에서 성령 받은 제자들을 따로 세워 하나님의 말씀으로 양육
하던 장소입니다. 사도행전 19장 8−20절의 정신에 따라 첫째 목회자를 돕는 사역과 평신도를 훈련시키는 사역,
둘째 세계선교™와 문서선교단행본·잡지 사역, 셋째 예수문화 및 경배와 찬양 사역, 그리고 가정·상담 사역 등을 감
당하고 있습니다. 1980년 12월 22일에 창립된 두란노서원은 주님 오실 때까지 이 사역들을 계속할 것입니다.

팀 켈러의

그리스도인의
삶에 관하여

복음은 우리의 일상을 변화시킨다

맷 스메서스트 지음

정영준 옮김

두란노

저자는 이 책을 위해 팀 켈러의 설교, 책, 논문, 강의, 기사, 미공개 대화들까지 엄청
난 양의 자료를 조사했다. 심지어 아내인 나조차 몰랐던 자료들까지 찾아내어, 팀
켈러의 모든 사역에 생명력을 불어넣은 성경적 주제들을 철저하게 조사하여 오래
도록 남을 작품을 만들어 냈다.

♦ 캐시 켈러 / 《팀 켈러, 결혼을 말하다》 공저자

팀 켈러처럼 예수 그리스도의 복음이 어떻게 모든 것을 변화시키는지에 대해 다층
적이고 다면적인 이해를 보여 준 목회자는 드물다. 저자는 일상의 삶 속에 복음이
어떻게 적용되는지에 대한 팀 켈러의 가르침을 매력적이고 실제적이며 마음과 삶
을 변화시키는 방식으로 훌륭하게 정리해 냈다. 이 복음이 계속해서 우리를 변화시
키고 우리의 삶이 닿는 모든 것을 변화시키기를 바란다. 이 책을 읽고 또 읽어라!

♦ 폴 트립 / 《마음 다해 주일예배》, 《돈과 영성》 저자

팀 켈러와 거실에 앉아 그리스도인의 삶에 대해 마음속에 있던 질문들을 자유롭게
물어보는 모습을 상상해 보라. 내 친구 맷 스메서스트는 이 책에서 그 거실로 가는
문을 열었다. 책장을 넘기면 사랑받는 목회자인 팀 켈러로부터 나오는 설득력 있는
지혜를 얻을 수 있으며, 그것은 가정, 직장, 지역사회에서 신앙을 실천하는 데 도움

이 될 것이다. 이 책은 특별히 시의적절하다. 왜냐하면 많은 그리스도인이 회의적인 문화 속에서 그리스도를 영화롭게 하는 발자취를 남기기 위해 고군분투하고 있기 때문이다. 이 놀라운 작품의 마지막 장을 읽고 나면, 우리가 영향을 미칠 수 있는 모든 영역에서 진정으로 복음을 구현한다는 것이 무엇을 의미하는지 이해하게 될 것이다. 팀 켈러의 진수를 우리에게 선물해 준 맷에게 감사를 전한다.

✦ **조니 에릭슨 타다** / 조니와친구들 국제장애인센터 설립자 겸 대표

팀 켈러와 리디머교회의 사역이 세속화된 맨해튼 문화 속으로 깊이 스며들자, 많은 언론이 이를 주목했다. 놀랍게도 그 사역의 기반은 변덕스러운 실용주의(무엇이든 효과만 있으면 된다)가 아니라, 지적이고 명확하게 정리되고 매력적으로 설명된 그리스도 중심의 성경 신학이었다. 이 책은 이러한 그리스도 중심의 성경 신학이 복음에 대한 팀 켈러의 이해(복음이 어떻게 삶을 회복시키고 변화시키는지)를 형성하는 데 영향을 미친 다양한 방식을 탐구한다. 팀 켈러의 설교를 들었던 사람들은 당연히 이 책을 읽고 싶을 것이며, 모든 독자는 복음의 은혜가 만들어 내는 영향력을 깊이 생각하게 될 것이다. 이 획기적인 연구에 대해 저자에게 축하와 감사의 인사를 전한다.

✦ **싱클레어 퍼거슨** / 리폼드신학교 조직신학 교수, 《온전한 그리스도》(The Whole Christ) 저자

팀 켈러가 한 말과 글에 전적으로 동의하지 않더라도, 하나님께서 그에게 교회와 우리 자신의 제자도에 유익이 되는 특별한 지혜를 주셨음을 인정할 수밖에 없다. 저자는 수많은 책과 설교 속에 담긴 팀 켈러의 지혜를 여덟 개의 매력적인 장으로 압축해 정리하는 인상적인 작업을 해냈다. 이것을 '팀 켈러 최고 명강의 모음집'으로 생각해도 좋다. 이 책은 놀랍고 은혜로운 작품이며, 나 또한 가족과 교회 성도들에게 이 책을 적극 추천할 것이다.

✦ **조나단 리먼** / 9Marks 편집 디렉터

친구가 쓴 책을 읽는다는 것, 그리고 그 책이 또 다른 친구의 그리스도인의 삶에 관한 지혜를 다룬다는 것은 얼마나 큰 축복인지 모른다. 나는 팀 켈러가 선포한 바를 실제로 살아 내는 모습을 직접 지켜볼 수 있었다. 특히 그가 말기 암과 싸우는 동안 더욱 그랬다. 당신이 팀 켈러의 사역 전반에 얼마나 익숙하든지 간에, 저자가 정리해 낸 이 책은 분명 도움과 축복이 될 것이다. 그는 팀의 사역에서 중심을 이루는 주제들과 강조점들을 정확히 짚어 내어, 이 책을 읽는 이들로 하여금 우리의 형제인 팀 켈러의 지속되는 사역과 더 깊이 만날 수 있도록 도와준다. 맷은 나에게 이 책을 집필하는 일이 영적으로 얼마나 값지고 유익한 시간이었는지 말해 주었다. 당신 역시 이 책을 읽으면서 그러한 영적 유익을 경험하게 될 것이다.

✦ 리곤 던컨 / 리폼드신학교 총장 및 CEO, The Everyday Pastor 팟캐스트 공동 진행자

나는 팀 켈러의 목회적 유산을 더 깊이 이해하고 싶어서 이 책을 열어 보기를 간절히 기다렸다. 동시에 맷 스메서스트가 그 이야기를 어떻게 풀어 낼지도 기대되었다. 그리고 나는 내가 바라던 바로 그 내용을 이 책에서 발견했다. 한 지혜로운 목회자가 또 다른 지혜로운 목회자의 지혜를 세심하게 정리해 낸 책이다. 그 결과는 보물과 같다. 이 책은 우리를 향한 우리 아버지 하나님의 사랑에 관한 것이며, 그것은 하나님과 이웃을 향한 우리의 사랑을 일깨워 준다. 이는 마음을 변화시키는 복음이 맺는 아름다운 열매다.

✦ 토니 라인키 / Desiring God 수석 교사, Ask Pastor John(존 파이퍼에게 묻다) 저자

팀 켈러는 예수 그리스도와 그분을 따른다는 것이 무엇인지를, 내가 평생 기독교의 가르침 속에서 살아오며 배워 왔음에도 불구하고 한 번도 들어본 적 없는 방식으로 전하는 특별한 재능을 가진 사람이었다. 그의 말은 자주 나를 멈춰 서게 만들었고, 내가 오랫동안 당연하게 여겨 왔던 이해와 해석에 도전하게 했다. 그러나 무엇보다 중요한 것은, 팀 켈러의 가르침이 나로 하여금 그리스도의 아름다움과 필요성, 그리고 충분함을 더욱 깊이 보게 만들었고, 그것이 나를 감동시키고 변화시켰다는 점

이다. 이 책은 팀 켈러의 가르침에 익숙한 이들에게는 그 핵심 진리를 다시금 되새기게 하고, 그의 가르침에 익숙하지 않은 이들에게는 본질을 명료하게 요약하여 전해 준다.

✦ 낸시 거스리 / 성경 교사, 저자

팀 켈러 같은 사람은 다시 없을 것이다. 그는 하나님께서 특별히 세우셔서, 복음을 소중히 여기는 이 시대의 신자들을 가르치고, 복음을 진지하게 고민하는 이 시대의 회의론자들을 가르친 사람이었다. 저자는 이 책에서 팀 켈러 사역의 핵심을 통찰력 있게 풀어 내며, 그의 사역 전반을 통합하고 정리하여, 예수 그리스도께서 어떻게 우리를 내면으로부터 변화시키시는지를 보여 준다. 이는 깊은 유익과 은혜를 전해 줄 귀한 독서가 될 것이다.

✦ 데인 오틀런드 / 일리노이주 네이퍼빌장로교회 담임목사, 《온유하고 겸손하니》(Gentle and Lowly) 저자

저자는 이 책을 통해 교회를 위한 큰 수고를 감당해 냈다. 여덟 개의 통찰력 있는 장을 통해 팀 켈러의 삶과 사역을 형성한 핵심 신념들을 정제해 냈기 때문이다. 독자는 이 책을 통해 팀 켈러의 사역이 왜 그렇게 깊은 영향을 끼쳤는지를 알게 된다. 그의 신념들(그의 겸손과 함께)은 목회 현장의 뜨거운 용광로 속에서 형성된 것이었다. 이 책은 사랑받는 목회자인 팀 켈러의 유산과 본을 통해, 기독교가 단지 어떤 종교적 관념이 아니라는 점을 상기시켜 준다. 그것은 가장 만족스럽고, 가장 아름다운 삶의 방식이다.

✦ 샘 퍼거슨 / 워싱턴 D.C. 폴스처치 성공회 교구 목사

신자의 삶과 변화시키는 복음의 능력을 연관 지으려는 팀 켈러의 입장을 정리한 책이라는 것에, 벌써 식상해지려는 위기감에 감싸였다. 결국, 무근거한 자만을 들킨 수치심이 독서의 동기가 됐다. 그리고 겸허한 자유를 얻었다. 특히 '목적이 있는 우정'을 읽고는 자세를 고쳐 앉았고, 그 힘에 기대어 나머지 글들을 읽으며, 주님께서 우리에게 보내신 선물을 다시 만끽했다. 낮추어지는 자유와 '영적인-논리적 분투'의 열정이 다시 깨어났다.

✦ 정갑신 / 예수향남교회 담임목사

팀 켈러를 알게 된 지난 10여 년은, 그의 가르침을 목회에 접목해 온 여정이었다. 그의 통찰은 나와 교회 모두에게 큰 축복이 되었다. 덕분에 교회는 점점 종교화되어 가던 길에서 벗어나 은혜의 복음 위에 세워져 가고 있다. 그의 가르침은 일시적 목회 트렌드가 아니라, 반복해서 되새기고 몸에 익혀야 할 복음적 통찰이다. 그런 점에서 팀 켈러의 사상을 깊이 있고 체계적으로 정리한 맷 스메서스트의 책은 참 고마운 선물이다. 팀 켈러 본인이 직접 썼다고 해도 이보다 더 명확하게 정리하기 어려웠을 것 같다. 이 책을 읽는 내내, 그의 핵심 가르침이 한눈에 정리되는 기쁨을 누렸다. 이 책을 손에 쥐게 된다면 그것은 큰 축복이다. 모든 목회자와 성도들에게 강력히 추천한다.

✦ 이인호 / 더사랑의교회 담임목사

드디어 나왔다. 이런 책을 기다렸다. 콜린 핸슨이 쓴 《하나님의 사람, 팀 켈러》가 팀 켈러의 생애에 대한 세세한 정보를 제공하는 팀 켈러 평전 1부라면, 이번에 나온 《팀 켈러의 그리스도인의 삶에 관하여》는 팀 켈러의 설교, 강연, 저서, 인터뷰를 주제별로 정리한 평전 2부라고 볼 수 있다. 고인이 직접 쓴 글이 아니지만 그의 숨결이 진하게 느껴지는 것은 저자의 노고 덕분일 것이다. 이 책은 팀 켈러를 사랑하고 그리워하는 모든 이들에게 하나님이 주시는 올해 최고의 선물이 될 것이다.

◆ 박태양 / TGC코리아 대표, 복음과도시 사무총장

팀 켈러 목사의 설교와 강의는 한결같이 복음을 통해 삶을 변화시키는 메시지였다. 이 땅에서 영원을 살아 내는 가장 아름다운 삶의 방식으로서의 복음의 메아리였다. 자신이 살아 낸 만큼 사람들에게 전해졌던 무게 있는 말씀이었다. 팀 켈러 목사 추모 2주기를 맞이하여 발간되는 이 책을 통해 한국교회가 복음으로 깨어나는 축복이 있기를 기대한다.

◆ 이재훈 / 온누리교회 위임목사

늘 세상에 있었으면 하는 소원이 현실로 나타났을 때의 기쁨이 이런 것일까? 맷 스메서스트의 《팀 켈러의 그리스도인의 삶에 관하여》는 방대한 팀 켈러의 저서와 사역을 한 권으로 집대성한 책이다. 팀 켈러를 이해하기 위해 어떤 책을 먼저 읽어야 하는가라는 질문을 많이 받았는데 이제는 이 책을 읽으면 될 것 같다. 팀 켈러를 이해하는 가장 좋은 안내서가 될 것 같다. 팀 켈러의 저서가 더 나오지 못하는 것에 대한 목마름을 저자가 해갈시켜 주는 것 같다. 팀 켈러보다 더 팀 켈러스러운 책이다. 놀랍다!

◆ 고상섭 / 그사랑교회 담임목사

목차

종합의 대가(大家)를
종합하다

◇◇◇

　　버지니아주 호프웰은 놓치기 쉬운 곳이다. 리치먼드에서 남쪽으로 약 25마일, 뉴욕시에서 약 350마일 떨어진 이 시골 마을에서 팀 켈러(1950-2023)는 1975년부터 1984년까지 목회자로서의 첫발을 내디뎠다. 그는 10여 년 동안 웨스트호프웰장로교회(West Hopewell Presbyterian Church; 이하 호프웰교회)에서 매주 세 차례(주일 오전과 저녁, 그리고 수요일 저녁) 성경을 강해하며 설교를 준비했다. 서른세 살이 될 때까지 전한 강해설교만 약 1,400편에 달했다. 작은 교회의 목회자가 흔히 그렇듯, 그의 역할은 끝이 없었다. 심방, 환자 돌봄, 결혼 주례, 장례식 집례, 심지어 교회 소프

트볼팀 응원까지 맡았다. 물론 가정을 돌보고 사랑하는 일도 빠질 수 없었다.

이 시기는 너무도 중요한 시간이었기에, 호프웰에서의 시간을 고려하지 않고는 맨해튼에서의 팀 켈러의 사역을 온전히 이해할 수 없다. 호프웰은 단순한 경유지가 아니라, "그의 인생에서 사역의 토대를 닦는 가장 중요한 시기였다."[1] 팀 켈러의 말에 따르면, 호프웰은 "캐시와 내가 처음으로 슬픔과 상실, 죽음과 어둠을 마주하는 사람들 곁에서 함께 걷는 법을 배운"[2] 곳이다. 그래서 리디머장로교회(Redeemer Presbyterian Church; 이하 리디머교회)에서 나눈 너무나 많은 설교 예화가 그의 첫 교회에서의 경험과 상담에서 나왔다.

팀 켈러는 일반적으로 작은 마을에서는 "목회가 설교를 준비시킨다"는 사실을 발견했다. 즉 사람들은 목사로서 그를 신뢰하지 않으면 설교자로서 그를 존중하지 않는다. 하지만 대도시는 종종 그 반대로 "설교가 목회를 준비시킨다."[3] 여기서는 사람들은 설교자로서 그를 존중하지 않으면 목사로서 그를 신뢰하지 않는다. 팀 켈러는 이러한 두 가지 역동성을 모두 경험했지만, 그의 탁월한 설교는 수년간의 성실한 목회에서 얻은 지혜로 가득 차 있었다.

호프웰은 또한 팀 켈러가 상황화라는 기술을 연마한 곳이었다. 그에게 상황화는 (올바르게 실천할 경우) 단순히 명확성의 문제일 뿐만 아니라 사랑에 관한 문제였다. 팀 켈러가 사망하기 두 달 전 인터뷰에서 그는 이 복잡한 용어를 "메시지 자체를 타협하거나 바꾸지 않으면서 가장 이해하기 쉽고 설득력 있게 메시지를 전달하는 것"이라고 간단히 정의했다. 인터뷰하는 사람이 그가 상황화에 신경 쓰는 주된 이유를 묻자,

그는 다음과 같이 간단히 대답했다. "사람들이 예수님과 사랑에 빠졌으면 좋겠습니다."[4]

하나님이 빚어 가시다

1950년 9월 23일, 펜실베이니아주 앨런타운에서 중산층 부모에게 태어난 티머시 제임스 켈러(Timothy James Keller; 이하 팀 켈러)는 세 자녀 중 맏이였다. 그의 부모는 서로 너무 달랐다. 아버지인 빌은 다소 무관심해 보였고, 어머니인 루이스는 간섭이 지나치게 심했다. 이 가족은 성실하게 주류 루터교 교회를 다녔지만, 팀 켈러는 복음을 거의 듣지 못했고, 회심하지 못한 채로 남아 있었다.[5]

하지만 버크넬대학교(Bucknell University)에서, 하나님은 그의 삶에 침입하셔서 그의 마음을 사로잡으셨다. 영적인 씨름의 시간을 겪은 후, 팀 켈러는 1970년 4월에 자신의 죄를 회개하고 그리스도를 믿었다.[6] 후에 팀 켈러는 "대학 시절, 성경은 말로 표현할 수 없을 정도로 살아난 것 같았다"라고 회상했다. "그것을 설명할 수 있는 가장 좋은 표현은 아마 이것일 것이다. 변화가 일어나기 전에는 내가 성경을 파고들어 의문을 제기하고 분석했다. 그러나 변화가 일어난 후에는 마치 성경이, 아니면 성경을 통해 '누군가'가 나에게 파고들어 의문을 제기하고 분석하기 시작하는 것 같았다."[7] IVF(InterVarsity Christian Fellowship; 기독학생회)에 참여하면서 팀 켈러는 J. I. 패커와 존 스토트와 같은 영국의 저자들을 포함한 견실한 기독교 서적을 접하게 되었고, 이들은 복음과 복음이 삶에 미치는 영향을 명확하게 하는 데 도움을 주었다.

대학 졸업 후, 팀 켈러는 1972년 가을 고든콘웰신학교(Gordon-Conwell Theological Seminary)에 다니기 위해 매사추세츠로 이주했다. 또 다른 1학년 학생(서부 펜실베이니아에서 온 캐시 크리스티)이 그의 가장 가까운 친구가 되었다. 콜린 핸슨은 이렇게 썼다.

> 캐시 크리스티가 켈러라는 성을 사용하기 전부터, 캐시는 팀 켈러의 삶에서 지성과 영성이 형성되는 데 가장 큰 영향을 끼친 인물이었다. 팀 켈러에 대한 글쓰기는, 사실 팀과 캐시에 대해 글을 쓰는 것이기도 하다. 신학교에서 만난 지적으로 대등한 이 부부는 목회 사역에 대한 공통된 헌신은 물론, 문학을 향한 애정, 신학에 대한 진지한 열정을 함께 나누었다.[8]

캠퍼스에서 보낸 3년은 그들의 신학이 형성되는 데 결정적인 역할을 했다. 처음 입학했을 때 그들은 단편적이고 부분적인 믿음을 가지고 입학했다. 하지만 졸업할 때는 역사적 개혁주의 신학, 역동적인 상호보완주의, 내적인 영적 갱신, 복음이 빚어내는 선교학 등 사려 깊고 체계화된 확신을 가지고 졸업했다. 팀과 캐시는 1975년 1월 4일, 마지막 학기를 앞두고 결혼했다. 결혼식은 당시 36세였던 R. C. 스프로울이 주례를 맡았다.

팀 켈러가 첫 목회를 시작하던 그해 여름은 미국장로교(Presbyterian Church in America, PCA)가 창립된 지 겨우 2년이 된 시점이었다. 버지니아주 호프웰에서 보낸 그 시절은 갓 임명된 목회자인 팀에게 혹독한 불세례와도 같은 시간이었다.[9] 설교부터 상담, 병원 심방, 그리고 소도시의 단

독 목회자가 맡아야 했던 수많은 일들에 이르기까지, 팀 켈러는 주님이 맡기신 소중한 성도들에게 자신의 삶을 쏟아 부었다. "팀 켈러는 금세 자신의 설교 방식을 조정해야 한다는 것을 깨달았다. 더 구체적이고 명확하며 실제적으로 만들어야 했다.… 그는 자신이 말하기 전에 먼저 듣고 배우는 것이 필요하다는 것을 깨달았다. 그래야 사람들을 설득할 수 있었다."[10] 콜린 핸슨은 이를 잘 전달했다.

> 많은 사람은 호프웰에서 팀 켈러가 "누구나 알아들을 수 있도록 말하는 법, 즉 쿠키를 낮은 선반에 두는 법"을 배웠다고 결론지었다 … 호프웰의 블루칼라 회중들은 팀 켈러가 어렵고 복잡한 개념을 기독교인과 비기독교인 모두가 이해할 수 있도록 쉽게 풀어 설명하는 능력을 키우도록 만들었다. 만약 그가 신학교를 졸업한 후 곧바로 고학력 위주의 회중들로 이루어진 교회로 갔다면, 지금처럼 유명한 설교자나 저자가 되지 못했을지도 모른다.[11]

팀 켈러는 항상 호프웰에서의 시간을 자신의 목회 생활의 기초가 되는 시기로 기억했다.

버지니아에서 목회하던 중, 그는 필라델피아의 웨스트민스터신학교(Westminster Theological Seminary)에서 집사 직분의 역할을 연구하며 목회학 박사 학위를 받았다. 그리고 호프웰에서 9년을 보낸 후, 웨스트민스터신학교에서 실천신학을 가르치는 파트타임 교수직을 제안받았다(이 시기 켈러는 PCA 북미선교부의 첫 번째 자비 사역 디렉터로도 섬기게 되었다). 그렇게 켈러 부부는 다시 북쪽으로 이사했고, 목사에서 교수가 되었다.

1980년대 후반, 웨스트민스터에서 즐겁게 열매를 맺으며 교수 사역을 이어 가던 중, PCA는 그에게 뉴욕시 중심부에서 교회를 개척할 것을 제안했다. 하지만 그는 이를 거절하고 다른 적임자를 찾아보겠다고 했다.[12] 그러나 하나님의 섭리 가운데, 뉴욕으로 가려고 하는 목사를 찾을 수 없었다. 그와 동시에 그는 점점 이 도전에 마음이 끌리기 시작했다.

팀 켈러가 이 사역을 감당할 목사를 찾으며 점차 자신이 직접 가야 함을 깨달아 가는 동안 필라델피아에 있는 팀 켈러의 친구들은 몇 달째 그를 위해 기도하고 있었다. 마침내 그는 친구들에게 가서 말했다. "제가 직접 해야겠습니다." 아내 캐시는 이 결정을 가리켜 남편이 평생 해 왔던 일 중에 "가장 '남자다운' 일 중 하나"였다고 회상했다. 그에게도 그곳에 가는 것은 두려운 일이었다. 그러나 그는 하나님의 부르심을 느꼈다. 그는 결단의 결과가 역동적으로 성장하는 대형교회가 될 것이라고는 상상조차 하지 않았다. 그가 알 수 있었던 것은, 비록 교회 개척이 실패로 끝난다고 하더라도 그가 내딛어야 했던 믿음의 다음 단계였다는 것이었다.[13]

1989년 여름, 팀 켈러의 가족은 그리스도의 나라를 위한 새로운 전초기지를 세우겠다는 목표를 가지고 세 어린 아들과 함께 뉴욕으로 이주했다.[14] 버지니아의 시골 마을에서 필라델피아의 조용한 교외를 거쳐 잠들지 않는 도시인 뉴욕에 이르기까지, 하나님은 켈러 가족을, 그들을 위해 준비해 둔 곳으로 인도하셨다.

그렇게 탄생한 리디머교회는 설립 직후부터 마치 부흥과도 같은 폭발적인 성장을 경험했다. 팀 켈러는 그 시절을 이렇게 회상한다. "그 첫 삼 년을 기억하는 사람들은 하나같이, 그때 같은 일을 한 번도 본 적이 없다고 말합니다. 회심이 일어나고, 하나님의 임재가 느껴졌으며, 삶이 변화되었습니다. 우리가 꿈꾸는 모든 일이 실제로 일어났습니다. … 기대했던 것 이상으로 특별하고 깊고 풍성한 시간이었습니다."[15] 아내 캐시 켈러(Kathy Keller)는 이를 두고 종종 농담 삼아 이렇게 말하곤 했다. "성공적인 대형교회를 개척하는 비결을 알고 싶으신가요? 하나님이 어디에 부흥을 보내실지 미리 알아내세요. 그리고 한 달 전에 그곳으로 이사하세요."[16] 리디머교회는 이후에도 몇 차례 중요한 성장의 물결을 경험했다. 그중 한 번은 2001년 9월 11일, 미국을 충격에 빠뜨린 테러 공격 이후였다.[17]

팀 켈러는 리디머교회에서 여러 사역을 기획하고 발전시키는 데 중요한 역할을 했다. 그가 주도적으로 세운 사역으로는 자비 사역에 초점을 맞춘 지역 비영리 단체들을 지원하는 '호프포뉴욕(Hope for New York)', 자신의 직업에 복음을 적용하려는 신자들을 돕는 '페이스앤워크센터(Center for Faith and Work; 일과영성센터)', 전문적인 상담 및 상담 교육 기관인 '리디머카운슬링(Redeemer Counseling)', 글로벌 교회개척 네트워크인 '리디머 시티투시티(Redeemer City to City; 이하 리디머 CTC)' 등이 있다. 2017년 리디머교회 담임목사직에서 은퇴한 후, 팀 켈러는 전 세계 교회 개척자들을 돕는 시티투시티 사역에 집중했다.

또한 2002년 맨해튼의 한 노천카페에서 팀 켈러와 성경신학자 D. A. 카슨(D. A. Carson)은 훗날 '가스펠코얼리션(The Gospel Coalition; 이하 TGC)'

이 될 비전을 함께 꿈꾸기 시작했다. 2005년 초청받은 목회자들만이 함께한 토론과 세미나 형식의 콜로퀴엄 모임을 거쳐, 2007년 첫 번째 전국 콘퍼런스를 개최하며 공식 출범한 TGC는 광범위한 개혁주의 전통에 뿌리를 둔 역사적이며 신앙 고백적인 복음주의의 본질을 회복하는 것을 돕기 위해 창립되었다. 팀 켈러가 TGC 콘퍼런스에서 15년간 전한 기조연설과 워크숍 강의들은 그가 남긴 가장 유익한 자산 중 하나로 평가된다.

팀 켈러의 가르침의 정수를 담다

이 책은 팀 켈러의 전기가 아니다. 몇 가지 예외를 제외하면, 팀 켈러의 생애를 자세히 서술하거나 그의 유산을 평가하는 것도 이 책의 초점이 아니다. 이 책의 목표는 그리스도인의 삶에 관한 팀 켈러의 최고의 가르침을 종합하고 그 정수를 담아내는 것이다. 이를 명확히 하기 위해, 각 문구를 간략히 살펴보자.

'**종합하고 그 정수를 담아내는 것이다.**' 이 책은 '설명하는' 것보다 '보여 주는' 데 중점을 둔다. 즉 팀 켈러 자신의 목소리가 가장 두드러지게 드러나고, 일관된 명확성을 가지고 울려 퍼지도록 하는 것이 목표다. 여기서 '일관된'이라는 단어는 이 책이 직면한 도전이자, 동시에 잠재적 가치이다. 이는 팀 켈러가 명확하지 않았기 때문이 아니라, 그의 작품이 워낙 방대하고 광범위하기 때문이다. 기독교인의 삶에 대한 거의 50년에 걸친 그의 목회적 가르침을 어떻게 한 번에 한 가지 주제씩 요약할 수 있을까? 간단히 말해, 팀 켈러의 광범위한 작품에서 핵심적인 요소들을 다양한 찬장에서 꺼내어, 독자들에게 영양가 있고 다채로운 한 끼 음식으로 제공하는 것이 이 책의 목적이다.

'팀 켈러의 최고의 가르침을.' 팀 켈러가 남긴 자료는 엄청나다. 수많은 그리스도인이 그의 설교 수천 편을 듣거나 서른 권이 넘는 저서를 읽을 시간이 없을 것이다. 하지만 한 권 정도는 시작해 볼 수 있지 않을까? 이 책은 그의 가르침 중 최고의 부분을 담아내는 것을 목표로 하며, 기대하기는 팀 켈러의 방대한 저작을 더 깊이 탐구하고자 하는 갈증을 불러일으키는 데에도 기여할 수 있기를 바란다.

'그리스도인의 삶에 관하여.' 이 책은 실제적인 기독교 제자도에 초점을 맞춘다. 다시 말해, 논쟁의 여지가 있는 신학적·정치적 사안에 대한 팀 켈러의 입장을 다루지 않는다. 물론 이러한 주제들 또한 다른 글에서 다룰 만한 가치가 있다. 그러나 이 책의 초점은 어디까지나 팀 켈러가 그리스도인의 일상적인 신앙생활의 본질적이고 변함없는 측면에 기여한 바를 탐구하는 데 있다.

만약 당신이 나와 같다면, 아마 당신도 팀 켈러의 모든 견해에 동의하지는 않을 것이다. 그것은 괜찮다. 예를 들어, 나도 팀 켈러와 세례 및 교회 정치에 대한 견해에서는 의견이 다르다.[18] 또한 교회론과 목회 철학의 일부 영역, 그리고 공공 신학에서 강조하는 몇 가지 부분에서도 의견에 차이가 있다. 팀 켈러는 본질적으로 복음 전도자였다. 나는 그가 진심으로 잃어버린 영혼들에게 다가가고자 하는 열망 때문에, 때때로 특정 사회적 이슈에 대해 '논쟁의 한복판에 서기보다 다소 거리를 두는' 태도를 유지했다고 생각한다. 때로는 필요 이상으로 그렇게 한 것처럼 보인다.

나의 목적은 기독교인의 삶에 대한 팀 켈러의 최고의 가르침으로 부터 그 정수를 담아내는 것이지, 그의 유산을 평가하는 것이 아니다. 그러나 나는 감히 이렇게 말하고 싶다. 그는 이차원적인 세상에서 삼 차원적인 목소리를 낸 인물이었다. 철학적 범주를 빌리자면, 팀 켈러 는 규범적 요소(예리한 성경적 통찰), 상황적 요소(시대의 문화적 흐름에 대한 깊 이 있는 인식), 그리고 실존적 요소(마음을 꿰뚫는 적용)를 모두 결합한 사람 이었다.[19] 성경 교사이면서도 문화 분석가이자 성경적 상담가인 사람을 생각해 보라. 위대한 목회자들 대부분은 이 세 가지 중 두 가지를 탁월 하게 해내지만, 팀 켈러는 세 가지 모두에서 뛰어났다. 특히 첫 번째와 세 번째 요소는 그가 가장 저평가된 부분일지도 모른다. 어떤 이들은 팀 켈러가 철학자나 뉴욕타임스 칼럼니스트를 인용하는 것을 듣고 그 의 설교가 지나치게 학문적이거나 세련되다고 생각할 수도 있다. 그러 나 실상은 전혀 그렇지 않았다. 그의 예화는 생생했고, 적용은 깊이 파 고들었다. 그 이유는 그것들이 철저히 현실적이었기 때문이다.

울려 퍼지는 목소리

　　백 년 후에도 사람들이 여전히 팀 켈러를 읽고 듣게 될지는 알 수 없다. 하지만 그의 죽음 이후, 많은 이들이 그의 영향력이 세월의 시험 을 견뎌 낼 것이라고 말한다. 실제로 그렇게 될지는 모르지만, 그렇게 믿는 사람들이 많다는 사실만으로도 놀랍다. 팀 켈러의 목소리는 전 세 계적으로 독특한 울림을 주었고, 그가 남긴 방대한 저작들은 주로 그리 스도인의 삶에 대한 지속적인 주제들을 다루고 있다. 우리가 이 책에서 탐구하게 될 것도 바로 이런 주제들이다. 따라서 그의 목소리는 앞으로도 여러 세대에 걸쳐 계속 울려 퍼질 가능성이 크다.

2023년 5월 19일, 팀 켈러가 구주 곁으로 갔다는 소식이 전해졌을 때, 교회의 다양한 영역에서 그의 삶에 대한 감사의 물결이 흘러나오는 장면을 목격하는 것은 참으로 인상적이었다. 도대체 무엇이 전형적인 입장 차이를 넘어서는 그의 엄청난 매력을 설명해 줄 수 있을까? 왜 그토록 다양한 기독교인들이 (신학적 입장이 다름에도 불구하고) 그의 가르침을 갈망하는 것일까? 그 답은 그의 세련됨이 아니라 오히려 단순함에 있다. 복잡한 것을 명확하게 설명하는 능력(그가 버지니아 시골의 젊은 목회자로서 길러 온 그 기술)이야말로, 팀 켈러의 영향력을 설명하는 핵심 요소다. 그리고 이를 위해, 그는 폭넓게 그리고 깊이 경청해야 했다. 콜린 핸슨의 말이 맞다.

> 팀 켈러의 독창성은 그의 종합적 사고에서 나온다. 그는 다양한 원천을 한데 모아 예상치 못한 통찰을 이끌어 내는 능력을 지녔다. … 이처럼 서로 다른 자료를 통합하고, 그 안에서 얻은 통찰을 다른 이들과 나누는 재능은 하나님이 주신 재능으로, 그의 대학 시절부터 그를 아는 거의 모든 사람이 주목해 온 특징이다. 그는 우리를 거장들에게로 인도해 주는 안내자다. 팀 켈러를 통해 우리는 거장들의 최선의 결론을 얻을 뿐 아니라, 거기에 팀 켈러만의 독특한 관점이 더해진다.[20]

이 책에서 나의 목표는 '종합의 대가를 종합하는' 것이다. 거의

50년에 걸친 설교, 콘퍼런스 메시지, 인터뷰, 기사, 저서 등에서 팀 켈러의 최고의 가르침을 선별하여, 그것이 가장 밝게 빛나는 순간 즉, 매일의 삶을 위한 성경적 지혜를 추출하려 한다.

그리스도인들의 식욕은 이미 존재한다. 그것을 만족시킬 팀 켈러의 재료도 이미 준비되어 있다. 다시 말하지만, 나의 소망은 단지 이미 존재하는 팀 켈러의 다양한 찬장을 열어 풍성한 음식을 제공하는 것이다.

1.
단 하나의
영웅

모든 성경이 가리키는 한 분, 예수 그리스도

팀 켈러의 가르침이 오늘날에도 여전히 유효한 이유를 생각할 때, 그의 문화 분석, 우상 숭배에 대한 통찰, 정의와 자비에 대한 가르침 등 다양한 장점들을 떠올릴 수 있다. 이 책에서 우리는 그러한 여러 주제를 살펴보게 될 것이다. 그러나 어떤 주제도 이 첫 장에서 다루는 핵심 주제를 벗어나서는 제대로 이해될 수 없으며, 더욱이 팀 켈러의 사상 속에서 적절한 위치를 찾을 수도 없다.

그의 방대한 저작을 관통하는 단 하나의 실이 있다. 그것은 서로 다른 여러 주제를 하나의 일관된 전체로 엮어 주는 연결 고리다.[1] 무엇보다도 그는 한 가지 위대한 실재에 깊이 사로잡혀 있었다. 그것은 바로 예수 그리스도의 인격과 사역이었다. 그는 이 보물을 세상에 드러내는 일에 평생을 바쳤다.

주 예수를 향한 눈을 가지고 성경을 읽는 법을 배우는 것(그를 단순히 주인공이 아니라 성경 전체의 핵심으로 보는 것)은 우리의 삶을 변화시킨다.

성경이 말하는 단 하나의 거대한 서사

교회에서 자랐다면, 잘 알려진 성경 이야기들에 익숙할 것이다.[2] 노아의 떠다니는 동물원을 보며 경이로움을 느꼈을 것이고, 다윗처럼 내 인생의 거인들과 맞서 싸웠으며, 심지어 다니엘처럼 되려고 용감하게 도전했을 것이다. 이런 구약의 이야기가 전부는 아니다. 복음서를 통해 예수님의 기적을 배웠고, 이런 이야기들이 단순히 놀라움을 주기 위한 것이 아니라 내가 더 나은 사람이 되도록 가르치기 위한 것이라고도 배웠을 것이다. 오병이어의 어린 소년을 보라. 자신의 소중한 점심을 얼마나 아낌없이 내어 놓았는가? 가서 너도 이와 같이 하라!

믿지 않는 우리 이웃 중 많은 사람이 성경을 단순한 도덕 이야기, 철학적 사색 모음집, 혹은 호텔 방 서랍 속에 갇혀 있어야 할 시대에 뒤떨어진 규범집 정도로 여긴다. 사실 점점 더 많은 사람이 성경을 노골적으로 위험한 책이라고 믿는다. 약자를 억압하고, 쉽게 속는 사람들이 스스로에게 진실하게 살지 못하도록 가로막는 도구라고 말이다.

그러나 이러한 대중적인 믿음과는 달리, 성경은 단순한 원칙이나 진부한 말, 추상적인 인생 교훈집이 아니다. 그것은 하나의 거대한 서

사로, 우리가 좋아하는 그 어떤 영화나 책보다도 더 장엄하고 흥미진진하게 펼쳐지는 거대한 드라마다. 게다가 이 이야기는 지어낸 이야기가 아닌 사실이다. 놀랍지 않은가? 이것이 바로 하나님의 말씀이다.

만약 우리가 성경 속의 이야기들을 제대로 다루려고 한다면, 먼저 성경 전체의 이야기를 알아야 한다. 창세기에서 요한계시록까지 가로지르는 이 단 하나의 이야기는 우리를 위해 기록되었지만, 궁극적으로 우리에 관한 것이 아니다.[3] 그 이야기의 초점은 우리보다 훨씬 더 높고, 그 이야기의 중심인물은 우리보다 훨씬 더 위대하다. 성경은 놀라울 정도로 다양한 요소를 포함하고 있지만, 그 서사의 일관성은 경이로울 정도다.

- 다양한 장르로 이루어진 66권의 책
- 배경과 직업이 다른 40명이 넘는 저자
- 1,500년이 넘는 시간
- 10개의 문명
- 3개의 대륙
- 3개의 언어
- 그러나 단 하나의 통일된 구원의 이야기

놀랍게도 성경은 단 하나의 궁극적인 계획, 단 하나의 궁극적인 줄거리, 단 하나의 궁극적인 용사, 단 하나의 궁극적인 영웅을 이야기한다. 그리고 그 이야기의 처음부터 우리는 그의 실루엣을 볼 수 있다.

성경 속에서 예수님이 차지하는 위치

예수님은 성경 속에서 당신이 차지하는 독특한 위치에 대해 직접 어떤 주장을 하셨는지 살펴보자.

누가복음 24장에서, 예수님은 부활하신 직후 제자 두 명과 함께 길을 걸으신다. 그들은 놀랍고도 당혹스러운 심경으로, 예수님의 무덤이 비어 있다는 소식을 전한다. 제자들이 이해할 수 없는 빈 무덤에 관해 혼란스러워하는 것을 보고, 아직 누구인지 밝히지 않으신 예수님이 말씀을 시작하셨다. "이르시되 미련하고 선지자들이 말한 모든 것을 마음에 더디 믿는 자들이여 그리스도가 이런 고난을 받고 자기의 영광에 들어가야 할 것이 아니냐 하시고 이에 모세와 모든 선지자의 글로 시작하여 모든 성경에 쓴 바 자기에 관한 것을 자세히 설명하시니라"(눅 24:25-27).[4] 그 후, 열한 제자에게 자신을 드러내신 예수님은 같은 요점을 다시 반복하신다. "또 이르시되 내가 너희와 함께 있을 때에 너희에게 말한 바 곧 모세의 율법과 선지자의 글과 시편에 나를 가리켜 기록된 모든 것이 이루어져야 하리라 한 말이 이것이라 하시고 이에 그들의 마음을 열어 성경을 깨닫게 하시고"(눅 24:44-45).

그런데 이러한 말씀은 부활하신 후에만 하신 것이 아니었다. 예를 들어 예수님은 죽음을 맞이하시기 전에도 당시 유대 사회의 종교 지도자들이자 그 시대의 '성경 전문가'인 바리새인들에게 그들이 사랑하는 위대한 이야기의 중심이 자신이라는 사실을 설명하셨다. "너희가 성경에서 영생을 얻는 줄 생각하고 성경을 연구하거니와 이 성경이 곧 내게 대하여 증언하는 것이니라 그러나 너희가 영생을 얻기 위하여 내게 오기를 원하지 아니하는도다 … 모세를 믿었더라면 또 나를 믿었으리니

이는 그가 내게 대하여 기록하였음이라"(요 5:39-40, 46). 말할 것도 없이, 이런 주장은 당시 사람들에게 결코 환영받을 만한 것이 아니었다.

신약이 예수 그리스도를 명확히 계시한 책이라면, 구약은 예수 그리스도를 감추어진 형태로 예표하고 있는 책이라는 말이 있다.[5] 이는 정확히 맞는 말이다. 신학자 벤자민 B. 워필드의 말을 빌리자면, 구약은 온갖 보물이 가득한 방과 같지만, 그 방의 불빛이 희미하게 밝혀져 있는 것과 같다.[6] 그 안에는 예수님을 예언하는 선지자들이 있고, 예수님을 예표하는 패턴들이 있으며, 예수님을 기다리는 약속들이 있다. 그러므로 성경 전체를 예수님을 중심으로 간략하게 하늘에서 보듯이 조망한다면, 그 지형도는 다음과 같이 펼쳐질 것이다.

- 구약: 예고
- 복음서: 현현
- 사도행전: 선포
- 서신서: 설명
- 요한계시록: 완성[7]

처음부터 끝까지, 성경은 예수님에 대한 장엄한 서사이다. 팀 켈러는 우리가 한 권의 위대한 소설을 읽을 때, 주변의 맥락을 알지 못한 채 한 장만 읽는다고 가정해 보라고 권한다. 그러면 그 장의 많은 부분이 이해되지 않을 것이다. "그 장이 전체 이야기 속에서 어떻게 맞물리는지 보지 못한다면, 그 장을 제대로 이해한 것이 아니다."[8] 마찬가지로 성경의 어느 부분을 읽든 그것이 하나님의 아들과 어떻게 연결되는지 보지 못한다면 제대로 이해한 것이 아니다.

구약에서 그리스도 발견하기

팀 켈러는 알렉 모티어(Alec Motyer)의 책 *A Christian's Pocket Guide to Loving the Old Testament*(구약성경을 사랑하는 그리스도인을 위한 포켓 가이드)에 서문을 쓰면서, 1972년 여름에 R. C. 스프로울의 리고니어밸리연구소(The Ligonier Valley Study Center)를 방문했던 일을 회상한다. 대학을 갓 졸업한 켈러는 비교적 신앙 초년생이었고, 구약은 그에게 "혼란스럽고 거리감이 느껴지는"[9] 것이었다. 당시 영국에서 온 모티어는 여러 질문에 답하고 있었는데, 누군가가 구약의 이스라엘 백성과 오늘날의 그리스도인 사이의 관계에 대해 물었다. 이에 모티어는 팀 켈러가 평생 기억하게 된 하나의 비유를 들려주었다. 그는 모세 시대의 이스라엘 백성이 자신들의 '신앙 간증'을 한다면 어떤 모습일지를 상상해 보라고 했다. 아마도 다음과 같은 내용이 될 것이다.

우리는 이방 땅에서 종살이하며 죽음의 형벌 아래 있었습니다. 그러나 우리와 하나님 사이에서 중보하는 자, 곧 우리의 중재자가 구원의 약속을 가지고 우리에게 오셨습니다. 우리는 하나님의 약속을 믿고 어린양의 피 아래에서 보호를 받았습니다. 그리고 그분은 우리를 이끌어 내셨습니다. 이제 우리는 약속의 땅으로 가는 길에 있습니다. 물론 아직 그곳에 도착한 것은 아니지만, 우리에게는 우리를 인도하는 율법이 있으며, 피로 드리는 희생 제사를 통해 하나님의 임재도

우리 가운데 계십니다. 그러므로 그분은 우리가 참된 본향, 영원한
집에 이를 때까지 우리와 함께하실 것입니다.

오늘날의 그리스도인도 모세 시대의 이스라엘 백성들의 간증과
"거의 단어 하나까지 똑같이" 말할 수 있다는 모티어의 결론은 팀 켈러
를 깜짝 놀라게 했다. 이 사고 실험을 통해 팀 켈러는 놀라운 재고를 하
게 되었다. 이스라엘 백성은 행위가 아니라 은혜로 구원받았을 뿐만 아
니라, "하나님의 구원은 언제나 값비싼 속죄를 통해 이루어져 왔다."[10]

바울에게 배우기

성경 전체를 어떻게 읽어야 하는지에 대한 단서를 찾기 위해 여러
본문을 살펴볼 수 있겠지만, 먼저 고린도교회에 보낸 바울의 간단한 진
술을 고려해 보자. "내가 너희 중에서 예수 그리스도와 그가 십자가에
못 박히신 것 외에는 아무것도 알지 아니하기로 작정하였음이라"(고전
2:2). 이제 팀 켈러의 포괄적인 가르침을 펼쳐 나가기 위해, 이 결정적인
구절에 대한 그의 주석을 살펴보자.

바울이 이 편지를 쓸 당시, 그가 설교할 수 있었던 유일한 성경은 오
늘날 우리가 구약성경이라고 부르는 것이었다. 그런데도 바울은 구
약성경의 본문을 설교하면서 "예수 그리스도 외에는 아무것도 알지
않기로" 작정했다고 말한다. 그 본문에는 예수님의 이름조차 등장하
지 않는데 말이다. 이것이 어떻게 가능했을까? 바울은 모든 성경이

궁극적으로 예수님과 그분의 구원을 가리키고 있다는 사실을 이해하고 있었다. 모든 선지자, 제사장, 왕은 궁극적인 선지자이시며 대제사장이시며 왕이신 그리스도를 비추는 빛이었다. 그에게 성경을 '온전하게' 전한다는 것은 그리스도를 성경 메시지의 중심 주제이자 핵심으로 선포하는 것이었다.[11]

하지만 어떤 이들은 의문을 제기할 수도 있다. "성경을 연구할 때 예수님에 대해서만 집요하게 초점을 맞춘다면 결국 지루해지지 않을까?" 이에 대해 팀 켈러는 이렇게 반박한다. "나는 설교자로서 사십 년간의 경험을 바탕으로 단언할 수 있다 … 이 한 분에 대한 이야기는 결코 식상해질 수 없다. 왜냐하면 그분의 이야기에는 우주의 역사와 인류의 역사가 전부 담겨 있으며, 그분의 이야기만이 우리 각자의 삶 속에 펼쳐지는 모든 이야기의 유일한 해결책이기 때문이다."[12]

아마도 그리스도를 발견하는 것이 결코 식상하지 않은 이유는, 그분이 단순히 처음 찾을 때만 흥미로운 《윌리를 찾아라》(Where's Waldo?)의 정답과 같은 존재가 아니라, 우리 영혼의 가장 깊은 갈증을 해소해 주는 생수와 같은 분이기 때문일 것이다. 그분은 단순히 천국행 티켓이 아니다. 우리는 그분을 위해 지음 받았으며, 오직 그분의 깊은 사랑을 경험하는 것만이 우리의 마음이 새롭게 될 수 있다.

성경 이야기의 영웅이신 살아 계신 그리스도와의 생명력 넘치는 연합, 이것이야말로 사실상 팀 켈러의 다른 모든 가르침이 흘러나오는 원천이다.[13]

왜 여기서 시작하는가

더 진행하기 전에, 우리가 왜 이 지점에서 시작하는지를 다시 한번 분명히 할 필요가 있다. 왜 바로 이 주제가 1장에서 다루어지는가? 가장 기본적인 이유는, 팀 켈러가 성경을 그리스도인의 삶의 토대로 여기기 때문이다.

확고한 계시의 닻이 없다면, 우리는 항상 추측의 바다 위에서 표류할 수밖에 없다. 그것은 위험하다. 하나님의 말씀을 우리 삶의 최고 권위로 기꺼이 받아들이기 전까지, 우리는 수많은 사람이 외치는 시끄러운 소리에 사로잡혀 있게 될 것이다.[14] 문화적 감수성, 개인적 기호, 그리고 그 외 수많은 요소가 우리의 마음을 좌지우지할 것이다. 팀 켈러는 단도직입적으로 말한다. "현대인들은 성경을 살펴보며 자신들이 받아들일 수 없는 것들을 찾으려는 경향이 있다. 하지만 그리스도인들은 이를 반대로 해야 한다. 성경이 우리를 살펴보도록 하여 하나님께서 받아들이실 수 없는 것들을 찾아야 한다."[15] 더 간단히 말하면, "성경의 권위를 인정하지 않는다면, 결국 스스로 만들어 낸 신을 섬기게 될 것이고, 깊은 외로움을 피할 수 없을 것이다."[16]

이 책은 목회자들만을 위한 것이 아니라, 평범한 성도들을 위한 책이다. 팀 켈러가 성경의 핵심에 도달하도록 설교자들에게 권하는 지혜는 단지 목회자들뿐 아니라 '우리 모두'가 성경을 "예수님이라는 결을 따라" 읽는 데 큰 도움을 줄 수 있다. 그리스도 중심으로 성경을 보는 것은 우리 삶의 변화와 예수님을 가까이 따르는 데 필수적이다.

그러므로 우리가 이 책에서 다루는 모든 내용은 하나님의 말씀을 그리스도 중심으로 읽는 것에 기초한다.

조심해야 할 점

그러나 단순히 예수님의 이름을 언급한다고 해서 그것이 꼭 그분을 높이는 것은 아니다. 우리는 너무 성급하게 구약에서 그리스도를 '발견'하려고 하다가 원래의 본문을 제대로 해석하는 일에 실패할 수 있다. 마치 마술 모자에서 "짜잔!" 하고 토끼를 꺼내듯 예수님을 등장시키는 것은 성경의 일관성을 해치고, 하나님이 의도하신 방식으로 성경을 읽을 때 얻을 수 있는 유익을 빼앗아 버린다.

팀 켈러는 성경이 "그리스도께 도달하는 것"으로 잘 알려져 있지만, 성경을 단순한 도약대로 삼아 비약하는 방식에 대해 경고한다. 성경을 읽는 모든 사람에게 유용한 설교에 관한 그의 책에서 두 가지 흔한 함정을 지적한다. 첫 번째는, 본문을 연구하면서(그것이 예수님에 관한 내용일지라도) 복음을 발견하지 못하는 것이다. 두 번째는, 너무 성급하게 혹은 부주의하게 예수님께로 나아가는 것이다.[17] 팀 켈러는 구주를 바라보기 전에 반드시 본문을 바르게 이해했는지 확인해야 한다고 말한다. 그는 우리가 구약의 "역사적 현실을 훌쩍 뛰어넘어" 마치 그것이 "당시의 청중들에게 별 의미가 없는 것처럼" 취급해서는 안 된다고 경고한다.[18] 다시 말해 본문을 무시한 채 모든 초점을 그리스도께 맞추어서는 안 되며, 반대로 그리스도를 배제한 채 본문 자체에만 집중해서도 안 된다.

가끔 팀 켈러는 그리스도께로 도달하는 방식이 너무 예측 가능하다는 점과 하나님의 도덕적 요구를 충분히 강조하지 않는다는 이유로 비판을 받기도 한다. 그러나 나의 경험상, 팀 켈러는 복음이 우리를 어떻게 '변화시키는지'를 보여 주는 데 있어 탁월한 본보기였다. 그는 복음이 어떻게 단지 마지막 단어일 뿐 아니라, 첫 단어이자 다른 모든 것의 기초인지를 보여 주었다. 그는 "사람들에게 도덕적이고 선하게 살아가야 한다고 갖은 방법을 다 말하면서 그런 권고를 복음과 연결하지 않는 것"의 위험성을 경고한다. 하지만 동시에 "구원이 우리의 삶을 어떻게 변화시키는지 보여 주지 않은 채, 오직 값없이 은혜로만 구원받을 수 있다고 반복해서 말하는 것"도 안 된다고 경고한다.[19]

이를 염두에 두고 팀 켈러가 전형적인 설교 구조를 어떻게 설명하는지를 살펴보자(이는 단순히 설교하는 사람뿐 아니라 설교를 듣는 모든 사람에게도 관련된 내용이다).

- **도입**: 문제가 무엇인가; 우리 시대의 문화적 맥락 - '이것이 우리가 직면한 현실이다.'
- **초기 대지**: 성경은 무엇이라고 말하는가; 원독자의 문화적 맥락 - '이것이 우리가 해야 하는 것이다.'
- **중간 대지**: 무엇이 우리를 가로막는가; 현재 청중의 마음의 내면적 맥락 - '왜 우리는 그것을 할 수 없는가'
- **말미 대지**: 예수님은 어떻게 그 성경적 주제를 성취하시고 마음의 문제를 해결하시는가 - '어떻게 예수님이 그것을 이루셨는가?'
- **적용**: '예수님에 대한 믿음으로 이제 우리는 어떻게 살아야 하는가?'[20]

이것이 성경 본문을 가르치는 유일한 방식은 아니다(적어도 그렇지 않기를 바란다. 나 자신도 이 틀을 정확히 따르는 것은 아니기 때문이다). 그러나 주목할 점은, 팀 켈러가 결국 "예수님께 도달"했을 때, 그것이 설교의 끝이 아니라는 것이다. 마지막 단계(도덕적 적용)에 이르러 그의 가르침은 절정에 도달하며, 전체 그림이 명확해진다. 그 사례 연구로서 그는 창세기 22장에서 아브라함과 이삭의 이야기를 제시한다.

1. **우리가 해야만 하는 일:** 아브라함처럼 삶의 모든 영역에서 하나님을 최우선순위로 삼아야 한다(안타깝게도 많은 설교가 여기에서 끝나 버린다!).

2. **그러나 우리는 할 수 없다:** 우리는 할 수 없다! 우리는 그렇게 하려고 하지도 않는다! 그래서 우리는 정죄받아 마땅하다.

3. **그러나 그렇게 한 분이 계셨다:** 십자가 위에서, 예수님은 하나님을 최우선순위로 두셨다. 그분이 행하신 것은 하나님께 대한 궁극적이고 완전한 순종의 행위였다. 예수님은 하나님께서 "나에게 순종하라, 그러면 그 대가로 나는 너를 심판하고 정죄하겠다"라고 말씀하신 유일한 분이다. 그러나 예수님은 순종하셨다(오직 진리를 위해, 하나님을 위해서 말이다). 그분의 순종만이 유일하고 완전한 순종이었다.

4. **이제서야 우리는 변할 수 있다:** 오직 예수님이 바로 '우리를 위해' 아브라함처럼 순종하셨다는 것을 볼 때에만, 우리도 아브라함처럼 살기 시작할 수 있다. 우리의 마음이 이 진리에 의해 빚어지게 하라.[21]

다시 말하지만, 모든 신실한 설교가 반드시 이 구조를 따라야 한다는 것은 아니다. 그러나 설교자가 "하나님의 자비로 아브라함처럼 살라"는 음표를 사실상 전혀 연주하지 않는다면, 그 설교자의 접근 방식은 아직 완성된 게 아니다. 복음 중심 설교들 중 일부는 도덕주의적으로 들리는 것에 너무 알레르기 반응을 보여서, 결국 좋은 의도에도 불구하고, 성경처럼 들리지 않게 된다. 도덕적 적용(moral application, 선한 것)이 복음의 은혜와 분리될 때는 도덕주의적 적용(moralistic application, 악한 것)이 된다.

팀 켈러는 직접적인 도덕적 적용을 회피하지 않았다. 사실 이 책은 성경에서 도출된 명령을 살펴보는 여정이라고 할 수 있다. 우상을 거부하라(2장), 도덕주의를 피하라(3장), 좋은 친구가 되라(4장), 하나님의 영광을 위해 일하라(5장), 정의롭게 살아라(6장), 열정적으로 기도하라(7장), 그리고 용감하게 고난을 견디라(8장). 처음부터 끝까지, 팀 켈러는 우리를 성령의 능력으로 인한 삶의 변화로 부른다. 그러나 견고한 은혜의 기초 위에서 시작하지 않는다면, 우리는 쉽게 균형을 잃고 넘어질 것이다.[22]

예수님, 참되고 더 나은 분

구약은 예수 그리스도의 다채로운 경이로움을 발견할 무한한 기회를 제공한다. 우리는 성경의 모든 주제[23], 모든 장르와 모든 부분[24], 모든 구원의 이야기[25], 모든 주요 이미지[26], 그리고 물론 모든 주요 인물[27] 속에서 그분의 영광을 볼 수 있다. 그중에서도 마지막 요소와 관련하여, 팀 켈러의 고전적인 표현을 뛰어넘기는(오래전부터 사용해 온 핵심적이고 중요한 표현보다 더 나은 것을 찾기 - 편집자주) **어려울 것이다**(천천히 읽어 보라. 이는 단순한 수사적 표현이 아니다. 세상에서 가장 위대한 소식을 담고 있다).

예수님은 참되고 더 나은 '아담'이시다. 그분은 동산에서의 시험을 통과하셨으며, 그분의 순종은 우리에게 전가되었다.

예수님은 참되고 더 나은 '아벨'이시다. 그분은 무죄하게 살해당하셨으나, 그분의 피는 우리의 유죄가 아닌 우리의 무죄를 부르짖는다.

예수님은 참되고 더 나은 '아브라함'이시다. 그분은 하나님의 부르심에 응답하여 익숙하고 편안한 곳을 떠나 "갈 바를 알지 못하고" 나아가, 새로운 하나님의 백성을 창조하셨다.

예수님은 참되고 더 나은 '이삭'이시다. 그분은 단순히 아버지에 의해 제물로 바쳐지기만 하신 것이 아니라, 우리 모두를 위해 실제로 희생되셨다. 하나님은 아브라함에게 말씀하셨다. "네가 네 아들, 네 독자, 네가 사랑하는 자를 나에게 아끼지 아니하였으니, 내가 이제야 네가 나를 사랑하는 줄을 아노라." 그렇다면 이제 우리도 하나님께 이렇게 말씀드릴 수 있다. "하나님이 우리를 위해 당신의 아들, 당신의 독자, 당신의 사랑하시는 이를 아끼지 않으셨으니, 우리가 이제야 하나님이 우리를 사랑하시는 줄을 알겠습니다."

예수님은 참되고 더 나은 '야곱'이시다. 그분은 하나님과 씨름하시며 우리가 받아야 마땅한 공의의 심판을 대신 받으셨다. 그래서 우리도 야곱처럼, 우리를 일깨우고 훈련시키는 은혜의 상처만을 받는다.

예수님은 참되고 더 나은 '요셉'이시다. 그분은 왕의 오른편에 앉아 자신을 배신하고 팔아넘긴 자들을 용서하시고, 당신의 새로운 권세를 사용해 그들을 구원하신다.

예수님은 참되고 더 나은 '모세'이시다. 그분은 하나님과 백성 사이에 서서 새 언약을 중재하신다.

예수님은 참되고 더 나은 '모세의 반석'이시다. 그분은 하나님의 공의의 지팡이로 맞으심으로써, 이제 광야에서 우리에게 생수를 주신다.

예수님은 참되고 더 나은 '욥'이시다. 그분은 진정으로 무죄하게 고난 받은 자이시며, 결국 그분의 어리석은 친구들을 위해 중보하시고 그들을 구원하신다.

예수님은 참되고 더 나은 '다윗'이시다. 그분의 승리가 그분의 백성들의 승리가 되었으며, 백성들은 그 승리를 얻기 위해 돌 하나도 들어 올리지 않았다.

예수님은 참되고 더 나은 '에스더'이시다. 그분은 단순히 지상의 왕궁을 잃을 위험을 감수한 것이 아니라, 궁극적인 하늘의 왕궁을 잃으셨다. 그분은 단지 자신의 목숨을 걸기만 한 것이 아니라, 자신의 목숨을 내어 주셨다. 당신의 백성을 구원하시기 위해….

예수님은 참되고 더 나은 '요나'이시다. 그분은 폭풍 속으로 던져지심으로써 우리를 건져 내셨다.[28]

다윗, 요나, 에스더 … 그리고 브루스 윌리스

다시 말하지만, 우리는 성경을 읽을 때 너무 성급하게 "복음으로 나아가는" 경향이 있다. 그럴 경우 정작 우리가 다루는 본문 자체를 소홀히 여기고 제대로 음미하지 못할 수 있다. 이러한 우려는 정당하다. 하지만 감사하게도, 책임감 있게 그리스도를 발견하는 본능은 연마될 수 있다. 사실 그 경험은 브루스 윌리스 주연의 영화 〈식스 센스〉(The Sixth Sense)를 두 번째로 감상하는 것과 비슷하다. 이에 대해 팀 켈러는 이렇게 설명한다.

이 영화는 충격적인 결말을 통해 관객이 지금까지 본 모든 장면을 새롭게 해석하도록 만든다. 영화를 두 번째로 볼 때는 처음과 중간 부분을 보면서도 결말을 의식하지 않을 수 없다. 그 결말이 앞선 모든 장면에 무시할 수 없는 빛을 비추기 때문이다. 마찬가지로, 성경 속 모든 이야기의 흐름과 모든 주제의 절정이 그리스도 안에서 수렴된다는 사실을 알게 되면, 이후로는 어떤 본문을 읽더라도 궁극적으로 예수님을 가리키고 있음을 보지 않을 수 없다.[29]

팀 켈러는 구약성경의 페이지마다 하나님의 구원 계획이 어떻게 드러나는지를 보여 준다. 아담과 하와에게 주어진 옷, 아브라함과 족장들에게 주어진 약속, 정교하게 설계된 희생 제사 제도, 모세와 같은 인물, 출애굽과 같은 역사적 사건, 속죄일과 같은 제도들이 모두 그리스도를 예표한다. 그리고 장차 오실 메시아에 대한 명확한 약속들도 있다. 따라서 "성경이 예수님에 관한 책이다"라고 말할 때, 우리는 성경 전체에 구원의 은혜라는 음악이 울려 퍼지고 있음을 관찰하는 것이다. 그리고 그리스도의 완전한 사역이야말로 모든 본문에서 복음을 드러내는 열쇠다. 팀 켈러는 심지어 이렇게까지 말한다. 우리가 성경 본문을 살펴볼 때마다, "우리가 스스로를 구원할 수 없다는 것과 오직 예수님만이 우리를 구원하실 수 있다는 것을 그 본문이 어떻게 우리에게 보여 주는지를 숙고하지 않는다면, 우리의 작업은 아직 끝난 것이 아니다."[30]

예를 들어, 팀 켈러는 다윗과 골리앗 같은 유명한 이야기를 다른 많은 사람이 하는 것처럼 단순히 용기와 믿음을 끌어모아 인생의 '거인'을 극복하라는 교훈으로 접근하지 않는다. 이를 복음 중심적인 관점으로 해석하여 더 깊고 의미 있는 결론에 이른다. 핵심은 이스라엘 백성이 "스스로 거인을 상대할 수 없었다는 것이다. … 그들에게는 그들의 자리에서 대신 싸워 줄 용사가 필요했다. 그들 대신 치명적인 위험에 맞설 대리인이…." 팀 켈러는 이 내러티브를 복음의 관점에서 새롭게 조명함으로써 우리가 성경의 모든 이야기를 자신에 관한 이야기로 만들려는 유혹을 잠재운다. 그는 반복해서 우리의 시선을 새롭게 하여, 우리의 무력함과 그 무력함을 해결하시기 위해 하나님의 구원 계획을 보게 한다. 다윗과 골리앗 이야기의 경우 그는 이렇게 주장한다. "하나님은 구원자의 약함을 사용하여 거만하게 비웃던 골리앗을 무너뜨리셨다. 다윗은 자신의 약함을 통해 승리를 거두었으며, 그의 승리는 그의 백성에게 전가되었다. 예수님도 마찬가지다. 예수님이 죄를 이기신 것은 바로 그분의 고난과 약함, 그리고 죽음을 통해서였다." 팀 켈러는 단순한 도덕적 교훈으로 끝날 수도 있는 이 이야기를 통해, "우리가 그리스도와 함께 죽었으며(롬 6:1-4), 그와 함께 일으킴을 받아 하늘에 앉혀졌다"(엡 2:5-6)는 것이 무엇을 의미하는지 보여 준다. "예수님은 단순히 자신의 생명을 걸고 싸우신 분이 아니라, 자신의 생명을 내어 준 궁극적인 용사이시다. 그리고 이제 그분의 승리는 곧 우리의 승리이며, 그분이 이루신 모든 것이 우리에게 전가되었다."[31]

그렇다면 '요나의 표적'(마 12:38-42)은 어떨까? 도망갔던 선지자는 어떻게 그리스도를 가리키는가? 당시 바리새인들은 선생이나 현인으로서 예수의 권위를 입증할 수 있는 극적인 마술 같은 표적을 요구했다. 하지만 팀 켈러는 그들의 접근이 완전히 잘못되었다고 지적한다. "예수님은 단순히 또 하나의 선생이 되어 우리에게 구원의 방법을 가르치거나 어떻게 하나님을 찾을 수 있는지를 알려 주러 오신 것이 아니다. 그분은 우리를 찾아 구원하기 위해 오신 하나님 자신이시다." 우리의 구주는 선생이나 현인과 감히 비교할 수 없이 무한히 크고 위대하신 분이다.

따라서 요나의 표적은 능력을 드러내기 위한 것이라기보다, 놀랍게도 약함을 드러내는 것이라고 할 수 있다. 예수님은 자신의 신적 영광과 특권을 내려놓고, 십자가를 지고 죽음에 이르기까지 자신을 낮추셨다. 요나가 하나님의 진노로부터 선원들을 구하기 위해 바다에 던져졌듯이, 예수님은 우리가 받아야 마땅한 모든 죄의 형벌을 대신 짊어지고 죽음 속으로 던져지셨다(바로 우리를 구원하시기 위해). 그리고 요나가 '죽음에서 돌아온 것'처럼, 예수님도 우리를 의롭다고 하시기 위해 다시 살아나셨다. 이것이 바로 '요나의 표적'이다.[32]

혹은 팀 켈러가 에스더 이야기를 어떻게 가르치는지 생각해 보자. 에스더는 동일시와 중재를 통해 자기 민족을 구했다.

> 그녀의 민족은 사형선고를 받았지만, 그녀는 그들과 자신을 동일시하며 그 사형선고 아래 함께 들어갔다. 그녀는 자신의 목숨을 걸고 말했다. "죽으면 죽으리이다." 그녀가 자기 민족과 자신을 동일시했기에, 권력의 보좌 앞에서 그 누구도 할 수 없었던 방식으로 중재할 수 있었다. 그리고 그녀가 그곳에서 은총을 받았기에 그 은총이 그녀의 민족에게 전가되었다. … 이 이야기가 누군가를 떠올리게 하지 않는가?[33]

팀 켈러는 에스더가 자신의 민족을 위해 담대하게 변호할 수 있었던 것은 상대적으로 "하나님이 은혜의 하나님이라는 다소 막연한 계시"에 기반하고 있었음을 상기시킨다. 하지만 우리가 받은 계시는 결코 막연하지 않다. "(왕비 에스더는) 하나님 자신이 실제로 이 땅에 오셔서 그녀가 했던 일을 무한히 더 큰 규모로, 무한히 더 큰 대가를 치르며, 무한히 더 큰 유익을 인류에게 주기 위해 하실 것이라는 사실을 알지 못했다.

하지만 이제 우리는 그분의 은혜에 대해서, 우리가 그분께 얼마나 소중한 존재인지에 대해서, 그리고 우리 앞에 놓인 미래에 대해 훨씬 더 많이 알고 있다."[34]

실제로 팀 켈러는 이 구약의 이야기(다른 많은 이야기와 함께)를 사용하여 우리를 우리의 구주이며 왕이신 그리스도의 발 앞에 거침없이 엎드리게 한다. 예수 그리스도는 "궁극적인 궁전에 거하며 궁극적인 아름다움과 영광을 누리셨지만, 기꺼이 그것을 뒤로하고 떠나셨다." 그분은 자신의 신적 신분을 이용하지 않으시고, 오히려 자기를 비우시며 우리와 동일시하셨고, 우리의 정죄를 짊어지셨다(빌 2:5-11). 그리스도의 희생이 얼마나 엄청난 것인지에 대해 감탄하면서, 팀 켈러는 그것을 두 가지로 묘사한다. 그것은 확정적 희생이었으며(그분은 '내가 죽으면 죽으리이다'라고 말씀하신 것이 아니라, '나는 반드시 죽으리라'라고 말씀하셨다), 궁극적인 희생이었다(그는 자신의 생명을 걸고 하신 것이 아니라, 자신의 생명을 대가로 치르셨다). 참으로 우리를 위한 그리스도의 속죄 사역은 "궁극적인 중재"였으며, 우리는 그분의 승리의 전리품을 누리고 있다.[35]

BC에서 AD로

성경에 등장하는 "단 하나의 영웅"이라는 실타래는 단지 구약의 페이지 안에만 갇혀 있지 않다. 예를 들어 팀 켈러는 마태복음 5장 1~12절에 나오는 팔복을 묵상하며, 예수 그리스도의 사역에 초점을 맞춘다.

• 우리가 왕처럼 부유할 수 있는 이유는 무엇인가?

그분이 영적으로, 그리고 완전히 가난해지셨기 때문이다.

- 우리가 위로받을 수 있는 이유는 무엇인가?

  그분이 위로받지 못한 채 애통하시며, 어둠 속에서 죽으셨기 때문이다.

- 우리가 땅을 기업으로 받을 수 있는 이유는 무엇인가?

  그분이 털 깎는 자 앞에서 어린양처럼 온유해지셨기 때문이다. 그분은 모든 것을 빼앗기셨고, 심지어 사람들은 그분의 겉옷을 제비 뽑아 나누었다.

- 우리가 배부름을 얻고 만족할 수 있는 이유는 무엇인가?

  그분이 십자가에서 궁극의 목마름 속에서 "내가 목마르다"고 외치셨기 때문이다.

- 우리가 긍휼을 받을 수 있는 이유는 무엇인가?

  그분이 전혀 긍휼을 받지 못하셨기 때문이다. 빌라도에게도, 군중에게도, 심지어 하나님께로부터도 긍휼을 전혀 받지 못하셨다.

- 우리가 언젠가 하나님을 볼 수 있는 이유는 무엇인가?

  그분이 청결하셨기 때문이다. 우리가 하나님을 볼 수 있는 것은, 십자가 위에서 예수님이 하나님을 볼 수 없었기 때문이다.[36]

팀 켈러는 이렇게 말한다. "예수 그리스도가 우리를 위해 심령이 가난해지신 것을 볼 때, 우리도 하나님 앞에서 심령이 가난해져서 '나는 당신의 은혜가 필요합니다'라고 말할 수 있다. 그리고 한 번 그 은혜를 받게 되면, 우리는 배부르게 되고 그때부터 자비로워지고 화평케 하는 자가 된다. … 팔복은 성경의 다른 모든 부분과 마찬가지로, 우리가 생각하는 것보다 훨씬 더 강력하게 예수님을 가리키고 있다."[37]

자기대속적 사랑

오늘날 우리 시대의 문화적 흐름 속에서 반드시 이해해야 할 것이 있다. 그것은 예수님이 단지 우리의 자존감을 높이거나 도덕적 모범을 보이려고 죽으신 것이 아니라는 점이다.[38] 그런 관점은 아무리 선의에서 비롯되었을지라도, 그분이 하신 일을 지나치게 단순화하고 왜곡하는 것이다. 예수님께서 십자가 즉 우리가 받아야 할 하나님의 심판의 자리를 대신하기 위해 자신을 낮추신 이유는, 우리가 왕좌 즉 예수님의 자리를 차지하려고 기어올랐기 때문이다. 실제로 우리의 강한 용사이며 왕이신 예수 그리스도에 관한 팀 켈러의 가르침 대부분은, 그분의 희생적 대속에 초점을 맞추고 있다. 리디머교회가 설립된 지 1년도 채 되지 않았을 때, 팀 켈러는 존 스토트의 아름다운 글을 인용했다.

> 죄와 구원의 핵심에는 대속의 개념이 자리 잡고 있다. 왜냐하면 죄의 본질은 인간이 하나님의 자리에 자신을 대신 두는 것이며, 구원의 본질은 하나님이 인간의 자리에 자신을 대신 두시는 것이기 때문이다. 인간은 하나님을 대적하고 자신을 주장하며 오직 하나님만이 마땅히 계셔야 할 자리에 자신을 두고자 한다. 반면 하나님은 인간을 위해 자신을 희생하시며 오직 인간이 마땅히 있어야 할 자리에 자신을 두신다. 인간은 오직 하나님께만 합당한 특권을 차지하겠다고 주장

하지만, 하나님은 오직 인간에게만 합당한 형벌을 기꺼이 감당하신다.[39]

다시 한번 요나의 예를 떠올려 보라. 그는 맹렬한 심판의 폭풍 속으로 던져짐으로써 마땅히 죽어야 할 사람들을 살려 냈다. 이 장면이 익숙하게 들리지 않는가?

이것이 바로 예수님이 폭풍이 몰아치는 배에서 제자들과 함께 죽으실 수 없었던 이유다(막 4:35-41). 그분은 더 큰 폭풍에 맞서기 위해 오셨기 때문에 그 폭풍 속에서 죽을 수 없었다. 그리고 그분은 실제로 그렇게 하셨다. 기꺼이 로마의 십자가에 못 박히심으로써, 하나님의 진노의 물결 속으로 뛰어드셨다. 우리와 같은 도망자들을 구원하시기 위해서 말이다. 요나는 자신의 죄 때문에 바다에 던져진 예언자였다. 그러나 예수님은 우리의 죄 때문에 던져진 궁극의 예언자이셨다. 우리는 모두 하나님의 공의로운 심판이라는 홍수 속에서 마땅히 죽어야 한다. 그러나 하나님은 세상을 이처럼 사랑하사, 당신의 유일한 독생자를 내어 주셨다. 그 독생자가 우리의 자리에서 대신 죽게 하사, 누구든지 그를 믿는 자는 영원한 생명을 얻게 하셨다. 이 점을 팀 켈러는 이렇게 표현한다.

우리를 위해 〔그리스도 안에서〕 고통과 불의, 죽음을 감당하신 하나님만이 우리의 경배를 받으시기에 합당한 하나님이다. 고통과 억압으로 가득한 이 세상에서, 만일 하나님이 그러한 아픔에 전혀 영향을 받지 않은 분이라면, 어떻게 우리가 그분께 최고의 충성을 바칠 수 있겠는가? 이분은 우리가 당한 폭풍이 어떤 것인지 아는 하나님이시다. 왜 냐하면 그분은 세상에 오셔서 가장 큰 고통과 고난의 폭풍 속으로 뛰어드셨기 때문이다. 그분의 대속으로 인하여, 우리는 생명을 얻을 수 있다. [40]

또는 선한 목자이신 예수님의 약속을 생각해 보라. "나는 양을 위하여 목숨을 버리노라"(요 10:15). 팀 켈러는 묻는다. "당신은 당신의 목자가 당신을 밑바닥까지 다 알면서도 하늘만큼 사랑한다는 것을 깨달았을 때의 영광스러운 해방감을 경험해 본 적이 있는가?" 예수님은 단지 기꺼이 우리의 자리를 대신할 마음만 먹으신 것이 아니다. 그렇게 하기를 기뻐하셨다(히 12:2). 팀 켈러는 이렇게 선언한다. "그분은 우리를 위해 자신을 대신 내어 주시는 것을 영광으로 여기셨다." 마치 예수님이 이렇게 말씀하시는 것 같다. "나는 어둠 속에서 죽었다, 그들이 빛 속에서 살 수 있도록. 나는 그들의 십자가를 짊어졌다, 그들이 나의 면류관을 가질 수 있도록. 나는 그들의 형벌을 받았다, 그들이 나의 상급을 받을 수 있도록. 나는 그들을 대신하여 죽었다." [41]

리디머교회가 세워진 지 채 2년이 되지 않았을 때, 팀 켈러는 이 강력한 신학이 마음 깊이 내면화될 때 우리가 살아가는 현실 속에서 얼마나 실제적인 차이를 만들어 내는지를 강조했다.

나의 사랑하는 친구 여러분, 여러분이 이 교리를 계속해서 되새기지 않는 한, 사랑이 넘치는 그리스도인의 삶을 살아갈 방법이 없다는 사실을 반드시 깨달아야 합니다. 십자가 위에서 벌어진 예수 그리스도의 대속적이고 대리적인 죽음이라는 교리를 이해한 만큼 여러분은 사랑 가운데 행할 것입니다. 만약 여러분이 사랑 가운데 행하지 않는다면, 여러분은 이 교리를 진정으로 이해하지 못한 것입니다. [42]

처음부터 끝까지 팀 켈러의 가르침은 우리의 죄를 위하여, 우리의 자리에서 하나님의 의로운 심판을 대신 감당하신, 그리스도의 자기희생적 사랑이라는 복음으로 가득 차 있다. [43]

우리에 관한 것인가, 그분에 관한 것인가

결론적으로 팀 켈러는 성경을 읽는 방식에는 두 가지가 있다고 말한다. 하나는 성경을 자신에 관한 이야기로 읽는 것이고, 또 하나는 성경을 그분에 관한 이야기로 읽는 것이다. 이 두 가지 접근 방식은 "근본적으로 다르다."

그렇다. 우리는 성경이 말하는 것에 순종해야 한다. 그러나 만약 성경을 우리에 대한 이야기 즉 우리가 하나님께 합당하게 살기 위해 해야 할 일들의 목록으로 읽는다면, 그것은 결국 우리를 짓눌러 복종하게 만들 것이다. 하지만 만약 성경을 예수 그리스도를 통한 은혜로 말미암는 구원의 이야기로 읽는다면, 성경은 우리 마음을 녹여서 기꺼이 순종하게 만들 것이다.

모든 다른 문화, 모든 다른 종교, 모든 다른 철학은 우리의 성과에 기반하여 정체성을 부여한다. 그것은 우리가 성취한 일에 근거하여 우리가 만들어 낸 정체성이기에 우리의 어떠함에 따라 쉽게 깨질 수 있다. 그러나 유일하게 기독교는 우리의 어떠함과 상관없이 주어지는 정체성을 부여한다. 그것은 쉽게 깨지지 않는다. 하늘과 땅보다 강하다. 그것은 이렇게 말한다. "나는 너를 사랑한다. 너는 내가 사랑하는 자녀이며, 나는 너를 무척 기뻐한다. 그것은 네가 성취한 일 때문이 아니라, 예수 그리스도가 이미 성취한 일 때문이다." 오직 이러한 방식으로 성경을 읽을 때만 성경이 삶을 변화시키는 이야기가 된다. 그렇지 않다면, 성경은 마치 우리의 목에 달린 맷돌처럼 우리를 짓누를 것이다. [44]

우리가 성경을 단순히 교과서나 묵상집이나 도덕적 지침서로만 여긴다면, 성경이 지닌 숨 막히는 아름다움을 놓치게 된다. 무엇보다도 하나님의 말씀은 예수님에 관한 책이다.

성경을 펼칠 때마다, 그분의 영광과 위엄과 아름다움을 놓치지 말라. 그리스도가 전부이시다. [45]

2.
죄를
파헤치다

잘못된 질서의 사랑을 재정렬하다

이것은 제국을 멸망시키고 가정을 무너뜨렸다. 이것은 관계를 완전히 파괴한다. 우리가 이 글을 읽고 있는 지금도, 이것은 우리의 나라뿐만 아니라 우리의 이웃 사이에서도, 우리의 집뿐만 아니라 우리의 마음에서도 큰 혼란을 초래하고 있다. 어쩌면 우리는 지금도 그 잔해 속을 간신히 헤쳐 나가고 있을지 모른다.

우리가 소중하게 여기는 이 모든 것을 끊임없이 광범위하게 무너뜨리는 이것은 무엇인가? 무엇이 하나님의 창조를 오염시키고 그분의 선한 세상을 망가뜨렸는가?

그 답은 물론 죄다. 죄가 이 모든 것을 엉망진창으로 만들어 버렸다. 죄는 세상의 문제이며, 동시에 우리 마음의 문제이기도 하다. 기독교 입문 수업에 온 것을 환영한다.

그러나 죄가 이처럼 기본적인 개념이기 때문에, 그 진정한 차원을 제대로 이해하지 못할 때가 많다. 많은 기독교인에게 죄에 대한 인식은 마치 뒷마당 창고에 흰개미 문제가 있다는 것을 아는 것과 같다. 성가시지만 감당할 만한 문제라는 것이다. 하지만 실제로는 그 집의 기초가 이미 썩어 무너져 내리고 있다.

죄에 대한 우리의 피상적인 관점은 우리가 사용하는 비유에서 드러난다. 흔히 죄를 오래된 양궁 용어로 설명하곤 한다. '죄'란 단순히 "과녁을 빗나가는 것"을 의미한다. 우리는 모두 과녁을 빗나갔다(화살이 목표를 완전히 벗어나 버린 것처럼) 왜냐하면 우리는 하늘의 명령을 어겼기 때문이다. 이 양궁 비유에서 무엇이 문제일 수 있을까? 성경은 죄가 곧 불법(요일 3:4)이라고 분명히 말하고 있지 않은가? 우리가 모두 하나님의 영광에 미치지 못했다(롬 3:23)고 분명히 말하고 있지 않은가? 죄는 우리가 그분의 규칙을 어기게 하고, 그분의 법을 경멸하게 만들며, 그분의 목표에서 벗어나게 만든다. 이처럼 단순한 진리를 왜 더 복잡하게 만들려고 하는가?

하지만 이 양궁 비유는 결정적인 표적을 놓쳤다. 이 비유가 비성경적이어서가 아니라 불충분하기 때문이다. 이 비유의 위험은 이 비유가 말하지 않은 것에 있다. 죄를 단지 과녁을 맞히지 못하는 것이나 하늘의 법을 어기는 것 정도로만 설명하면, 우주적 차원의 비상사태를 단순히 바보 같은 실수 정도로 축소해 버릴 위험이 있다.

죄는 단순히 십계명이라는 과녁의 정중앙을 빗나가는 것보다 훨씬 심각한 것이다. 팀 켈러가 보여 주듯이 사실, 훨씬 더 심각하다.

내 안의 거짓 신들

팀 켈러의 가르침에서 가장 두드러지는 특징 중 하나는 죄의 문제가 근본적으로 예배의 문제라는 점이다. 우리는 물리적인 우상 앞에 엎드려 절하지는 않는다. 우리는 세련된 현대인이지 않은가? 하지만 그렇다고 해서 보다 교묘한 형태의 우상 숭배에 면역된 것은 아니다. 우리의 마음은 모든 방마다 우상이 세워진 작은 집과 같다.

이러한 "마음의 우상 숭배" 개념은 어디에서 비롯되었을까? 분명 20세기 맨해튼은 아니다. 이천 오백 년도 더 전에 선지자 에스겔을 통해 이스라엘의 지도자들에게 하신 하나님의 책망을 보라.

> 여호와의 말씀이 내게 임하여 이르시되 "인자야 이 사람들이 자기 우상을 마음에 들이며 죄악의 걸림돌을 자기 앞에 두었으니… 그런즉 너는 그들에게 말하여 이르라 나 주 여호와가 말하노라 이스라엘 족속 중에 그 우상을 마음에 들이며 죄악의 걸림돌을 자기 앞에 두고 선지자에게로 가는 모든 자에게 나 여호와가 그 우상의 수효대로 보응하리니 이는 이스라엘 족속이 다 그 우상으로 말미암아 나를 배반하였으므로 내가 그들이 마음먹은 대로 그들을 잡으려 함이라"(겔 14:2-5).

나는 한때 우상 숭배에 대한 팀 켈러의 가르침이 의도하지는 않았겠지만, 죄의 심각성을 약화시키는 효과를 내는 것이 아닌가 하고 고민한 적이 있었다. "거짓 신들(counterfeit gods)"이라는 개념은 불쾌하다기보다 세련되게 들렸다.[1] 하지만 죄는 이 우주에서 가장 불쾌한 현실이다! 우리는 인간의 비참함이라는 공포를 결코 가볍게 포장해서는 안 된다. 요컨대 나는 팀 켈러가 죄를 설명하는 방식(우상 숭배라는 도시적 언어로 옷 입힌 것)이 다소 단순하다고 생각했다.

그러나 그의 자료를 계속 접하면서 불편한 깨달음이 찾아왔다. 내 관점이 너무 단순했던 것이다. 물론 팀 켈러의 우상 숭배에 대한 가르침은 정교하다. 하지만 그것이 죄를 입맛에 맞게 바꾸기는커녕,[2] 오히려 죄를 더욱 선명하게 드러낸다. 죄를 예배의 문제로 보는 것은, 단순한 막대기 그림만 보다가 처음으로 삼차원 입체물을 마주하는 것과 같다. 그리고 그것은 결코 쉬운 일이 아니다. 거짓 신을 드러낸다는 것은 결국 더 분명하고 더 끔찍한 나 자신의 모습을 보게 되는 것이다. 팀 켈러는 1992년 설교에서 이렇게 경고했다. "여러분이 자신의 죄를 우상 숭배로 보고 그것이 하나님의 진노를 받아 마땅한 것임을 깨닫기 전까지는, 우리를 구원하는 복음을 진정으로 믿은 것이 아닙니다."[3]

팀 켈러가 설교에서 우상 숭배를 언급한 메시지를 찾는 것은, 마치 마이클 조던이 40득점을 기록한 경기를 찾는 것과 같다. 즉 그리 어려운 일이 아니라는 말이다. 1998년 설교인 "신이 아닌 것들에 사로잡히다(Enslaved to Non-Gods)"는 그 전형적인 예다.[4] 팀 켈러에 따르면, 우리의 우상은 어디에나 있으며 결코 무해한 것이 아니다. 그것들은 하나님의 은혜를 직접적으로 공격한다. 이는 단지 복음이 우상 숭배에 대한 유일한 대안일 뿐 아니라, 가장 깊은 의미에서 우상 숭배가 "복음에 대한 유일한 대안"이라는 의미이다. 즉 진정한 의미에서 불신자는 존재하지 않는다. 누구나 참되신 하나님을 믿거나, 혹은 하나님처럼 여기는 무언가에 노예가 되어 있다.

우상 숭배에 대한 깨달음

흥미롭게도 팀 켈러는 항상 우상 숭배를 "성경의 주요 주제 중 하나"라고 보지 않았거나 적어도 그렇게까지 강조하지는 않았다. 1989년 맨해튼으로 이사하기 전까지 그는 이미 버지니아 시골의 작은 교회에서 1,400편이 넘는 설교를 전했다. 놀라운 숫자다.[5] 하지만 그 많은 설교에서 이 주제는 그다지 강조되지 않았다. 그러나 그가 성경이 우상 숭배를 강조하는 방식에 주목하기 시작했을 때, 그의 삶은 바뀌었다. "그것은 내 설교와 상담, 모든 것을 바꾸어 놓았다. 사실 이 깨달음이 찾아온 것은 몇 년 전이었다. 정확히는 리디머교회를 시작하던 무렵이었다."[6] 즉 1980년대 후반이었다.

이 깨달음은 부분적으로 마틴 로이드 존스의 설교를 통해 찾아 왔다. 20세기 웨일스 출신의 설교자인 그는 요한일서의 마지막 구절(자녀들아 너희 자신을 지켜 우상에게서 멀리하라, 요일 5:21)을 묵상하며 이렇게 말했다.

우리 모두를 위협하는 가장 큰 위험은 행위나 행동의 문제가 아니라 우상 숭배입니다. 이 말이 어떤 이들에게는 낯설게 들릴 수도 있습니다. 그들은 무엇보다도 우리가 어떤 행동을 하지 말아야 한다는 경고를 들어야 한다고 생각할 수도 있죠. … (그러나) 우리의 행위와 행동은 언제나 우리의 태도와 생각에서 비롯됩니다. … 영적인 삶에서 가장 큰 위험은 우상 숭배이며, 이는 우리의 모든 활동 속으로 파고듭니다.[7]

팀 켈러는 회상했다. "내가 이 구절을 읽을 때, 마치 벽돌 한 무더기가 나를 덮치는 것 같았다." 죄의 본질이 잘못된 예배에 있다는 이 개념은 그에게 "혁명적인 원리"가 되었다. "이 사실을 깨닫고 나서 나는 내 삶에 변화를 주기 시작했다. 그리고 나의 상담과 설교에서 이전보다 훨씬 더 효과적으로 사람들을 돕게 되었다." 갓 교회를 개척한 그는 이제 우리의 행동 이면에 있는 영역을 탐구하기 시작했다. 우리는 왜 특정한 죄를 짓는가? 그 답은 듣기에 불편하다. "하나님이 아닌 다른 무언가가 내 마음의 실질적인 주인이 되었기 때문이다. 하나님이 아닌 다른 무언가가 나의 아름다움이 되었고, 하나님이 아닌 다른 무언가가 나의 최고의 선이 되었다. 모든 죄의 밑바탕에는 언제나 우상 숭배가 있다."[8] 팀 켈러는 리디머에서 전한 초기 설교 중 하나에서, 예리해진 우상 숭배에 대한 새로운 통찰을 바탕으로 다음과 같이 말했다. "우리는 모두 '작은 주인들', '작은 신들', '거짓 신들'을 가지고 있습니다. … 우리는 그런 신들을 예배하며, 동시에 그것들에 얽매여 있습니다. 그것들은 우리의 삶을 지배합니다. 우리는 우리 자신의 납치에 공모자입니다."[9] 교회를 개척한 지 불과 석 달 만에 그는 이미 "마음의 우상을 제거하라"라는 제목의 설교를 전했다.[10]

하지만 팀 켈러는 계속해서 배워 나갔고, 1990년대 초반에는 친구인 데이비드 폴리슨(David Powlison)의 통찰력 있는 에세이를 통해 또 한 번의 돌파구를 경험했다. "Idols of the Heart and 'Vanity Fair'"(마음의 우상들과 '허영의 시장')라는 폴리슨의 글은 팀 켈러를 더 깊이 청교도에 빠져들게 했다. 수십 년 후 팀 켈러는 폴리슨의 이 획기적인 에세이가 자신의 뉴욕에서의 사역에 "중대한 영향"을 미쳤으며, 심지어 자신의 저서 《팀 켈러의 내가 만든 신》(Counterfeit Gods)을 집필하는 데 영감을 주었다고 말했다.[11]

어거스틴적 뿌리, 죄란 잘못된 사랑의 질서

팀 켈러가 맨해튼에 발을 들여놓기 15세기 전, 그리고 종교개혁이 일어나기 천 년 전, 어거스틴(354-430년)은 죄를 잘못된 사랑의 질서의 문제로 설명했다. 팀 켈러는 이 북아프리카 주교를 자주 인용했으며, 특히 2001년 9월 9일, 뉴욕에서 가장 비극적인 날이 오기 48시간 전에 이런 말을 남겼다. "어거스틴은 항상 이렇게 말했습니다. 죄의 본질은 … 사랑의 질서가 잘못된 것이다. 그것은 하나님에 비해 어떤 것을 지나치게 사랑하는 것이다. 우리는 자신의 가치를 확인하는 것이 절실하게 필요하기 때문에, 하나님의 인정으로부터 자신의 가치를 확인하지 못할 때 하나님이 아닌 다른 것에 스스로를 저당 잡혀서라도 그 가치를 확인하고 싶어 한다."[12] 다른 곳에서 그는 이렇게 썼다.

나는 종종 어거스틴이 고백록에서 죄를 사랑의 질서가 어긋난 상태로 묘사한 것을 인용하곤 한다. 예를 들어, 우리가 자신의 평판을 진실보다 더 사랑한다면 거짓말을 하게 될 가능성이 크다. 혹은 돈 버는 것을 가족보다 더 사랑한다면, 우리는 경력을 위해 아이들을 소홀히 할 것이다. 잘못된 사랑의 질서는 항상 비참함과 파멸로 이어진다. 우리의 사랑을 '재정렬'하는 유일한 방법은 하나님을 다른 것과 비교할 수 없을 정도로, 최고로 사랑하는 것이다.[13]

어거스틴 수도회 출신이었던 마르틴 루터가 인간의 마음을 절망적으로 "자기 자신을 향해 굽어 있는"[14] 상태라고 묘사한 것은 이상한 일이 아니다. 팀 켈러에 따르면, 루터보다 더 철저하게 '모든 죄의 배후에는 우상 숭배가 도사리고 있다'는 사실을 이해한 사람은 없었다. 왜 십계명이 우상 숭배를 금지하는 조항으로 시작하는가?(너는 나 외에는 다른 신들을 네게 두지 말라, 출 20:3). 루터의 사상을 이어서 말하자면, 그 이유는 "율법을 어기는 가장 근본적인 동기가 우상 숭배이기 때문이다. 우리는 첫 번째 계명을 어기지 않고서는 결코 다른 계명들을 어기지 않는다."[15] 팀 켈러는 이를 더 자세히 설명한다.

우리는 항상 거짓말을 하거나 간음을 하거나 도둑질을 하지 않는다. 만약 우리가 그런 일을 한다면, 하나님이 아닌 다른 무엇인가를 우리의 희망과 기쁨과 정체성의 기초로 삼고 있다는 것을 보여 주는 것이다. 예를 들어 우리가 거짓말을 할 때, 그 순간은 우리의 평판(혹은 돈이나 다른 무엇)이 그리스도의 사랑보다 우리 자신의 가치를 확인하고 행복을 느끼는 데 더 중요한 기초가 되고 있는 것이다. 소득세 신고서를 부정하게 작성한다면, 돈과 소유 그리고 그것을 더 많이 갖는 것을 통해 얻는 지위나 안락함이 그리스도 안에서 주어지는 우리의 정체성보다 우리가 마음으로 중요함과 안정감을 느끼는 데 더 중요한 기초가 되는 것이다. 그러므로 우상 숭배는 우리의 다른 죄와 문제들의 뿌리이기도 하다.[16]

이는 사람을 변화시키는 방법에 대한 본질의 핵심으로 우리를 인도한다. 어떻게 하면 경건한 삶을 살아갈 힘을 찾을 수 있을까? 최선의 해결책은 두려움을 조장하여 바른 행동을 하도록 만드는 것이 아니라, "복음을 우리 마음속의 우상에게 적용하는 것이다. 마음속의 우상들은 언제나 예수님을 떠난 자기 구원의 또 다른 형태이다. … 복음에 저항하고 우상을 통해 자기 구원 프로젝트를 계속하려는 우리 마음의 구체적이고 독특한 방식들을 파악하지 않는다면 우리는 결코 변하지 않을 것이다."[17]

또 다른 종교개혁자인 장 칼뱅은 인간의 마음을 "끊임없이 우상을 만들어 내는 공장"[18]에 비유했다. 하나님을 대체하는 우상들은 단순히 대량 생산되는 것이 아니다. 그것들은 다양한 형태로 존재한다. 이 점을 강조하기 위해, 팀 켈러는 리디머교회에서 사역을 시작한 첫 해에 자신의 아내 캐시와 자신을 대조해 보였다.[19] 캐시는 온화하고 친절하지만, 본래 직설적인 성향이 더 강해서 "누군가가 기분 나빠하는 것을 개의치 않는다." 반면 팀 켈러는 "내 우상은 인정받는 것이다. 누군가가 나를 괴롭히고 아픔을 주더라도, 그 사람이 나에게 불만만 가지지 않는다면 상관없다"고 인정했다.

하지만 비록 우상의 형태는 다양할지라도, 우상 숭배는 단일한 문제다. 그것은 단지 많은 죄 중 하나가 아니라, 인간 존재의 근본적인 문제다.[20] 로마서 1장은 이것을 너무나도 분명하게 보여 준다. 잘못된 예배(1:21-23)는 다른 죄악들이 자라나는 토양이 된다(1:24-32). 사도 바울을 따라 팀 켈러는 단언한다. "우리가 어떤 잘못을 저지르든, 그 이유는 언제나 우상 숭배 때문이다."[21]

좋은 것과 궁극적인 것

우상은 거의 항상 그 자체로는 좋은 것이다. 이는 직관적으로 이해할 수 있다. 어떤 것이 더 좋은 것일수록 우리의 가장 깊은 소망을 충족시켜 줄 것이라고 기대할 가능성이 더 크기 때문이다. 뭐든지 거짓 신노릇을 할 수 있다. 특별히 "인생에서 가장 좋은 것들"[22]은 더욱 그렇다.

팀 켈러가 자주 사용하는 진단 방법 중 하나는 슬픔과 절망의 차이를 고려하는 것이다. 삶에서 좋은 것이 궁극적인 것으로 부풀려졌는지, 즉 우상이 되었는지 알아보는 한 가지 방법은 그것이 위협받거나 상실될 때 어떻게 반응하는지를 평가하는 것이다. 그리스도인은 스토아주의자가 아니다. 깊은 슬픔을 표현하는 것은 자연스럽고 정당한 일이다. 그러나 슬픔을 넘어 절망으로 나아간다면, 그것은 우상이 우리의 숨통을 쥐고 있다는 신호다.

슬픔은 위로의 근원이 있는 고통이다. 슬픔은 여러 좋은 것 중 하나를 잃었을 때 생긴다. 그래서 만약 직장에서 실패를 경험하더라도 가족이 위로가 되어 그 과정을 극복할 수 있다. 그러나 절망은 달리 위로받을 길이 없다. 왜냐하면 절망은 '궁극적인' 것을 잃을 때 오는 것이기 때문이다. 삶의 의미나 희망의 궁극적인 원천을 잃어버리면, 더 이상 다른 곳에서 대체할 수 있는 자원이 없다. 그것은 우리의 영혼을 무너뜨린다.[23]

그렇다면 우리의 영혼이 무너지고, 우리의 우상이 무너지며, 환멸을 느끼기 시작할 때, 어떤 일이 벌어지는가? 팀 켈러는 이에 대해 네 가지 기본적인 반응이 있다고 말한다. 첫째는 '우상을 탓하는 것'이다. 그리고 더 나은 우상을 찾아가는 것이다. 하지만 이것은 "계속되는 우상 숭배와 영적 중독"의 길이다. 둘째는 '자신을 탓하는 것'이다. 그러나 이는 단지 "자기혐오와 수치심"에 지나지 않는다. 셋째는 '세상을 탓하는 것'이다. "나를 버리다니, 세상 모든 남자(혹은 여자)는 다 망해라!" 하지만 이런 방식은 어리석은 일이다. 다행히도 또 다른 길이 있다. 탓하기를 거부하고 "삶의 초점을 완전히 하나님께로 재조정하는 것"[24]이다.

그렇다면 애초에 우리가 어떻게 우상들을 분별할 수 있을까? 먼저 네 가지를 살펴보라. (1) 내가 하는 상상,[25] (2) 돈을 쓰는 방식,[26] (3) 응답받지 못한 기도와 좌절된 희망에 대한 반응,[27] (4) 가장 통제하기 어려운 감정들[28]이다. 마지막 요소와 관련하여, 스스로에게 몇 가지 질문을 던져 보라.

만약 분노하고 있다면, "내가 무슨 일이 있어도 가져야만 하는 것이 있는가?"라고 물어라. 극심한 두려움이 엄습할 때는 "필수적이라고 생각하지만, 사실은 그렇지 않은 것이 위협받고 있는가?"라고 자문해 보라. 절망하거나 죄책감에 시달린다면, "사실은 그렇지도 않은데, 내가 반드시 있어야 한다고 여겼던 무언가를 잃었거나 실패한 것인가?"라고 질문해 보라. 과로에 시달리며 무리하게 일하고 있다면, "나는 이것을 가져야만 의미 있고 충만한 삶을 살 수 있다고 느끼는 것은 아닌가?"라고 자문해 보라.

리디머교회의 초기 설교 중 하나에서 팀 켈러는 단호하게 말한다. "만약 우리가 어떤 것이 없이 살 수 없다면, 아직 그것을 가질 준비가 되어 있지 않은 것이다. 왜 그런가? '행복의 필수 조건'으로 예수님뿐 아니라 다른 무언가가 더 있어야 한다면, 그것은 하나님과 경쟁하는 우상이다. 그리고 그것은 끝내 우리를 소진시키고 실망시킬 것이기 때문이다."[29]

만약 당신의 삶에서 평안과 기쁨을 억누르고 있는 것이 무엇인지 알고 싶다면, 당신의 감정을 뿌리째 뽑아 들여다보라. 그러면 그 감정에 매달려 있는 우상들을 발견하게 될 것이다.[30]

또한 우상 숭배는 우리의 용서하는 능력을 심각하게 약화시킨다. 팀 켈러는 사역 초기에 겪었던 한 경험을 다음과 같이 들려준다.

처음 담임목사로 섬긴 버지니아주 호프웰교회에서 두 명의 여성을 상담한 적이 있었다. 두 사람 모두 결혼한 상태로, 아버지로서 부족한 남편을 두고 있었다. 또한 두 사람 모두 십 대 아들이 있었는데 그 아이들은 학교에서도 법적으로도 어려움을 겪고 있었다. 두 여성 모두 남편에게 분노를 품고 있었다. 나는 그들을 상담하면서 (다른 것들 중에서도) 해결되지 않은 분노의 문제와 용서의 중요성에 대해 이야기했다. 두 사람 모두 동의했고 용서하려고 애썼다. 하지만 남편이 더 심각하고 종교적으로도 신앙심이 그리 깊지 않던 여성이 오히려 용서할 수 있었다. 반면 다른 여성은 그러지 못했다. 몇 달 동안 나는 이 상황이 의아했다. 그러던 어느 날 용서하지 못하던 여성이 불쑥 이렇게 말했다. "만약 내 아들이 망가진다면, 내 인생 전체가 실패한 거나 마찬가지예요!" 그녀는 아들의 행복과 성공을 자신의 삶의 중심에 두고 살아가고 있었다. 그것이 그녀가 용서할 수 없었던 이유였다. [31]

요즘 유행하는 '자기 용서'라는 개념은 어떠할까? 이것 역시 종종 우상 숭배의 징후일 때가 많다. 팀 켈러는 이 점을 명확히 지적한다. "사람들이 '하나님이 나를 용서하신다는 것은 알겠는데, 나는 나 자신을 용서할 수 없어'라고 말할 때, 그들이 의미하는 바는 자신이 어떤 우상을 실망시켰다는 것이다. 그리고 그 우상의 인정이 하나님의 인정보다 더 중요하다고 생각한다는 것이다."[32]

하나님이 아닌 다른 것 위에 자신의 삶을 세우는 것은 불행의 비결이다. [33]

사랑, 신뢰, 순종

그리스도인들이 '사랑, 신뢰, 순종'이라는 단어를 들으면, 우리는 대개 하나님과의 관계에서 우리가 마땅히 취해야 할 태도를 떠올린다. 그러나 팀 켈러는 이 단어들이 우리가 우상과 관계를 맺는 방식에 관한 성경적 은유이기도 하다고 지적한다. [34] 예를 들어, 실제로 성경은 우상 숭배를 '관계적' 용어로 자주 묘사한다(사 54:5-8; 62:5; 렘 2:1-4:4; 겔 16:1-63;

호 1-4장). 하나님은 완전한 배우자이시지만, 우리는 거짓 연인과 밀회를 즐긴다.

우상은 우리의 상상력을 사로잡는다. 우리는 '우리의 공상을 살펴봄으로써' 그것을 찾아낼 수 있다. 무엇을 상상하며 즐거워하는가? 가장 간절히 바라는 꿈은 무엇인가? 우리는 우리의 우상이 우리를 사랑해 주기를 바란다. 우상이 우리에게 가치를 부여하고, 우리를 아름답고 의미 있으며 존귀한 존재로 만들어 주기를 기대한다.[35]

성경은 또한 우상 숭배를 '종교적' 용어로 설명하기도 한다(신 32:37-38; 삿 10:13-14; 사 45:20; 렘 2:28). 비록 "구원은 여호와께 속하였나이다"(욘 2:9)라고 말하지만, 우리는 성공이나 돈을 바라보며, 그것들이 우리에게 필요한 안전을 제공해 주리라고 기대한다.

우상은 우리에게 통제하고 있다는 느낌을 준다. 우리는 '우리의 악몽을 살펴봄으로써' 그것을 찾아낼 수 있다. 우리가 가장 두려워하는 것은 무엇인가? 우리가 무엇을 잃었을 때 삶이 더 이상 살 가치가 없다고 느껴질 것인가? 우리는 우리를 보호해 줄 것이라 믿는 신들을 달래고 기쁘게 하기 위해 '희생'을 바친다. 우리는 우리의 우상을 바라보며, 그것들이 우리에게 자신감과 안전감을 제공해 주기를 바란다.[36]

성경은 또한 우상 숭배를 '통치'의 용어로 표현한다(삿 8:23; 삼상 8:6-

8; 12:12). 비록 하나님이 우리의 주인이며 주님이시지만, 우리는 우리가 사랑하고(관계적 은유) 신뢰하는(종교적 은유) 것은 그것이 무엇이든, 그것을 섬긴다(통치적 은유).

이런 관점에서 우리는 '가장 고집스럽게 붙드는 우리의 감정을 살펴봄으로써' 우상을 찾아낼 수 있다. 무엇이 우리를 통제할 수 없을 정도로 분노하게 하거나, 불안하게 하거나, 절망하게 하는가? 어떤 것이 우리를 벗어날 수 없는 죄책감에 사로잡히게 하는가? 우상은 우리를 지배한다. 왜냐하면 그것을 반드시 가져야만 하고 만약 그렇지 않다면 삶이 무의미하다고 느끼기 때문이다.[37]

사랑, 신뢰, 순종. 우리 영혼을 놓고 벌어지는 이 다면적 전쟁을 직시하지 않는 한, 우리는 여전히 우상의 유혹 앞에서 무력할 것이다.

표면적 우상과 심층적 우상

팀 켈러의 가장 예리한 공헌 중 하나는 가시적인 '표면적 우상'과 그것을 움직이는 보이지 않는 '심층적 우상' 사이의 구분이다. 우리 마음의 우상 숭배 구조는 복잡하다. 왜냐하면 거짓 신들은 무리를 지어 오는 경향이 있기 때문이다. 따라서 이러한 구분 없이는 우리의 분석은 피상적인 수준에 머물게 된다.[38] 표면적 우상은 돈, 일, 자녀, 성과 같은 것들이며, 그것을 통해 우리의 심층적 우상이 만족을 추구한다.[39] 반면 심층적 우상은 인정, 권력, 안락함, 통제와 같은 것들이다. 우리가 섬기는 표면적 우상은 심층적 우상에 의해 움직인다.

이것이 작동하는 방식은 이와 같다. 죄는 다르게 표현된다. 죄는 우리에게 다르게 작용하기 때문이다. 그리고 그 차이를 결정하는 것은 우리의 가장 깊은 동기이다. 예를 들어, 인정이라는 심층적 우상에 사로잡힌 사람과 권력이라는 심층적 우상에 사로잡힌 사람을 비교해 보자. 첫 번째 사람은 인정을 얻기 위해 권력을 기꺼이 포기할 것이다. 반면 두 번째 사람은 권력을 얻기 위해 인정을 포기할 것이다. 각각의 심층적 우상(인정, 권력, 안락함, 통제)은 "서로 다른 체계"의 희망과 두려움을 키운다.[40]

한편 표면적 우상은 마치 심층적 우상이 운전하는 차량과도 같다. 해결책은 단순히 새로운 차를 타보는 것이 아니다. 운전자를 교체하는 것이다. 그렇지 않으면 우리는 단순히 표면적인 우상들 사이를 오가며 진짜 문제를 결코 해결하지 못한다. 팀 켈러는 한 가지 예를 든다. 하나의 표면적인 우상(예를 들어, 돈)이 어떻게 서로 다른 근본적인 충동, 즉 심층적 우상들을 동시에 충족시킬 수 있는지를 보여 준다. 안전감을 느끼기 위해 많은 돈을 원하는 두려움에 사로잡힌 사람을 상상해 보라. 그들은 신중하게 저축하고 검소하게 산다. 한편 그들의 이웃은 사회적 지위를 높이기 위해 많은 돈을 원한다. 동일한 표면적 우상(돈)이 서로 다른 심층적 우상들(첫 번째 경우에는 통제, 두 번째 경우에는 인정)을 섬기고 있다. 그리고 놀랍지 않게도, 통제력을 얻기 위해 돈을 사용하는 사람은 인정을 얻기 위해 돈을 사용하는 사람보다 우월하다고 느낄 것이다. 그리고 그 반대도 마찬가지다.[41]

만약 우리가 단지 표면적 우상에만 집착한다면, 우리의 치료 계획은 피상적인 상태로 남을 것이다.

우상의 지배력을 약화시킬 전략(N-U-R)

팀 켈러는 1994년 설교 "섬김의 자유"(The Freedom of Service)에서 우상을 무너뜨리기 위한 실질적인 전략을 소개한다. 불신자들은 진리를 거짓으로 바꾸는 반면(롬 1:25), 그리스도인들은 이러한 본능을 뒤집어 거짓을 진리로 바꾸는 법을 배워야 한다. 팀 켈러는 우상의 지배력을 약화시키기 위한 전략으로 N-U-R이라는 약어를 제안한다. [42]

첫 번째이자 가장 중요한 단계는, '이름을 붙이는 것(Name)'이다. 우리 마음의 표면 아래, 곧 하나님을 대신하는 것들이 숨어 있는 내면을 살펴보고, 우리가 발견한 잘못된 예배를 인정해야 한다. 왜 이것이 첫 번째 단계인가? 진단하지 못한 것은 결코 제거할 수 없기 때문이다. 팀 켈러의 도전은 분명하다.

> 결국 신학적인 분석으로 나아간다면, 심리학적인 분석 자체는 나쁠 것 없다. 그것이 무엇인지 정확하게 밝혀서 그것에 이름을 붙여라. 그것이 왜 너에게 그렇게 중요한지 인정하라. 너가 행복한 이유가 예수님의 구원을 타협하고 있기 때문이라는 사실을 인정하라. 너는 이렇게 말하고 있는 것이다. "예수님 좋지. 하지만 내가 행복하려면 반드시 '이것'도 필요해."[43]

다음 단계는 '가면을 벗기는 것(Unmask)'이다. 하와가 금지된 나무를 보고 "먹음직도 하고 보암직도 하고 지혜롭게 할 만큼 탐스럽기도"(창 3:6)라고 생각했던 것처럼, 우리 역시 우상들에게 매혹된다. 그래서 우리는 우상들의 가면을 벗겨 그들의 진정한 위험을 폭로해야 한다. 우리 삶 속의 우상들은 마치 노예 해방론자인 척하는 노예 상인들이다.[44] 팀 켈러는 이렇게 말한다. 어느 순간이 오면, 우리가 우상을 바라보며 선언해야만 한다. "이제 네가 어떤 존재인지 알아. 넌 오랫동안 내 목을 조르고 있었고, 오랫동안 나를 이리저리 휘둘러 왔어. 오랫동안 나를 줄에 묶어 조종해 왔지. 하지만 이제 더 이상 용납하지 않아." 간단히 말해, 우리는 우상의 본모습을 그대로 봐야만 하고, 혐오해야만 한다. 그것들은 우리를 지배하려는 거짓 신일 뿐이다.

마지막 단계는 '기뻐하는 것(Rejoice)'이다. 우리는 우상이 기쁨을 줄 것이라 기대하지만, 실상 우상은 기쁨을 파괴한다. 오직 하나님만이 주실 수 있는 것들을 얻기 위해 피조물을 바라보는 것은 고통으로 향하는 잘 다져진 길이다. 오직 하나님만이 우리의 가장 깊은 소망과 두려움의 무게를 짊어질 만큼 충분히 크시다. 이것은 우리가 하나님의 자리를 차지하려는 거짓 신들이 아닌 참된 하나님, 그분으로부터 기쁨을 얻도록 우리의 마음을 훈련해야 한다는 사실을 의미한다. 팀 켈러에 따르면, 우리는 우상에게서 시선을 들어 주님을 향해 이렇게 고백해야 한다. "예수님, 이 우상이 아닌, 당신이 나의 의로움이십니다. 이 우상이 아닌, 당신이 나의 평안이십니다. 이 우상이 아닌, 당신이 나의 주인이십니다. 이 우상이 아닌, 당신이 나의 구원자이십니다." 이 과정은 단지 차갑거나 이성적이고 분석적인 작업이 아니다. 전능하신 하나님의 사랑이 펼쳐지는 드라마다. 팀 켈러는 이렇게 말한다. "너무나 소중한 사람이 있는데, 그 사람이 자신을 학대하는 사람과 사랑에 빠진 모습을 본 적이 있는가? 그것이 바로 하나님이 너를 보시는 방식이다. 하나님은 네가 우상의 품에 안겨 있는 것을 보고 계신다." 그러므로 성경이 하나님을 질투하시는 분으로 종종 묘사하는 것은 이상한 일이 아니다. 하나님은 우리를 너무나 사랑하기에 질투하지 않으실 수 없다. 하나님의 질투는 불안정함에서 비롯된 것이 아니라, 우리를 결코 만족시킬 수 없는 것들로부터 보호하려는 사랑에서 나온 것이다. 따라서 우리의 마음이 하나님의 질투 어린 사랑 안에서 쉼을 얻고, 그 사랑을 기뻐하는 만큼, 우리를 움켜쥔 우상의 쇠같이 단단한 손아귀는 점점 약해질 것이다.

오늘날의 접점 찾기

우리가 우상 숭배를 강조한다고 해서 죄가 곧 불법이라는 사실(요일 3:4)을 부정하는 것은 아니다. 오히려 그것은 죄에 대한 진단을 보다 생생하고 입체적으로 만든다. 앞서 살펴보았듯이 어거스틴과 루터, 칼뱅, 그리고 로이드 존스는 팀 켈러에게 이 접근 방식이 성경적이라고 확신시켰다. 그리고 맨해튼에서 그는 이 방법이 효과적이라는 사실을 발견했다. "나는 성경이 말하는 우상 숭배에 대한 풍부한 가르침을 다루었을 때, 사람들에게 가장 큰 반응을 얻을 수 있다는 것을 알게 됐다." 그는 뉴욕에서 25년을 보낸 후 이렇게 회고했다.[45]

문화적 접점을 찾는 것이 꼭 타협을 의미하는 것은 아니다. 오히려 그것은 단순히 세상이 이해할 수 있도록 만드는 것을 의미할 수 있다. 특히 사회의 '신념의 조건'이 변했을 경우에는 더욱 그렇다.[46] 분명히 창세기 3장 이후 사람들은 자신의 삶을 하나님께 복종하고 싶어 한 적이 단 한 번도 없었다. 복음의 메시지가 비난받지 않는 시대도 없었으며, 회심이 죽은 심령 속으로 하나님의 주권적인 개입 없이 이루어진 적도 없었다. 좋은 소식이 모든 사회에 적용될 수 있는 이유는 나쁜 소식이 모든 죄인에게 해당하기 때문이다. 아멘, 진실로 그렇다. 그러나 다양한 문화적 기후가 있다. 후기 근대 서구 사회에서 우리는 지금까지 경험하지 못한 역풍을 맞이하고 있다. 팀 켈러는 그 한 가지 예를 제시한다.

> 과거 서구 사회의 세대들은 '선한 사람'이 되는 것이 가장 중요하다고 믿었다. 하지만 오늘날 서구 사회에서 우리의 가치관은 변했고, 문화적 서사는 이제 '자유로운 사람이 되는 것'이 가장 중요하다고 말한다. 성경의 우상 숭배 개념은 현대인들에게 정확하게 바로 이 지점에서 도전장을 던진다. 역설적이게도 만약 그들이 하나님을 섬기지 않는다면, 자신들이 열망하는 만큼 자유롭지 않으며, 결코 자유로울 수 없다는 사실을 보여 준다.[47]

만일 이것이 사실이라면, 우리는 하나의 주장(당신은 자유를 위해 창조되었다)을 통해 우리의 이웃과 연결점을 만들 기회를 얻는다. 그리고 이를 바탕으로 또 다른 주장(당신은 하나님 앞에서 죄인이다)을 그들에게 보다 효과적으로 직면시킬 수 있다. 우리가 항상 후자의 진술로 시작한다면, 스스로는 용감하다고 느낄 수 있지만, 정말로 우리의 메시지가 이해될 수 있도록 소통한다고 할 수 있을까? 명확하지 않으면서 과연 우리가 정말로 용기있다고 말할 수 있을까? 우리 이웃이 세상을 바라보고 살아가는 방식을 충분히 이해하는 시간을 갖지 않는다면, 우리가 사용하는 말들(심지어 성경적이라고 하더라도)은 오해만 낳을 수 있다. 결국 우리는 단지 시끄러운 소음만 더하는 것일 수 있다.

그러나 이 모든 '우상 숭배'에 대한 이야기가 후기 현대인들에게 죄를 부드럽게 전달하기 위한 교묘한 전술일 뿐일까? 다시 말하지만, 그렇지 않다. "마음의 우상 숭배에 대한 성경적 메시지는 그들의 문화적 감수성에 맞게 메시지를 조정한다." 팀 켈러는 이렇게 인정한다. "그러나 그들이 듣고 싶어 하는 말을 해주는 것과는 거리가 멀다. 오히려 그들을 책망하고, 죄를 더욱 개인적인 것으로 만든다. 어떤 것을 우상으로 만든다는 것은, 마땅히 창조자이자 섭리자이신 하나님께 드려야 할 사랑을 그것에게 바치는 것을 의미한다."[48]

요컨대, 우상 숭배를 강조하는 것은 성경적으로나 실제적으로나 사람들이 죄가 어떻게 그들의 마음을 왜곡하고 사랑의 질서를 흐트러뜨리는지를 보여 주는 가장 중요한 방법 중 하나다. 또한 독특한 방식으로 그들이 얼마나 깊이 죄의 노예 상태에 빠져 있으며, 복음의 은혜가 주는 자유로부터 얼마나 멀리 떨어져 있는지를 드러낼 수 있다.[49]

이것이 바로 기독교의 메시지를 전하는 사람들이 반드시 마음을 다뤄야만 하는 중요한 이유다.

> 마음이 가장 원하는 것을, 이성은 합리적이라 여기고, 감정은 가치 있다고 느끼며, 의지는 실행 가능한 것으로 여긴다. … 사람을 지금의 모습으로 만드는 것은 그들의 사랑의 질서, 즉 무엇을 가장 사랑

하고, 더 사랑하고, 덜 사랑하고, 가장 적게 사랑하는가에 달려 있다. 이것은 내가 누군지에 대해 지적으로 동의하는 신념보다 훨씬 더 근본적인 요소다. 내가 무엇을 실제로 믿고 있는지는 내가 무엇을 사랑하는지를 보면 알 수 있다. … 따라서 성장에는 사고의 변화가 필수적이지만, 그것만으로는 충분하지 않다. … 변화는 단순히 새로운 논증을 머리에 주입하는 것이 아니라, 상상력에 새로운 아름다움을 공급함으로써 이루어진다.[50]

팀 켈러가 말하는 '새로운 아름다움'이란 본질적으로 이백 년 전 토머스 찰머스(Thomas Chalmers)가 주장했던 것과 동일하다.

우상을 파괴하는 비밀

찰머스는 그의 고전적인 설교 "세상 사랑을 몰아내는 새 애정의 힘"(*The Expulsive Power of a New Affection*)에서 다음과 같이 말했다. "우리의 어떤 욕구도 단순한 자연적 소멸 과정이나 정신적 결단만으로 사라지는 경우는 드물다. 그러나 … 한 욕구는 다른 욕구에 자리를 내주면서 사라질 수 있으며, 마음을 지배하는 애정으로서의 힘을 완전히 잃을 수도 있다."[51]

우상을 파괴하는 비밀은 단순히 그것을 제거하는 데 있지 않다. 그것을 대체하는 것이 핵심이다. 우상은 잡초와 같다. 잡초를 제거하는 방법은 잔디 깎는 기계를 꺼내는 것이 아니다. 땅에 무릎을 꿇고 하나하나 뿌리째 뽑아야 한다. 하지만 우상을 뿌리 뽑은 뒤 그냥 떠나 버릴 수는 없다. 그대로 두면 다시 자라날 것이다. 반드시 그 자리에 다른 것을 심어야 한다. 더 크고 위대한 사랑을 심어야 한다.

찰머스를 인용하며 팀 켈러는 이렇게 말한다. "인간 안에 있는 어떤 특정한 소중한 대상을 향한 마음의 욕망은 정복될 수 있지만, 그런 대상을 가져야만 한다는 마음의 필요 자체는 정복될 수 없다."[52] 그리고 우상의 지배에서 해방될 수 있는 유일한 길은 하나님의 사랑 아래 마음이 녹아내릴 때뿐이다. 다른 곳에서 팀 켈러는 이렇게 말한다.

> 궁극적인 사랑은 단순히 제거될 수 없다. 더 강력한 사랑으로 대체될 뿐이다. 우리가 말씀에 계시된 그리스도를 말씀과 복음 속에서 묵상함으로써 마음을 그분의 사랑으로 불타오르게 할 때에만, 노예처럼 얽매인 우상에게서 자유로워질 수 있다. … 우리의 자존감이 그리스도 안에서가 아니라 선한 사람이 되는 것에 기초하고 있다면, 우리는 … 자신의 결점이나 죄를 인정할 수 없게 된다. 그러나 우리가 그리스도의 사랑을 더욱 깊이 알수록, 죄를 고백하는 것이 더욱 쉬워지고, 죄를 고백하면 할수록, 예수님의 은혜가 더욱 귀하고 놀라운 것이 될 것이다.[53]

이것은 단순히 머리로만 하는 이론 공부가 아니다. 특별히 영적인 사람들만을 위한 것도 아니다. 모든 그리스도인은 매일 아침 새롭게 부어지는 하나님의 긍휼(애 3:23)과 함께 새로운 잡초를 맞이한다. 만약 우리가 날마다 우상을 뿌리 뽑고 그 자리마다 그리스도의 사랑을 심지 않는다면, 우리는 "생명과 평안을 가질 수 없다."[54] 그만큼 심각하고 중

74

요한 문제다.

그리스도의 사랑이 비디오처럼 다가오려면

비유를 바꿔 보자. 단순히 영화의 소리를 듣는 것과 실제로 그것을 보는 것의 차이를 생각해 보라. 집안일을 하면서 영화를 대충 흘려들어도 대략적인 줄거리는 알 수 있다. 하지만 실제로 눈앞에서 이야기가 펼쳐지는 것을 보면 몰입할 수밖에 없다. 그것이 우리의 시야를 가득 채운다. 마찬가지로 그리스도의 사랑을 머리로 아는 것과 마음으로 아는 것은 전혀 다르다.

이 통찰은 놀랍게도 1970년대 버지니아의 작은 교회에서 만난 불안감에 휩싸인 십 대 소녀를 통해 팀 켈러에게 깊이 각인되었다. 어느 날, 그녀는 기독교 진리가 충분히 느껴지지 않는 것에 대한 좌절을 불쑥 말했다. "나는 하나님이 나를 사랑하신다는 것을 알아요. 그런데 그게 무슨 소용이죠? 남자애들이 나랑 데이트를 안 해 주는데." 팀 켈러는 이 이야기를 이후 수십 년 동안 여러 번 회상하며 들려주었다. 그만큼 그에게 엄청난 영향을 미쳤기 때문이다. "내 삶은 그녀의 말에 깊이 영향을 받았다. 나는 이 말을 평생 잊지 못할 것이다."[55]

그가 여기서 얻은 가장 중요한 교훈은, 복음이 추상적인 차원에서 머물러 있기가 위험할 정도로 쉽다는 것이다. "하나님이 나를 사랑하신다"는 것과 "남자애들이 나랑 데이트를 안 한다"는 것은 둘 다 그녀에게 사실이었다. 하지만 전자는 그녀의 마음속에서 '오디오'로만 재생되는 반면, 후자는 비디오처럼 생생하게 다가왔다. 다시 말해, 죄란 우리의

'상상력을 감염시키는 것'[56]이므로, 그리스도의 사랑이 우리에게 비디오처럼 실감나게 다가오려면 그분의 은혜를 역동적으로 대면하는 수밖에 없다. 그것이 아니고서는 방황하기 쉬운 우리의 마음을 진정으로 녹이고 근본적으로 바꿀 수 없다.[57]

우상이 문화를 지배할 때

2009년 콘퍼런스에서 했던 통찰력 있는 강연 "위대한 신화 해체자: 복음과 우상 숭배(The Grand Demythologizer: The Gospel and Idolatry)"[58]에서 팀 켈러는 우리가 분별하고 폭로해야 할 세 가지 우상의 범주를 제시한다. 첫째는 가장 직관적인 '개인적' 우상으로, 돈과 로맨스, 자녀와 같은 것들이 이에 해당한다. 둘째는 좀 더 미묘한 '종교적' 우상으로, 진리와 은사와 도덕성 같은 것들이 포함된다. 우리는 이미 이 두 가지 형태의 우상을 살펴보았다. 그러나 우리가 의식하든 의식하지 않든, 우리를 끊임없이 괴롭히는 또 다른 우상이 있다. 그것은 바로 '문화적' 우상이다. 이 우상은 한 사회의 구성원 전체에 만연한 경향성이다. 이러한 문화적 우상에는 인간의 이성, 전통주의, 개인주의, 정치 등이 포함될 수 있다.

문화적 우상들을 공격하는 바울의 전략을 생각해 보라. 그것은 단일회성 전술이 아니라 일관된 접근법이었다. 루스드라(행 14장), 빌립보(행 16장), 아덴(행 17장), 그리고 에베소(행 19장)에서 바울은 동일하게 접근했다. 그렇다면 예를 들어, 에베소의 거리에서 평범한 시민들에게 바울은 무엇을 선포했는가? 한 지역의 기독교를 믿지 않는 사람이 이를 간략하게 요약해 준다. "이 바울이 … 사람의 손으로 만든 것들은 신이 아니라 하니"(행 19:26). 기억하라, 우상은 나쁜 것이 아니라 좋은 것이 궁극적인 것이 된 것이다. 따라서 고대 세계에서 아름다움이 신격화되었을 때, 단순한 아름다움이 아니라 아프로디테라는 신이 만들어졌다. 이성이 신격화되었을 때, 단순한 합리성이 아니라 아테나라는 신이 등장했다. 돈이 신격화되었을 때, 단순한 재물이 아니라 아르테미스라는 신이 존재했다.

현대 세계 또한 우상으로 가득하다. 차이점이 있다면 우리가 발견하기가 더 어려울 뿐이다. "하나님의 영광과 은혜가 지배하지 않는 사회"는 어떤 사회든 필연적으로 "다른 어떤 것을 신격화하여" 세워지게 된다. 문명의 역사를 돌아보라(단, 발밑을 조심하라. 실패한 신들의 폐허에 걸려 넘어질 수 있으니).

그러나 시대마다 다양하게 표현되는 우상들은 시간을 초월한 진리되신 예수 그리스와 감히 비교될 수 없다. 문화적 위치와 상관없이, 복음은 언제나 모든 민족의 "특정한 희망과 두려움과 우상들을 다룰 수 있는 초자연적인 유연성"[59]을 가지고 있었다. 예를 들어, 팀 켈러는 바울이 고린도인들에게 편지를 쓸 때, 이방인인 헬라인과 종교적인 유대인에게 각각 다른 접근 방식을 취했다고 지적한다. 그 차이는 무엇에 기반했을까? 바로 각 집단의 우상이었다.

유대인은 표적을 구하고 헬라인은 지혜를 찾으나 우리는 십자가에 못 박힌 그리스도를 전하니 유대인에게는 거리끼는 것이요 이방인에게는 미련한 것이로되 오직 부르심을 받은 자들에게는 유대인이나 헬라인이나 그리스도는 하나님의 능력이요 하나님의 지혜니라 하나님의 어리석음이 사람보다 지혜롭고 하나님의 약하심이 사람보다 강하니라(고전 1:22-25).

팀 켈러는 이렇게 말한다. 바울의 전략은 단순히 "헬라인들의 지혜에 대한 사랑이나 유대인들의 능력에 대한 사랑을 비판하는 것"이 아니었다. 오히려 그들이 "자기 파괴적인 방식으로 그것들을 추구하고 있다는 것"[60]을 그들에게 보여 주는 것이었다. 능력을 가치 있게 여기는 것은 좋지만, 예수님 없이는 그 추구가 결국 약함만 낳을 뿐이다. 반면에, 겉으로 봤을 때 예수님의 연약한 모습이 참된 능력을 가져온다. '이것이 바로 유대인들이 들어야만 하는 메시지였다.' 마찬가지로 지혜를 가치있게 여기는 것은 좋지만, 예수님 없이는 그 추구가 결국 어리석음만 낳을 뿐이다. 반면에 예수님의 피흘리신 시신은 참된 지혜를 드러낸다. '이것이 바로 헬라인들이 들어야만 하는 메시지였다.' 팀 켈러는 주목하라고 말한다.

바울은 단순히 "한 문화의 열망을 무시하지 않았다. 오히려 그것을 인정하면서도 동시에 도전하며, 사람들의 이해 속에 내재한 모순을 드러냈다."[61] 이것이 '전복적 성취'의 기술이다.[62] 그리고 이것이야말로 교회가 가장 본연의 모습일 때 언제나 철저히 반문화적이었던 이유다.

예수님 시대에 하나님 나라의 메시지는 세상의 모든 기존 틀을 뒤엎는 것이었다. 그런데 오늘날 기독교 신앙은 급진적이고 전복적인 것이라기보다 전통적인 것으로 인식된다. 하지만 이것만큼 진실에서 먼 것은 없다. 제대로 이해된다면, 하나님 나라의 메시지는 우리의

문화 속 지배적인 믿음들을 전복시킬 것이다. [63]

복음을 전하려 한다면, 상대방의 개인적·문화적 우상이 무엇인지 아는 것은 엄청난 도움이 된다. 왜냐하면 복음은 "너는 은혜로 의롭다 함을 받는다"고 말하는 반면, 우상들은 이렇게 반박하기 때문이다. "아니, 네가 의롭게 되는 것은 다른 어떤 것 때문이다."[64] 만약 우리가 담대하게 이웃에게 행위가 아닌 오직 은혜로 구원을 받을 수 있다고 선포하면서도, 그가 붙잡고 있는 다른 형태의 행위에 근거한 의, 즉 그가 붙드는 대체 구원자들을 설명하지 못한다면, 우리는 그가 처한 노예 상태의 깊이와 죄의 참혹함, 그리고 하나님의 은혜의 경이로움을 제대로 전달하지 못할 위험이 있다.

개인적·종교적·문화적 형태를 막론하고, 우상은 끊임없이 형상을 바꾸며 존재하며, 예수 그리스도 안에서 기쁨 속에 만족하는 것을 늘 위협한다. 내 마음속에서 무엇인가가 신이 되는 순간, 그것이 사탄으로 변하는 것은 시간문제일 뿐이다. [65]

바닥까지 드러나고, 하늘만큼 사랑받다

거짓 신들은 오직 하나님께만 드려야 할 수준의 충성을 요구한다. 그들은 우리를 유혹하여 사랑하고 신뢰하며 순종하도록 만든다. 우리의 영혼을 둘러싼 싸움은 다방면에서 벌어지며, 여러 방향에서 공격해 온다.

우상이 과거와 맞닿을 때, 즉 우리가 우상을 실망시켰을 때 그것은 우리를 무력화시키는 죄책감으로 몰아넣는다. 우상이 현재와 맞닿을 때, 즉 우상이 어떤 상황으로 인해 막히거나 사라질 때 그것은 우리를 분노와 절망으로 휘몰아 넣는다. 우상이 미래와 맞닿을 때, 즉 우상이 위협받을 때 그것은 우리를 마비시키는 불안과 두려움으로 내몬다.[66] 이처럼 위험이 가득한 상황 속에서 우리는 어디에서 위로와 소망을 찾을 수 있을까? 거짓 신들이 변형되어 사방에서 우리를 공격할지라도, 하나님의 아들은 어제나 오늘이나 영원토록 동일하시다(히 13:8).그리고 우리의 구주께서는 단지 변함없는 성품을 지니신 분일 뿐만 아니라, 우리의 사랑의 질서를 다시 바로잡을 수 있는 능력에서도 비할 데 없이 뛰어나신 분이다.[67] 모든 대체 신들은 우리를 종처럼 부려먹으며 노예로 만든다. 그러나 예수님은 다르시다. 예수님은 우리를 자유롭게 하는 유일한 주인이시다. 우리의 우상들은 끝없이 요구하고 실망시키고 결국 우리를 짓밟아 버리지만, 예수님은 우리를 찾아오셔서 이렇게 말씀하신다. "내가 너를 위해 짓밟히겠다."

우리가 예수님을 그 무엇과도 비교할 수 없는 최고의 아름다움으로 보지 않는 한, 곧 만물이 그를 위해 창조되었음(골 1:16)을 보지 않는 한 우리는 여전히 그분이 만드신 무언가의 노예로 남아 있을 것이다. 그러나 그분은 우리를 용서하시고 만족시키시며 자유롭게 하실 만큼 충분하게 우리를 사랑하신다. 그렇다면 구체적으로, 이 복음이 우상 숭배에 빠진 마음과 맞닿는 지점은 어디인가? 바로 대속의 지점이다. 우리는 너무나 많은 것을 예수님 대신 섬겼다. 그러나 너무나 놀라운 은혜로, 예수님은 그런 우리를 대신하셨다.

2012년에 영국 옥스퍼드 타운홀에서 팀 켈러는 학생들에게 다음과 같이 전했다.

만약 우리가 우리의 인생을 우리의 직업이나 우리의 배우자나 우리가 가진 돈이나 혹은 우리의 도덕성 위에 세웠는데, 그것이 무너진다면 우리에게는 아무런 희망이 없다. 왜 그런지 아는가? 예수 그리스도를 제외한 다른 모든 구원자는 진정한 구원자가 아니기 때문이다. 만약 우리가 직업에서 실패하면, 그것은 우리를 용서하지 않는다. 오직 자기혐오와 수치심으로 우리를 벌할 뿐이다. 예수님만이 유일한 구원자이기에, 만약 우리가 그분을 얻으면, 그분은 우리를 만족시키실 것이다. 그리고 만약 우리가 그분을 실망시킨다고 하더라도, 그분은 우리를 용서하실 것이다.[68]

그분 외에, 우리가 섬기는 다른 모든 것들은 "결국 우리를 버릴 것이다."[69] 그것은 절대로 우리 죄를 위해 죽어 주지 않을 것이다. 실제로 그리스도의 자기 희생적 사랑(단순히 추상적 믿음이 아니라, 마음을 움직이고 변화시키는 생생한 만남)만이 우리로 하여금 사물을 올바른 관점에서 바라볼 수 있도록 도와준다. 요나의 이야기가 어떻게 예수님의 희생을 예표하고 있는지를 깊이 묵상하면서, 팀 켈러는 개인적인 고백을 덧붙인다.

내가 내 우상들과 싸울 때, 나는 예수님을 생각한다. 그분은 자발적으로 머리를 숙이시고 그 궁극의 폭풍 속으로 들어가 그것과 정면으로 맞서셨다. 바로 나를 위해. 그분은 공포의 폭풍 속으로 가라앉으셨고, 그로 인해 나는 내 인생에서 어떤 폭풍도 두려워하지 않을 수 있게 되었다. 만약 그분이 나를 위해 그렇게 하셨다면, 나는 내 가치와 자신감, 그리고 내 삶의 사명이 모두 그분 안에 있다는 것을 알 수 있다. 이 땅의 폭풍은 많은 것을 빼앗아 갈 수 있다. 심지어 내 육체의 생명까지도. 하지만 내 참된 '생명'은 빼앗을 수 없다.[70]

이 '큰 것에서 작은 것으로'라는 논리는 내 삶에서 엄청난 도움이 되었다. 예수님이 나를 위해 궁극적인 어둠과 마주하셨기에, 나는 더 작은 순간들에서도 그분을 신뢰할 수 있다. 그것들이 아무리 작게 느껴지지 않는다 해도 – 하늘이 캄캄해지는 순간이라 할지라도(고후 4:17). 이 진리의 아름다움은 사람들에게 힘을 불어넣는 검증된 능력을 가지고 있다. 그것은 타락한 세상에서 고통받고 씨름하는 이들에게 깊은 위로의 원천이 된다.

우리가 매일 마주하는 가장 큰 문제는 우리 바깥에 있지 않다. 그것은 우리 안에 있다. 우리의 죄가 가장 거대한 적이다. 보다 구체적으로 말하면, 우리 마음의 감옥 속을 돌아다니는 것들은 우상들이다. 좋은 것이 궁극적인 것이 되어 버린 것들, 받을 자격이 없는 우리에게 은혜로 주어진 선물들이 필수불가결한 것으로 격상된 것들, 우리가 행복하기 위해 반드시 '필요하다'고 여기는 모든 것들이다. 그리고 그것(그냥 일반적인 죄 아닌, 바로 그 구체적인 우상)이 우리를 속박하고 있다. 그것이 우리와 자유 사이에, 우리와 평안 사이에, 우리와 풍성한 삶 사이에, 어쩌면 심지어 우리와 영원한 생명 사이에 가로놓여 있다.[71] 왜냐하면 그것이 우리와 예수 그리스도 사이를 가로막고 있기 때문이다.

사도 요한이 자신의 첫 번째 서신을 한 가지 간결한 명령으로 마무리하는 것은 놀라운 일이 아니다. "자녀들아 너희 자신을 지켜 우상에 게서 멀리하라"(요일 5:21).

3.

세 가지
삶의 방식

종교에는 왜 은혜가 필요한가

복음 전도 소책자 《두 가지 삶의 방식》(Two Ways to Live)[1]은 훌륭하다. 그 개념은 단순하다. 예수 그리스도에 관해서는 중간 지대가 없다는 것이다. 그분을 따르거나 거부하거나 둘 중 하나다.

이런 '갈림길' 구도는 성경의 메시지를 반영하기 때문에 더욱 참되게 들린다. 예를 들어, 선지자 엘리야가 이스라엘 백성에게 던진 도전적인 질문을 생각해 보라. "너희가 어느 때까지 둘 사이에서 머뭇머뭇하려느냐 여호와가 만일 하나님이면 그를 따르고 바알이 만일 하나님이면 그를 따를지니라"(왕상 18:21). 또한 시편 1편에 등장하는 의인과 악인의 대조, 그리고 예수님이 하신 직설적인 선언도 떠오른다. "나와 함께 아니하는 자는 나를 반대하는 자요 나와 함께 모으지 아니하는 자는 헤치는 자니라"(마 12:30). 물론 산상수훈에서도 이러한 날카로운 대비를 발견할 수 있다. 두 개의 문, 두 종류의 나무, 두 갈래의 길, 두 개의 집(마 7:13-27).

성경은 오직 두 가지 삶의 방식만이 존재한다고 더 이상 선명하게 말할 수 없을 정도로 분명히 말한다. 그 이상은 없다. 그렇지 않은가?

두 가지 방식 아니면 세 가지 방식?

팀 켈러의 설교(그의 온화한 태도를 감안하면 예상보다 훨씬 더 자주)에는 앞에서 언급한 듯한, "오늘 너희가 선택하라"는 식의 직설적인 표현이 등장한다. 이는 그에게 영향을 끼친 인물들을 생각해 보면 그리 놀라운 일이 아니다. 그의 사역 초기에, 아내 캐시는 농담 삼아 조지 휫필드(George Whitefield)의 설교를 그렇게 많이 읽다가는 언젠가 강단에서 무심코 '내가 생각하노라(methinks, 조지 휫필드 당시 사용하던 고어체 영어 표현 - 역자 주)'[2]라고 말하게 될지도 모른다고 말했다. 팀 켈러는 또한 타협하지 않는 웨일스 출신 설교자 마틴 로이드 존스(Martyn Lloyd-Jones)의 설교 수백 편을 탐독했다. 그리고 무엇보다, 그의 변증 스타일을 형성하는 데 가장 큰 영향을 준 인물은 C. S. 루이스(C. S. Lewis)였다. 루이스는 날카로운 논리를 활용해 독자들을 결단의 지점으로 이끄는 데 탁월한 능력을 가진 인물이었다(그는 한 번은 이렇게 쓴 적이 있다. "기독교가 … 거짓이라면 전혀 중요하지 않다. 그러나 사실이라면 무한히 중요하다. 적당히 중요하다는 것은 결코 있을 수 없다").[3] 팀 켈러의 설교를 몇 편만 들어봐도, 특히 복음 전도의 맥락에서, "이 길이냐 저 길이냐"는 식의 이분법적인 표현을 사용하는 데 주저함이 없었다는 사실을 금방 발견할 수 있다. 사실 그는 그러한 방식을 즐겼다.

그러나 인간의 마음이 작동하는 방식을 고려할 때, 팀 켈러는 점차이러한 구도가 다소 단순화된 접근일 수 있음을 깨달았다. "하나님의 길"과 "사람의 길"이 우리가 매일 직면하는 유일한 두 가지 선택일까? 기술적으로는 그렇다. 하지만 "사람의 길"이란 정확히 무엇인가? 하나님을 거부하고 자신을 위해 사는 것은 어떤 모습일까? 다시 말해, 두 가지 삶의 방식을 제시하는 것이 성경이 제시하는 복잡한 현실을 온전히 담아낼 수 있을까? 꼭 그렇지는 않다.

로마서에 나타난 세 가지 방식

로마서의 서두에서 바울의 논지를 살펴보자. 그는 하나님을 위해 사는 것이 어떤 모습인지 설명하기에 앞서, 하나님을 위해 살지 않는 것이 어떤 모습인지 생생하게 묘사한다. 로마서를 여는 처음 장들은 인간 내면의 반역에 대한 신랄한 기소장과도 같다. 그렇다면 인간의 반역이 구체적으로 어떻게 드러나는가? 여기서 '인간의 방식'을 단일한 범주로 간주하는 것은 명확하기보다는 오히려 혼란을 가중시킬 수 있다. 바울은 사실 인간이 하나님의 사랑의 권위를 거부하고 저항하는 방식이 하나가 아니라 두 가지 일반적인 형태로 나타난다고 설명한다.

첫 번째 방식은 분명하다. 노골적인 우상 숭배다(롬 1:18-32). '나는 나를 위해 살고, 그것을 자랑스럽게 여긴다.' 두 번째 방식은 훨씬 미묘하다. 바로 종교적 위선이다(롬 2:1-29). '나는 나를 위해 살지만, 아무도 눈치채지 못한다.' 다시 말해, 사람은 도덕적 방종을 통해 하나님을 피할 수도 있지만, 겉으로 드러나는 행위를 통한 외식적인 도덕성을 통해서도 하나님을 피할 수 있다. 첫 번째 방식은 상식적으로 이해하기 쉽다. 그러나 두 번째 방식은 마치 암처럼 교묘하게 퍼진다.

그렇다면 "인간의 방식"을 단순히 노골적인 반역으로만 축소하는 것이 왜 위험한가? 그렇게 하면 종교적 모양을 가진 반역자들이 자기 죄 가운데서 안주할 위험이 있기 때문이다. 바울의 유대인 독자들은 아마도 로마서 1장 18-32절을 읽으며 크게 공감했을 것이다. "좋아 바울, 저 이방인들을 제대로 혼내 줘!" 그러나 바울이 방향을 틀어 그들과 눈을 맞추며 논지를 전개하자 분위기가 급변했을 것이다. 결국 사도 바울에 따르면 인간에게는 삶의 세 가지 방식이 있다. 하나는 하나님과 화목하는 것이고, 나머지 두 개는 하나님을 거부하는 것이다.

팀 켈러는 사역이 성숙해지면서 성경의 이러한 삼중 구조를 강조하는 것이 효과적임을 점점 더 깊이 깨닫게 되었다.[4]

역사상 가장 유명한 설교로 돌아가기

로마서가 우리에게 세 가지 삶의 방식, 즉 그리스도를 받아들이는 한 가지 방식과 그를 피하는 두 가지 방식이 있다고 가르친다고 해도, 산상수훈의 마지막 부분에 나오는 이러한 이분법적인 경고들을 어떻게 이해해야 할까? 예수님은 간절히 말씀하신다. "좁은 문으로 들어

가라 멸망으로 인도하는 문은 크고 그 길이 넓어 그리로 들어가는 자가 많고 생명으로 인도하는 문은 좁고 길이 협착하여 찾는 자가 적음이라"(마 7:13-14).[5] 예수님은 또한 두 종류의 나무(마 7:15-20)와 두 종류의 집(마 7:24-27)[6]을 대비하신다. 그 메시지는 분명하다. 중간 지대는 없다.

삶의 방식이 오직 두 가지만이 존재한다는 사실을 우리 주님은 이보다 더 분명하게 말씀하실 수 있을까? 그렇다면 우리도 그렇게 생각하고 가르쳐야 하지 않을까? 팀 켈러도 한때는 그렇게 생각했다. 적어도 그가 성공회 목사 딕 루카스(Dick Lucas)[7]의 흥미로운 관찰을 접하기 전까지는 말이다. 루카스는 산상수훈의 결론이 요약일 가능성이 크다고 보았다. 그렇다면 우리는 전체 설교를 다시 돌아보며 예수께서 대비하신 두 가지 방식을 찾아야 한다. 실제로 예수님은 반복적으로 두 가지 방식을 대비하신다. '하지만 예수님이 대비하시는 그 두 가지 방식은 무엇인가?' 그 답은 단순히 하나님의 방식과 인간의 방식을 비교하는 것이 아니라는 것이다. 예수님이 대비하신 것은 하나님의 방식과 바리새인의 방식이다. 예수님은 경고하셨다. "사람에게 보이려고 그들 앞에서 너희 의를 행하지 않도록 주의하라 그리하지 아니하면 하늘에 계신 너희 아버지께 상을 받지 못하느니라"(마 6:1). 그러므로 구제할 때(마 6:2-4), 기도할 때(마 6:5-6), 금식할 때(마 6:16-18), 사람들에게 영적으로 대단한 사람처럼 보이려 하지 말라. 그리고 그러한 과정에서 다른 사람들을 업신여기지도 말라(마 7:1-4).

간단히 말해, 산상수훈은 종교의 옷을 입은 반역에 대한 경고다. 예수님은 노골적인 부도덕의 방식을 논하고 계신 것이 아니다. 그분께서 대비하시는 것은, 우리가 본능적으로 따르는 도덕주의의 길과 하나님 나라에 속한 삶이라는 급진적인 길이다.

잃어버린 두 아들

성경에서 이 진리를 가장 강력하게 묘사하는 장면 – 즉 길을 잃는 방식이 하나만 있는 것이 아니라는 사실 – 은 누가복음 15장 11-32절에서 집약적으로 드러난다. 이 비유의 대략적인 줄거리는 익숙하다. 한 아버지에게 두 아들이 있는데, 그중 작은아들이 자기 몫의 유산을 요구한 후 먼 나라로 떠난다. 그곳에서 방탕한 생활을 하며 모든 재산을 탕진한다. 결국 철이 든 탕자는 빈손으로, 깨어진 채 집으로 돌아온다. 그의 유일한 기대는 아버지가 그를 품꾼으로라도 받아 주는 것이었다. 그러나 아버지는 멀리서 방탕한 아들을 알아보고 달려가 그를 맞이하며, 그를 위한 잔치를 베풀라고 한다.

많은 사람이 여기서 이야기를 멈춘다. 적어도 강조점에 있어서는 그렇다. 그래서 이 이야기는 역사적으로 '탕자의 비유'(The Parable of the Prodigal Son)라고 불려 왔다. 여기서 탕자는 단수다. 그러나 돌아온 아들만이 유일한 탕자는 아니다. 사실 그것이 이 비유의 핵심이다. 예수님은 이 비유를 방탕한 자들에게 말씀하신 것이 아니다. 오히려 이 이야기는 종교적으로 열심인 사람들을 향해, 마치 열추적 미사일처럼 정조준된 것이다. 이 장의 문맥을 주목해 보라.

> 모든 세리와 죄인들이 말씀을 들으러 가까이 나아오니 바리새인과
> 서기관들이 수군거려 이르되 이 사람이 죄인을 영접하고 음식을 같

이 먹는다 하더라 예수께서 그들에게 이 비유로 이르시되(눅 15:1-3).

이러한 청중을 고려할 때, 우리는 이 비유의 극적인 마지막 장면을 간과해서는 안 된다.

> 맏아들은 밭에 있다가 돌아와 집에 가까이 왔을 때에 풍악과 춤추는 소리를 듣고 한 종을 불러 이 무슨 일인가 물은대 대답하되 당신의 동생이 돌아왔으매 당신의 아버지가 건강한 그를 다시 맞아들이게 됨으로 인하여 살진 송아지를 잡았나이다 하니 그가 노하여 들어가고자 하지 아니하거늘 아버지가 나와서 권한대 아버지께 대답하여 이르되 내가 여러 해 아버지를 섬겨 명을 어김이 없거늘 내게는 염소 새끼라도 주어 나와 내 벗으로 즐기게 하신 일이 없더니 아버지의 살림을 창녀들과 함께 삼켜 버린 이 아들이 돌아오매 이를 위하여 살진 송아지를 잡으셨나이다 아버지가 이르되 얘 너는 항상 나와 함께 있으니 내 것이 다 네 것이로되 이 네 동생은 죽었다가 살아났으며 내가 잃었다가 얻었기로 우리가 즐거워하고 기뻐하는 것이 마땅하다 하니라(눅 15:25-32).

2005년 9월 11일, 팀 켈러는 "탕자들"(Prodigal Sons) - 복수다 - 이라는 제목으로 설교를 했으며, 이것이 2008년에 출간된 그의 베스트셀러 《팀 켈러의 탕부 하나님》(The Prodigal God)의 기초가 되었다. 이 책은 마음에 관한 팀 켈러의 가르침 가운데 가장 정제된 핵심을 담고 있다. 책의 서두에서 그는 자신에게 신앙의 깊은 깨달음을 가져다준, 멘토 에드먼드 클라우니(Edmund Clowney)의 누가복음 15장 설교를 언급하며 이렇게 말한다.

> 그 설교를 듣고 나서 내가 기독교를 이해하는 방식이 완전히 바뀌었다. 마치 기독교의 비밀스러운 핵심을 발견한 듯한 느낌이었다. 그 후로 나는 여러 해 동안 이 비유를 가르치고 상담하는 데 자주 사용해 왔다. 그리고 이 말씀의 참된 의미를 설명해 줄 때, 다른 어떤 본문보다도 더 많은 사람이 격려를 받고, 깨달음을 얻고, 도움을 받는 것을 보았다[8]

이 마지막 문장은 주목할 만하다. 이 비유가 이처럼 강력한 이유는 무엇일까? 팀 켈러는 예수님의 가르침을 호수에 비유한다면, 이 비유야말로 "바닥까지 선명하게 들여다볼 수 있는 가장 맑은 곳 중 하나"[9]라고 말한다. 왜냐하면 예수님이 큰아들에 대해 하신 말씀은 성경 전체에서 가장 중요한 가르침 중 하나이기 때문이다.[10] 따라서 둘째 아들에게만 초점을 맞출 때, 우리는 성경이 주는 부요함을 놓치게 된다.

내가 이 비유를 처음 들었을 때, 나는 예수님의 원래 청중들이 하나님이 그들이 무엇을 했든 상관없이 항상 사랑하고 환영할 것이라는 이야기를 들으며 눈물을 글썽이는 모습을 상상했다. 그러나 우리가 그렇게 한다면, 이 비유를 감상적으로 해석하는 오류를 범하는 것이다. 이 이야기의 대상은 "방탕한 죄인들"이 아니다. 오히려 성경이 요구하는 모든 것을 다 행하고 있다고 (생각하는) 종교적인 사람들이다.

예수님은 도덕적으로 타락한 외부인들에게 간절히 호소하는 것이 아니라, 도덕적으로 흠잡을 데 없는 내부인들에게 호소하고 계신다. 예수님은 그들이 얼마나 눈이 멀었는지, 얼마나 편협한지, 그리고 얼마나 자기 의로 가득 차 있는지를 보여 주고 싶어 하신다. 그리고 그러한 태도가 그들 자신의 영혼을 파괴할 뿐만 아니라 주변 사람들의 삶까지도 황폐하게 만든다는 사실을 깨닫게 하려 하신다. 따라서 예수님이 이 이야기를 하신 주된 목적이 둘째 아들들에게 하나님의 무조건적인 사랑을 확신시키기 위함이라고 생각하는 것은 잘못이다.[11]

예수 그리스도를 떠나서는, 노골적인 율법 위반이든 철저한 율법 준수든, 모두 막다른 길로 이어진다. 팀 켈러의 표현을 빌리자면, "예수님의 목적은 우리의 마음을 따뜻하게 하는 것이 아니라, 우리의 기존 사고방식을 산산이 깨뜨리는 것이다."[12]

이 비유에 등장하는 두 형제는 "하나님으로부터 소외되는 각기 다른 방식"[13]을 대표하며, 이 두 방식은 후기 현대 서구 사회에서도 놀랍도록 공명을 일으킨다. 팀 켈러는 이 두 가지 접근법을 "도덕적 순응의 길"과 "자기 발견의 길"[14]이라고 명명한다. 그는 서구 문화가 이 두 접근법 사이에서 "너무 깊이 양극화되어 있어서"[15] 다른 대안을 상상하기조차 어려울 정도라고 지적한다.

만약 한쪽을 비판하거나 거리를 두면, 사람들은 자동으로 당신이 반대편을 선택했다고 간주한다. 왜냐하면 이 두 접근법은 세상을 본질적으로 두 개의 집단으로 나누는 경향이 있기 때문이다. 도덕적 순응

주의자들은 이렇게 말한다. "부도덕한 사람들, 즉 '자기 마음대로 사는 사람들'이야말로 이 세상의 문제이고, 도덕적인 사람들이 해결책이다." 반면 자기 발견의 옹호자들은 이렇게 말한다. "편협한 사람들, 즉 '우리가 진리를 가지고 있다'라고 말하는 사람들이야말로 이 세상의 문제이고, 진보적인 사람들이 해결책이다." 각 집단은 이렇게 주장한다. "우리의 방식이야말로 세상을 바로잡는 길이다. 그러므로 우리 편이 아니면 적이다."[16]

그러나 왕이신 예수님은 거짓된 이분법을 용납하지 않으신다. 또한 자연스러운 기대에도 얽매이지 않으신다.

이 이야기에는 두 아들이 있다. 통상적인 기준으로 볼 때 하나는 "나쁜" 아들이고, 다른 하나는 "착한" 아들이지만, 둘 다 아버지로부터 멀어져 있다. 아버지는 각각의 아들에게 나아가 그들을 자신의 사랑의 잔치로 초대해야 한다. (중략)
그러나 2막은 상상할 수 없는 결말을 맞는다. 이야기꾼이신 예수님은 의도적으로 맏아들을 소외된 상태로 남겨 두신다. 나쁜 아들은 아버지의 잔치에 들어오지만, 착한 아들은 들어오지 않는다. 창녀들과 어울리던 자는 구원을 받지만, 도덕적으로 흠이 없는 사람은 여전히 잃어버린 상태다. 이야기가 끝날 때쯤 우리는 바리새인들이 "헉" 하고 숨을 들이마시는 소리를 거의 들을 수 있을 것 같다. 그들이 여태껏 배워 왔던 모든 것이 완전히 뒤집힌 것이다.[17]

둘 다 잃어버린 아들이지만, 오직 한 명만이 그것을 알고 있다. 예수님은 말씀하신다. "너는 잃어버린 자다. 그러나 네가 그것을 인정하려 하지 않는다."

자기 구원의 프로젝트

"아버지께 대답하여 이르되 내가 여러 해 아버지를 섬겨 명을 어김이 없거늘"(눅 15:29). 맏아들이 항변하며 말할 때, 아버지는 그 말을 반박하지 않으신다! 이 사실을 깨달으면 정신이 번쩍 난다. 맏아들은 진짜로 늘 순종해 왔고, 모든 것을 다 "옳게" 해 왔다. 그런데 아이러니하게도, 바로 그것이 그를 잔치에 참여하지 못하게 만들었다. 그의 외적인 선함과 그 결과로 인해 생긴 교만이 아버지의 사랑과 그 사이에 장벽을 세워 버린 것이다.

맏아들의 사고방식은 우리 모두에게 흔히 나타날 수 있다. 팀 켈러는 한 가지 예를 든다.

나는 오랫동안 기독교 사역을 해 온 한 여성을 알고 있었다. 그런데 중년에 만성 질병이 찾아오자 그녀는 깊은 절망에 빠졌다. 결국 그녀는 자신의 마음 깊은 곳에서 이렇게 믿고 있었다는 사실을 깨닫게 되었다. '내가 하나님을 위해 이렇게 많은 일을 했으니, 하나님은 나에게 더 나은 삶을 주셔야 해. 그분은 나에게 더 나은 삶을 빚졌어.' 이 전제가 그녀를 더욱 깊은 나락으로 떨어지게 만들었고, 거기에서 빠져나오는 것이 극도로 어려운 일이었다. 결국 그녀는 그곳에서 빠져

나왔다. 그녀가 회복할 수 있었던 결정적인 계기는 자신의 마음속에 맏아들의 사고방식이 자리잡고 있었다는 사실을 깨달은 것이었다.

맏아들 같은 사람들은 무엇인가를 얻어 내기 위해 하나님께 순종한다. 하나님 자신을 얻기 위해 순종하지 않는다. 즉 하나님을 닮아 가고, 하나님을 사랑하고, 하나님을 알아 가고, 하나님을 기쁘시게 하기 위해 순종하지 않는다. 따라서 종교적이고 도덕적인 사람들도, 하나님을 믿지 않는다고 말하고 자기 마음대로 선과 악을 규정하는 둘째 아들들과 똑같이 예수님을 구주와 주님으로 받아들이지 않을 수 있다. [18]

이는 매우 위험하고 중요한 일이다. 만약 내가 착하기 때문에 하나님이 나를 받아 주셔야 한다고 생각한다면, "그렇다면 예수님은 나에게 도움이 되는 존재일 수도 있고, 본이 되는 존재가 될 수도 있으며, 심지어 영감을 주는 존재일 수도 있지만, 나의 구원자는 아니다." 그분이 어떻게 나의 구원자가 되실 수 있겠는가? 내가 이미 그분의 자리를 차지하고 있는데 말이다. [19] 팀 켈러는 이렇게 결론을 내린다.

이 이야기의 끝에서, 큰아들은 잔치에 들어가 아버지를 진정으로 기쁘시게 할 기회를 얻는다. 그러나 그의 분노어린 거절은 아버지를 기쁘시게 하는 것이 한 번도 그의 목표인 적이 없다는 것을 보여 준다. … 만약 우리가 큰아들처럼 순종을 통해 하나님을 조종하려 한다면, 우리의 모든 도덕적 행위는 결국 하나님을 이용하여 우리의 삶에서 우리가 진정으로 원하는 것들을 얻기 위한 수단에 불과한 것이다. [20]

그러므로 스스로 자기 자신의 구원자와 주인이 되는 방법은 하나가 아니라 둘이다. 하나는 모든 도덕적 규칙을 깨뜨리고 자기 마음대로 자기 길을 가는 것이고, 다른 하나는 모든 외적인 도덕적 규칙을 지키며 하나님의 호의를 얻으려 하는 것이다. 이 두 가지 모두 하나님을 피하려는 전략이다. 예수 그리스도를 떠나 있는 모든 인간은 "자기 구원의 프로젝트에 헌신하며, 하나님과 다른 사람들을 이용하여 자신을 위한 힘과 통제력을 얻으려 한다. 단지 각자가 다른 방식으로 그 일을 하고 있을 뿐이다."[21]

똑같이 잘못되었지만, 똑같이 위험하지는 않다

예수님의 비유가 끝날 때, 두 아들 중 오직 한 명만이 아버지와 화해한다. 왜 이렇게 결론을 맺을까? 왜 두 형제가 모두 회복되는 구속의 여정을 보여 주지 않는 것일까? 그 이유는 분명 맏아들이 희망이 없기 때문이 아니다. 만약 그렇다면, 아버지는 들판으로 나가 간절히 권유하지도 않았을 것이다. 물론 우리는 정확한 이유를 알 수 없지만, 어쩌면 예수님은 다음과 같은 점을 말씀하고자 하셨는지도 모른다. 즉 "두 가지 방식의 자기 구원 프로젝트는 똑같이 잘못되었지만", 그것들이 "똑같이 위험하지는 않다"[22]는 것이다. 둘째 아들의 반항은 명백하다. 그러나 맏아들의 반항은 그렇지 않다. 바로 거기에 위험이 놓였다.

맏아들은 자신이 아버지의 권위와 사랑에 반항하고 있다는 사실을 조금도 인정할 수 없었을 것이다. 그러나 사실 그는 깊이 반항하고 있었다. 맏아들은 자신이 처한 상황을 더더욱 보지 못하는 존재이기에, 맏아들 같은 바리새인들은 영적으로 더욱 절망적인 상태이다. 종교적인 사람에게 그들과 하나님의 관계가 올바르지 않다고 누군가 말한다면, 그들은 즉시 "감히 어떻게 그런 말을 할 수 있지?"라고 반응할 것이다. "나는 교회 문이 열려 있을 때마다 항상 그곳에 있었어." 그러나 예수님은 사실상 이렇게 말씀하신다. "그게 중요한 게 아니다."[23]

팀 켈러가 말하는 교훈은 충격적이다. "하나님의 율법을 철저히 순종하는 것이 하나님께 반항하는 전략이 될 수도 있다."[24] 그는 종종 한 교회의 같은 예배당에서 나란히 앉아 있는 두 사람을 예로 들었다. 두 사람은 같은 설교를 듣고, 같은 찬양을 부르고, 같은 영적 활동에 참여한다. 그러나 그들이 그러한 행동을 하는 이유는 완전히 다를 수 있다. 한 사람은 하나님을 기쁘시게 하기 위해 그 모든 것을 하지만, 다른 사람은 자기 자신의 의로움을 입증하기 위해 그렇게 한다.

그러나 겉으로 보기에는, 이 둘이 완전히 똑같아 보인다.[25]

같은 태에서 태어난 이란성 쌍둥이

그들의 뿌리가 같다는 것을 고려하면, 이처럼 외적으로 비슷한 모습을 보이는 것은 그리 놀라운 일이 아니다. 둘째 아들과 맏아들 – 그리고 그들이 상징하는 삶의 방식 – 은 처음 보는 것과 다르게 훨씬 더 비슷하다. 이에 대해 팀 켈러는 이렇게 설명한다.

형제들의 행동 방식은 매우 다르지만, 그 이면에 깔린 동기와 목표는 동일하다. 둘 다 자기들의 마음이 진정으로 집착하는 것들을 얻기 위해 서로 다른 방식으로 아버지를 이용하고 있는 것이다. 그들이 자신에게 행복과 충만함을 가져다줄 것이라고 믿었던 것은 아버지의 사랑이 아니라 아버지의 재산이었다.[26]

팀 켈러는 싱클레어 퍼거슨의 탁월한 저서 《온전한 그리스도》(The Whole Christ)의 서문에 다음과 같이 썼다. "율법주의(율법을 지킴으로써 하나님의 사랑을 얻으려는 태도)와 반율법주의(율법을 어기면서 하나님의 사랑을 거부하는 태도)를 완전히 반대되는 것으로 생각하는 것은 치명적인 목회적 실수다. 싱클레어는 오히려 이 둘이 '같은 태에서 태어난 이란성 쌍둥이'라고 말한다."[27] 다시 말해 율법을 거부하는 반율법주의자와 율법을 철저히 지키려는 율법주의자 모두 "에덴의 독"[28] – 곧 사탄이 퍼뜨린 태고의 거짓말, 우리의 창조주는 신뢰할 만한 존재가 아니다 – 에 사로잡혀 있다. 그는 우리 최초의 조상인 아담과 하와를 꾀어 하나님이 인색하며 좋은 것을 주지 않는 분이시기에, 그들이 스스로를 책임져야 한다고 믿게 만들었다. 그래서 그들은 하나님의 성품을 신뢰하지 않고, 그들의 것이 아닌 것을 취하게 된다.

팀 켈러는 율법주의자와 반율법주의자가 공통적으로 "순종의 기쁨을 이해하지 못한다"고 지적한다. "그들에게 순종은 조건적인 사랑을 베푸시며, 우리가 충분히 노력하지 않으면 복을 주기를 꺼려 하시는 하나님이 우리에게 부과한 의무일 뿐이다. 차이가 있다면, 율법주의자는 그 짐을 억지로 짊어지는 반면, 반율법주의자는 그것을 거부하고 내던질 뿐이다."[29]

　분명히 해야 할 점은, 순종을 율법주의와 혼동해서는 안 된다는 것이다. 순종은 아름다운 것이지만, 율법주의는 치명적이다. 율법주의는 하나님의 선한 계명을 지키는 것이 하나님의 사랑에 대한 반응이 아니라, 하나님의 사랑을 얻기 위한 수단이 될 때 교묘히 스며든다.

복음전도적 가치

　왜 팀 켈러는 뉴욕에서 그렇게 강력하게 율법주의를 공격하는 설교했을까? 뉴욕은 본래 '맏아들'(율법주의자) 유형의 사람들을 끌어들이는 도시가 아니다. 이에 대한 답은 두 가지다. 첫째, 그는 율법주의와 흔히 연결된 '자기 의'가 모든 인간의 마음속에서 기본적으로 작동하는 모드라고 확신했다.[30] 두 번째 이유는 단순한데, 그는 '둘째 아들'(반율법주의자)이 진짜 복음을 이해하기를 원했다.

　대부분의 비기독교인들, 특히 종교적이지 않은 사람들은 복음을 제대로 이해하지 못한다. 사실 우리가 만나는 대부분의 잃어버린 사람들은 복음을 거부한 적이 없다. '왜냐하면 그들은 복음을 한 번도 들어본 적이 없기 때문이다.' 물론 그들은 자신이 '복음이라고 생각하는 것'을 거부했다. 그러나 거리에서 만나는 사람들에게 복음을 설명해 보라고 하면, 은혜로 말미암는 구원에 대한 풍성한 선언이 담긴 에베소서 2장 8-9절의 내용을 듣지 못할 것이다. 대신 일종의 도덕주의의 형태, 즉 "나는 착하게 살아왔습니다" 식의 대답이 돌아올 가능성이 크다.[31]

　다시 말해, 맏아들 유형의 잃어버린 상태(율법주의)와 기독교 신앙은 동일한 것이 아님에도 불구하고, 많은 둘째 아들들은 이 둘이 같다고 가정한다. 그러므로 그들을 돕기 위해서는, 우리가 그들에게 더 나은 사람이 되라고 요청하는 것이 아니라는 사실을 분명히 밝혀야 한다.[32] 이에 대해 존 파이퍼는 이 단순한 통찰이 그에게 혁명적인 영향을 미쳤다고 고백한다.

팀 켈러가 몇 년 전에 한 말이 나를 강타했다. 그의 말은 오늘날 불신자들에게 설교하는 방식에 대한 내 생각에 엄청난 영향을 미쳤다. 그는 이렇게 말했다. "만약 당신이 방탕한 사람들 – 기본적으로 무법한 삶을 살며, 자신이 원하는 대로 행동하고, 어떤 규칙도 신경 쓰지 않는 사람들 – 에게 설교하려 한다면, 그 과정에서 반드시 율법주의를 경고해야 한다."

그 말을 듣고 나는 '뭐라고? 율법주의는 그들의 문제가 아니잖아'라고 생각했다. 그런데 팀 켈러는 이렇게 설명했다. … 만약 당신이 방탕한 사람에게 그가 모래 위에 인생을 세우고 있다고 설득할 수 있다 해도, 그에게 인생을 어떻게 살아야 하는지에 대한 복음적 대안을 제공하지 않는다면, 그의 기본적인 대체 수단은 율법이 된다. 그렇지 않겠는가? … 그러면서 그는 아주 통찰력 있게 덧붙였다. "보라, 만약 당신이 방탕한 자를 무법함에서 건져 내어 복음과 성령의 삶으로 인도하려 한다면, 반드시 반대편도 경고해야 한다. 즉〔율법주의적〕대안에 대해서도 경고해야 한다."

그것은 나에게 그야말로 절대적으로 보물과도 같은 깨달음이었다. … 그것은 내게 엄청난 변화를 가져다주었다. 나는 지금도 그 사실에

감사하고 있다.[33]

우리의 참된 맏형

하나님을 기쁘시게 하는 데 있어서, 반항적인 길과 종교적인 길은
모두 막다른 길이다. 하지만 예수님은 더 탁월한 길을 보여 주신다. 그
것은 세속적인 극단들 사이에서 편안한 중도를 찾는 것이 아니다. 왜냐
하면 그분의 복음은 또 다른 차원이기 때문이다.[34]

이 비유에서, 맏아들은 그의 방탕한 동생을 찾아 먼 나라로 가야
했다. 그는 동생이 돌아왔을 때 기뻐해야 했다. 그는 동생이 지위를 회
복하도록 자기 유산의 일부를 기꺼이 내어 주어야 했다. 그는 잔치에
함께해야 했다. 그러나 팀 켈러가 지적하듯이, "예수님은 이야기 속에
결함 있는 맏아들을 등장시킴으로써, 우리로 하여금 진정한 맏아들을
상상하고 갈망하도록 초대하신다."[35]

예수 그리스도야말로 궁극적인 맏아들이시다. 그분은 잃어버린
자를 찾아 구원하기 위해 단지 먼 나라로 떠난 것이 아니라 하늘에서 땅
으로 내려오셨다. "누가 진정한 맏아들인가?" 팀 켈러는 자신의 친동생
빌리의 장례식 설교에서 이렇게 물었다. "누가 아버지께 완전하게 진정
으로 순종한 자인가? 누가 자신의 겉옷을 진정으로 잃어버리심으로써
우리에게 그것을 입히셨는가? 바로 예수님이다!"[36] 그분은 "위대한 희
생의 하나님"[37]이다. 자신에게 무한한 대가를 치르면서 우리의 빚을 갚
으셨고, 이제는 우리의 상처를 싸매시며 우리를 집으로 아버지께로 데
려오신다.

이 메시지는 참되지만, 길들여지지 않는다. 그것을 받아들이는 과정은 우상으로 가득 찬 마음을 뒤흔들어 무너뜨린다. 팀 켈러는 한 여성이 리디머교회에 다니기 시작하면서 처음으로 자신의 행위가 아니라 하나님의 전적인 은혜로 받아들여질 수 있다는 사실을 듣게 되었던 일을 회상한다. 그녀의 반응은 그에게 깊은 인상을 남겼다. "그건 무서운 생각이에요! 물론 좋은 의미의 무서움이지만, 그래도 여전히 무서운 거죠." 팀 켈러가 자격 없는 자에게 주어지는 값없는 은혜가 왜 그렇게 무섭냐고 묻자, 그녀는 이렇게 답했다.

> 만약 내가 선한 행위로 구원을 받았다면, 하나님이 내게 요구하실 수 있는 것과 내가 겪게 하실 수 있는 일에는 한계가 있을 것입니다. 나는 마치 납세자로서 권리를 가진 사람과 같을 거예요. 나는 내 의무를 다했으므로 이제는 마땅히 일정한 삶의 수준을 누릴 자격이 있을 것입니다. 그러나 만일 내가 죄인이며, 오직 전적인 은혜로만 구원을 받은 게 사실이라면, 그것을 위해 하나님이 무한한 대가를 치르신 것이 사실이라면, 그분께서 내게 요구하지 못하실 것은 없습니다. [38]

팀 켈러는 이렇게 말한다.

> 그녀는 믿기 어려울 정도로 놀라운 전적인 은혜에 의한 구원의 교리가 양날의 칼과 같다는 것을 깨달았다. 한편으로 그것은 노예적 두려움을 도려낸다. 하나님은 우리의 결점과 실패에도 불구하고 우리를 값없이 사랑하신다. 그러나 그녀는 또한 예수께서 정말로 자신을 위

해 이런 일을 행하셨다면, 이제 자신이 자신의 것이 아니라는 사실도 알고 있었다. 그녀는 값으로 사신 바된 존재였다.

우리가 궁극적인 잔치와 영원한 축제를 소망하며 기다리는 동안, 우리를 집으로 데려오기 위해 어떠한 대가가 치뤄졌는지 결코 가볍게 여기지 않기를 바란다.

1662년 12월, 스코틀랜드의 목사인 데이비드 딕슨이 임종을 앞두고 있을 때, 50년 넘게 교제해 온 가까운 친구가 그의 상태를 묻기 위해 방문했다. 당시 80세였던 그는 이렇게 대답했다. "나는 내 모든 선한 행위와 악한 행위를 한데 모아 주님 앞에 던져 놓고, 그 양쪽으로부터 도망쳐 예수 그리스도께 피했소. 그리고 그분 안에서 나는 달콤한 평안을 누리고 있소."[39]

이것이 바로 복음의 메시지이며, 팀 켈러가 전하기를 사랑했던 메시지다. 단순히 너의 악한 행위로부터만 도망치지 말라. 네 '선한' 행위로부터도 도망쳐라. 둘 다로부터 달아나 양팔을 벌리고 우리를 안아 주시는 예수 그리스도의 품에 안겨라.

4.

목적이 있는
우정

우리는 인류 역사상 가장 외로운 사람들이다.

다소 극적으로 들릴 수도 있지만 사실이다. 통계 자료가 이를 뒷받침하고 있고, 그 결과는 충격적이다. 후기 현대 서구 사회는 관계에 있어서 비상사태에 처해 있다. 외로움이 초래하는 건강상의 문제가 너무 심각하여, 외로움은 이제 문자 그대로 전염병이 되었다.[1]

우정을 쌓는 일은 결코 쉬운 적이 없었다. 하지만 단언컨데, 오늘날처럼 심각하게 어려운 적은 한 번도 없었다.

비록 자주 언급되지는 않지만, 우정은 팀 켈러의 사역에서 가장 두

드러지는 주제 중 하나였다. 물론 이는 부분적으로 그의 목회적 환경에서 비롯되었을 것이다. 현기증이 날만큼 유동성이 큰 도시 생활은 깊은 우정을 키워 내기에 적합한 온실이 아니다. 그래서 팀 켈러는 이 문제를 강조했던 것이다. 또 우리는 다른 요인들도 꼽을 수 있는데, 대표적인 예가 C. S. 루이스의 책《네 가지 사랑》(The Four Loves)의 영향과 50년이 넘는 세월 동안 지속된 팀과 캐시의 놀라운 우정이다.[2]

그러나 무엇보다도 팀 켈러가 우정의 중요성과 무게, 그리고 우정을 방치할 때 초래할 위험을 확신하게 된 결정적인 이유는 하나님의 말씀이었다. 우정은 우리에게 중요해야만 한다. 왜냐하면 우정은 하나님께 너무도 중요하기 때문이다.

우리는 우정을 단지 선물로만 보는 것이 아니라 거울로도 볼 수 있다. 그것은 단순한 신적인 창조물이 아니라 신적인 반영이기도 하다. 영원 전부터 성부, 성자, 성령(삼위일체의 위격)들은 서로를 깊이 알고, 기뻐하며 즐거워해 왔다.[3] 이에 대해 팀 켈러는 초기 설교에서 다음과 같이 설명했다. "우정은 결코 창조된 것이 아닙니다. 우정이 존재하지 않았던 때는 단 한 순간도 없었습니다. 왜냐하면 영원 전부터 성부와 성자와 성령이 서로를 알고 사랑하며 기뻐하고 계셨기 때문입니다. … 우정은 모든 실재의 뿌리에 있습니다."[4]

이것은 죄가 아직 세상에 들어오지 않았음에도 불구하고, 어떤 것이 "좋지 않다"(창 2:18)고 선언된 이유를 설명해 준다. 아담은 홀로 있었다. 그는 돕는 배필이자 동반자, 친구가 필요했다. 그리고 우리 역시 마찬가지다. 친밀한 관계를 향한 원초적 필요는, 인간이 하나님의 형상대로 창조되었다는 사실의 결함이 아니라 본래의 특징이다.[5]

그렇기 때문에 우정에 인간을 인간답게 만드는 힘이 있다는 사실은 놀라운 일이 아니다. 팀 켈러가 우정의 중요성을 설명할 때 자주 인용한 사례 중 하나는 의외의 곳에서 나왔다. 바로 1935년에 개봉한 제임스 웨일 감독의 공포 영화 〈프랑켄슈타인의 신부〉이다. 팀 켈러는 이 영화의 한 장면을 이렇게 묘사했다.

괴물이 깊은 숲속에서 한 맹인의 오두막을 발견하고 그곳으로 들어갑니다. 맹인은 당연히 괴물의 끔찍한 외형을 볼 수 없지만, 괴물이 말을 하지 못한다는 사실을 알아차립니다. 그는 이렇게 말합니다. '자네도 나처럼 장애가 있구려. 나는 볼 수 없고, 자네는 말을 할 수 없군. 어쩌면 서로 도울 수 있을지도 모르겠네. 우리는 친구가 될 수 있어!' 불쌍한 맹인은 무릎을 꿇고서 이렇게 기도합니다. '은혜로우신 주님, 제 끊임없는 기도를 들으시고 이 끔찍한 외로움 속에 친구를 보내 주셔서 감사합니다.'
괴물은 맹인의 오두막에서 며칠을 지냅니다. 맹인은 바이올린을 연주해 주고, 괴물에게 몇 가지 단어를 가르칩니다. '좋아', '음식', '좀더', 그리고 가장 중요한 단어인 '친구'를 알려줍니다. 괴물은 한번도 배워 보지 못한 인간다움을 그 오두막 안에서 배웁니다. 누군가 그를 손으로 잡아주고, 친구라고 불러 준 그곳에서.
하지만 이 장면은 사냥꾼들이 등장하면서 비극적으로 끝납니다. 사냥꾼들은 괴물을 보고 공격하려 하고, 그 과정에서 오두막을 불태워버립니다. 마지막 장면에서 괴물은 다시 추운 황무지로 더듬거리며

나가면서 외로움 속에 이렇게 말합니다. "친구? 친구? 친구?"[6]

이는 감동적인 장면이면서도 깊은 통찰을 담고 있다. 심지어 프랑켄슈타인의 괴물조차도 그를 사랑해 주는 누군가의 영향을 받을 때 인간다워지기 시작했다. 외로움만큼 우리의 인간성을 빼앗는 것은 거의 없으며, 우정만큼 우리에게 생명을 불어넣는 것도 거의 없다. 따라서 현대 사회의 전례 없는 외로움은 치명적으로 심각한 문제다.

항상 그랬던 것은 아니다. 팀 켈러는 고대인들이 우정을 모든 사랑 중에서 가장 덕이 있는 것으로 칭송했다고 지적한다. 그 이유는 우정이 가장 의도적인 사랑이기 때문이다. 다른 종류의 사랑인 우정은 일종의 '강제성'을 띠고 있다. 가족의 사랑은 의지와 무관하게 주어지며, 로맨틱한 사랑 역시 종종 뜻하지 않게 찾아온다. 하지만 우정의 사랑은 근본적으로 선택이다. 팀 켈러는 C. S. 루이스의 말을 인용한다.

> 〔우정을〕 소중히 여기는 사람이 적은 이유는 그것을 경험하는 사람이 적기 때문이다. 그리고 사람들이 평생 우정을 경험하지 못할 가능성이 존재하는 이유는, 우정이 다른 사랑들과 근본적으로 구별되는 성격을 가지고 있기 때문이다. 우정은 ─ 이 표현이 전혀 폄하적인 의미가 아니라는 점에서 ─ 가장 '자연스럽지 않은' 사랑이다. 가장 본능적이지 않고, 가장 유기적이지 않으며, 생물학적이지 않고, 군집 본능과도 거리가 멀고, 생존에 필수적이지 않다. 그것은 우리의 신경을 자극하는 요소가 가장 적다. 목이 메거나, 심장이 두근거리거나, 얼굴을 붉게 하거나 창백하게 하는 일도 없다.[7]

그리고 우정이 자연스러운 애정이나 심장을 두근거리게 하는 감정에 의해 '도움을 받지' 않기 때문에, 다시 말해 철저히 의도적인 사랑이기 때문에, 고대인들은 우정을 가장 순수하고 가장 고귀한 사랑으로 여겼다.[8]

한 사람을 알려면 공동체가 필요하다

다행히도 주 예수님은 우정에 대한 자신의 견해를 애매모호하게 남겨두지 않으셨으며, 우리가 어디서 친구를 찾아야 할지 스스로 알아내도록 내버려두지도 않으셨다. 하나님은 우리를 개인적으로 구원하시지만, 우리가 영적인 여정을 스스로 개척하도록 내버려두지 않으신다. 그분은 우리를 공동체 '안으로' 구원하신다. 만약 우리가 그분을 아는 다른 사람들과 떨어져서 그분을 알아 가려고 한다면, 우리와 주님과의 관계는 어려움을 겪을 것이다.

이를 설명하기 위해, 팀 켈러는 C. S. 루이스가 어렵게 배운 역설적인 교훈을 소개한다. 루이스는 친구들 사이에서 "잭"이라는 애칭으로 불렸으며, 찰스(윌리엄스)와 로널드(J. R. R. 톨킨)라는 두 사람과 매우 가까운 사이였다. 그런데 결국 찰스가 세상을 떠났고, 잭은 큰 슬픔에 빠졌다. 자연스럽게도 그는 찰스가 없어진 만큼 "로널드를 더 많이 가질 수 있을 것"이라고 기대했다. 하지만 놀랍게도 정반대의 일이 일어났다. 그는 오히려 로널드를 더 작게 가지게 되었다. 왜일까? 찰스는 로널드에게서 잭 혼자서는 결코 끌어낼 수 없는 무언가를 이끌어 낼 수 있었기 때문이었다. 잭은 다른 성향과 강점을 지닌 사람이었기에, 찰스가

로널드 안에서 불러일으켰던 그 무언가를 결코 이끌어 낼 수 없었다. 그래서 책은 결국 이렇게 결론 내린다. "내가 찰스를 잃었을 때, 사실 로널드의 일부도 잃어버린 것이다."[9] 루이스는 이를 다음과 같이 설명한다.

> 내 친구들 한 명 한 명에게는 어떤 다른 친구만이 완전히 끌어낼 수 있는 무언가가 있다. 나 혼자는 한 사람 전체를 온전히 드러나게 할 수 있을 만큼 크지 않다. 한 사람의 모든 면을 다 보기 위해서는 내 빛 뿐만 아니라 다른 사람들의 빛도 필요하다. 이제 찰스가 세상을 떠났기 때문에, 나는 다시는 로널드가 찰스 특유의 농담에 반응하는 모습을 볼 수 없을 것이다. 찰스가 떠났기 때문에 로널드를 '오롯이 나만의 것으로' 가질 수 있을 것이라 기대했지만, 실상은 오히려 로널드를 덜 갖게 되었다.[10]

여기서 팀 켈러가 얻은 교훈은 이렇다. 평범한 한 사람을 온전히 알려고 해도 다양한 사람들로 구성된 공동체가 필요하다면, 살아 계신 하나님을 아는 데는 얼마나 더 많이 필요하겠는가? 그는 이렇게 경고한다. "공동체 안에서 그분을 알아 가지 않는다면, 구주의 다차원적인 영광과 아름다움을 결코 온전히 알 수 없다. 우리는 우리와 다르지만 예수님을 잘 아는 많은 사람이 필요하다. 우리가 예수님을 알기 위해서는, 그들 또한 알아야 한다."[11]

우정에 대한 성경적인 논의는 지역 교회의 중요성을 인식하지 않고서는 완전할 수 없다. 다시 말해 단순히 기독교 공동체의 주변부에서 맴도는 것만으로는 충분하지 않다. 팀 켈러는 이 점을 단호하게 말했다.

> 뉴욕의 바쁜 그리스도인들에게 흔히 나타나는 태도는 이렇습니다. "나는 내 커리어로 너무 바빠 … 그래도 내가 교회에 나오는 것만으로도 다행인 줄 알아." 미안하지만 그 정도로는 충분하지 않습니다. … 당신은 반드시 교회에 소속되어야 하고, 교회의 일원이 되어야 하며, 형제자매들에게 헌신해야 합니다. … 예수님을 알지 못한다면 이 사람들을 결코 알지 못할 것입니다. 그리고 이 사람들을 충분히 알지 못한다면, 당신은 예수님을 결코 알 수 없습니다. 적어도 당신의 구주의 충만하고 다차원적인 아름다움과 영광을 알 수는 없을 것입니다.[12]

지역 교회는 "예수님이 세우신 유일한 인간 기관"이며, "성령과 하나님의 영광이 거하는 유일한 곳"이다.[13] 사실 신적인 영광은 오직 교회 안에서만 다른 어느 곳에서도 가능하지 않은 방식으로 경험할 수 있다.[14] 이것이 바로 모든 그리스도인이 건강한 교회에 속해야 하는 이유다. 그것도 단순히 이름만 올리는 것이 아니라, 의미 있게 속해야 한다. 팀 켈러는 심지어 이렇게까지 말했다. "교회의 정식 일원이 아니라면 당신은 순종하는 그리스도인이 아닙니다. 교회의 회원이 되지 않고서는 히브리서 13장 17절을 순종할 수 없습니다."[15] 이는 복음의 필연적인 결과다.[16]

그렇다고 해서 이것이 하나님의 백성이 폐쇄적이어야 한다는 의미는 아니다. 지역 교회는 자기 자신을 위해 존재하는 것이 아니라 아직 예수 그리스도를 알지 못하는 사람들을 위해 존재한다. 우리는 어두운 밤에도 멀리서 볼 수 있는 "언덕 위에 세운 도시"처럼 빛을 발해야 한다(마 5:14). 그러나 우리가 빛이 되기 위해서는 세상과 구별되어야 한다. 팀 켈러는 종종 이렇게 말했다. 교회는 각 도시 안에 존재하는 "대안적 도시"이며, 각 사회 속에 존재하는 "대안적 사회"여야 한다. 따라서 기독교인이 된다는 것은 단순히 "클럽에 가입하는 것"이 아니라, "문화 자체를 바꾸는 것"[17]과 같다. 다시 말해 완전히 새로운 삶의 방식 속으로 들어가는 것이다. 그래서 팀 켈러는 경고했다. "주변 사람들이 리디머교회를 볼 때 … 성, 돈, 권력에 관하여 뉴욕의 다른 사람들과 다르게 살아가는 것을 보지 못한다면 우리는 빛이 아닙니다. 우리는 등경 위에 놓인 빛이 아닙니다. 우리는 언덕 위의 도시가 아닙니다."[18]

1989년 리디머교회에서 다섯 번째 설교를 하던 중, 팀 켈러는 이 근본적인 요점을 강조했다. "교회는 단순한 강연장이 아니며, 사교 클럽도 아닙니다. 교회는 하나의 대안 문화입니다. 교회는 그리스도의 주권 아래서 인류가 모든 영역에서 어떠해야 하는지를 보여 주는 파일럿 플랜트(대량 생산을 위한 소규모의 시험 설비 - 편집자주)입니다."[19]

십 년이 지난 후에도 그는 여전히 이 질문을 던지고 있었다. "리디머 여러분, 우리는 사교 클럽입니까? 아니면 새로운 인류의 식민지이자 파일럿 플랜트입니까? 우리는 그저 매주 열리는 기독교 쇼입니까, 아니면 대안 문화입니까?"[20] 그러므로 '십자가에 의해 창조된 공동체'는 단순히 '따뜻한 가족'이거나 '서로에게 정서적 지지를 제공하는 사람들의 집단'[21]이 아니다. 그것은 전혀 다른 습관과 관습, 사랑을 지닌 대안 사회다. 그것은 다가올 하늘 도성을 '미리 맛보는 것'이다.[22]

다른 방식으로 표현하자면, 교회 공동체는 하나님의 놀라운 디자인을 드러내는 두꺼운 태피스트리(색실로 그림을 짜 넣은 직물)와 같아야 한다(엡 3:10). 팀 켈러는 이렇게 설명한다.

> 우리 인간의 삶은 실 한 올처럼 연약하지만, 수천 개의 실이 서로 깊이 얽혀서 긴밀하게 연결되면, 엄청나게 강하고 때로는 매우 아름다운 직물이 된다. 예수님은 "내게로 와서 관계를 맺으면, 내가 너를 상상할 수 없을 정도로 깊고 아름다운 공동체로 엮어 주겠다"라고 말씀하신다.[23]

우리는 세상과 구별될 때에만(벧전 2:11-12), 공동선을 위할 뿐 아니라 동시에 세상에 매력적인 대안 문화가 될 것이다. 우리 삶의 '모든 부분은 반드시 달라야'[24] 한다. 그렇지 않으면 우리는 사람들에게 거부감을 주는 것은 피할 수 있을지 몰라도, 결국 신실하지 못한 채 존재 이유조차 불분명한 공동체가 될 것이다.[25]

교회는 섬김과 희생, 투명성과 관대함, 환대와 복음 전도를 통해 어둡고 깨어진 세상 속에서 대조적인 공동체로 빛날 수 있다.

세 가지 요소

팀 켈러가 리디머교회에서 처음으로 우정을 주제로 설교할 때, 우정을 "같은 지평선을 향해 함께 나아가는 여정을 통해 형성되는 깊은 하나 됨"[26]이라고 정의했다. 하지만 그가 가장 좋아했던 표현은 아마도 진정한 친구란 "항상 당신을 받아들이고, 결코 당신을 저버리지 않는 사람"이라는 말이었을 것이다. 이 간결한 문장은 그가 우정을 가르칠 때마다 중요한 기준점이 되었다.[27]

그렇다면 좋은 우정을 위한 비결은 무엇일까? 팀 켈러의 가르침을 종합해 보면, 세 가지 기본적인 요소를 확인할 수 있다.

첫 번째 요소는 '공감'이다(문자 그대로 sym-pathos '공통된 열정'이라는 뜻을 가진다). 공감은 어떤 연결점이 발견될 때 생겨나며, 이는 종종 놀라운 기쁨과 함께 찾아온다.[28] 팀 켈러는 이 지점에서 루이스의 말을 자주 인용하곤 했다.

우정은 … 두 사람 이상이 공통의 통찰이나 관심사, 심지어 취향을 공유하고 있다는 사실을 발견할 때 생겨난다. 그들은 그전까지 그것이 자신만의 독특한 보물(혹은 짐)이라고 믿고 있었다. 우정이 시작되는 전형적인 표현은 '뭐? 너도 그래? 난 나만 그런 줄 알았어'와 같은 말이다. … 이러한 사람들이 서로를 발견하고 - 그것이 엄청난 어려움을 동반한 어색한 몸짓과 더듬거림 속에서든, 아니면 우리에게는 경이로울 만큼 빠르고 간결한 방식으로든, 그들이 자신의 비전을 공유하게 될 때, 바로 그 순간에 우정이 탄생한다.[29]

이 말이 의미하는 바는 단순하다. 우정은 우정 그 자체를 목적으로 삼아서는 안 된다. 루이스는 이렇게 말한다.

친구를 갖기 위한 전제 조건은 친구 외에 다른 무언가를 원해야 한다는 것이다. 만약 '너도 같은 진리를 보느냐?'는 질문에 대한 솔직한 대답이 '나는 아무것도 보지 못하고, 진실에는 관심 없으며, 그저 친구가 필요할 뿐이야'라면, 어떤 우정도 생겨날 수 없다. ⋯ 우정이 성립할 만한 기반이 없기 때문이다. ⋯ 아무것도 가지지 못한 사람들은 아무것도 공유할 수 없고, 어디로도 향하지 않는 사람들은 함께 여행할 동반자를 가질 수 없다.[30]

다시 말해 우정이란 항상 우정 외의 무언가에 관한 것이다. 팀 켈러는 자주 이런 통찰을 언급하곤 했다. 로맨틱한 사랑은 서로 얼굴과 얼굴을 마주보고 있는 것과 같은 형태를 띠지만, 우정이라는 사랑은 어깨와 어깨를 나란히 하고 서 있는 것과 같은 형태를 띤다고 말이다. 왜 그럴까? 그것은 같은 대상을 바라보고 있기 때문이다.[31]

어쩌면 우리는 이렇게 말할 수도 있을 것이다. 어떤 공통된 기반이 없는 우정은 마치 기초가 없는 집과 같다. 그러나 오직 공통점만을 중심으로 형성된 우정은 집이 없는 기초와 같다. 따라서 우리는 두 번째 요소가 필요하다. 바로 '투명성'이다. 사실 투명성이 없는 우정은 진정한 의미에서 우정이라 부를 수 없다. 진정한 우정은 서로가 얼마나 기꺼이 자신을 드러내고 솔직해질 수 있느냐에 따라 형성된다. 이것은 위험을 수반하며 심지어 믿음을 요구한다. 그러나 우정은 무엇보다도 가장 먼저 가식이 사라지는 공간이어야 한다.

때때로 투명성은 진실을 말하는 것을 요구한다. 그러나 사랑을 배제하는 방식이 아니라 사랑을 전제로 한 방식이어야 한다. 잠언 27장 5-6절은 이렇게 말한다.

면책은 숨은 사랑보다 나으니라
친구의 아픈 책망은 충직으로 말미암는 것이나
원수의 잦은 입맞춤은 거짓에서 난 것이니라

진정한 친구는 필요할 때 서로를 부드럽게 책망한다. 때로 아플 수도 있지만, 우리는 친구에게 그가 들어야 할 말을 해줄 정도로 솔직해야 한다. 사실 "만약 해야 할 말을 두려워서 하지 못한다면, 당신은 친구의 영혼을 해치는 적이나 다름없다."[32]

자신의 목소리를 녹음해서 듣고 이렇게 생각한 적이 있는가? '내 목소리가 저렇지 않은 것 같은데?' 하지만 그것이 실제로 당신의 목소리다. 우리는 우리 몸 안에 있기 때문에 우리의 목소리가 바깥에서 어떻게 들리는지 알 수 없다. 마찬가지로 다른 사람의 관점을 통해 보지 않는다면 우리는 결코 자신의 강점과 약점을 정확히 알 수 없다. 만약 우리가 세상에서 어느 정도의 지위를 가지고 있거나, 친구를 잘못 선택했다면, 우리는 아첨꾼들에게 둘러싸일 수도 있다(잠 29:5). 투명성은 두려운 일이지만, 우리에게 반드시 필요하다.[33]

켈러 부부는 투명성의 중요성을 설명하면서 잠언 27장 9절(친구의 충성된 권고)과 27장 17절(철이 철을 날카롭게 하는 것 같이 사람이 그의 친구의 얼굴을 빛나게 하느니라)을 인용한다. 진정한 우정은 "건설적인 충돌"을 포함하며, 이러한 과정에서 친구들은 서로를 성장하도록 도전하며 더욱 날카로워진다. 따라서 우정은 치료사와 내담자의 관계나 상사와 부하 직원의 관계와는 본질적으로 다르다. "친구가 줄 수 있는 깊은 조언의 상호성은 드물며, 누구에게나 꼭 필요한 것이다. … 그런 관계 없이는 우리는 우리가 되어야 할 사람, 혹은 될 수 있는 사람으로 결코 성장하지 못할 것이다."[34]

"우정"이라는 단순한 제목의 설교에서 팀 켈러는 이 역동성을 신중함과 솔직함의 균형으로 설명한다. 우리는 친구의 말을 경청해야 하며, 민감함과 확신, 눈물과 진리를 모두 가지고 말해야 한다. 이 두 요소 중 하나가 다른 하나를 압도할 때, 관계는 잘못된 방향으로 나아가며 때로는 파국적인 결과를 초래하기도 한다.[35]

우리의 삶에 이런 친구가 있는가? 내가 듣고 싶지 않은 말을 해 줄 만큼 나를 사랑하는 친구가 있는가? 나의 가장 심각한 결점들을 지적할 수 있도록 누군가에게 "사냥 면허"를 부여할 용기가 있는가? 팀 켈러는 말한다. 모든 사람이 공동체와 우정을 원한다고 말하지만, "책임"이나 "헌신"을 언급하는 순간 도망친다.[36]

현대 사회에서 우정이 얼마나 빈곤한지는, '자율성'이 어떻게 공동체를 침식하는지를 이해하지 않고는 결코 이해할 수 없다. 2013년에 밀레니얼 세대가 교회를 떠나는 현상에 대한 질문을 받았을 때 팀 켈러는 단호하게 말했다. "당신들은 진정한 공동체를 가장 두려워하는 세대입니다. 왜냐하면 공동체는 필연적으로 자유와 선택을 제한하기 때문입니다. 그 두려움을 극복하십시오."[37] (그리고 만약 이 말이 밀레니얼 세대에게 정말 해당된다면, 그들의 자녀와 손주들에게는 더더욱 해당되지 않겠는가?) 팀 켈러는 종종 "독립이라는 신"에 대해 경고했다. 이는 헌신하지 못하는 모습으로 드러난다. 그러나 헌신하기를 거부하고, 우리의 자율성을 내려놓기를 거부할 때, 우리는 진정한 사랑의 가능성을 스스로 빼앗아 버리는 것이다.[38]

건강한 우정의 세 번째 요소는 '지속성'이다. 이는 잠언 17장 17절(친구는 사랑이 끊어지지 아니하고 형제는 위급한 때를 위하여 났느니라)과 잠언 18장 24절(많은 친구를 얻는 자는 해를 당하게 되거니와 어떤 친구는 형제보다 친밀하니라)의 정신이다.[39] 진정한 친구가 되려면 필요할 때 항상 곁에 있을 준비가 되어 있어야 하며, 끈기 또한 필요하다. 단순히 여건이 될 때만 친구로서 존재하는 것이 아니라, 꾸준하고 헌신적인 태도가 요구된다. 이 말씀을 일상적 맥락에 적용하면서 팀 켈러는 많은 우정이 서로에게 제공하는 "유용성"을 중심으로 형성된다고 지적한다. 우리는 본능적으로 함께 있으면 즐거운 사람, 목표가 비슷한 사람, 또는 인맥을 넓히는 데 도움이 되는 사람에게 끌리곤 한다. 그러나 진정한 친구란 친구를 위해 끝까지 싸워 주는 사람이다. 진정한 친구는 심지어 어두운 골짜기에서도 끝까지 남아 함께 걸어간다. 그로 인한 대가도 기꺼이 치른다. 그 이유는, 그가 "의도적으로 친구를 어떤 목적을 위한 수단이 아니라, 그 친구 자체를 목적으로 여겼기 때문이다."[40]

팀 켈러에게 우정은 단순히 가르침의 주제가 아니라, 자신의 삶을 격려해 주고 지탱해 주는 생생한 수단이었다. 그는 아내 캐시 켈러와 함께 《팀 켈러, 결혼을 말하다》(*The Meaning of Marriage*)를 헌정하며, 신학교 시절부터 긴밀한 관계를 유지해 온 다섯 쌍의 부부 친구들에게 감사를 표했다.[41] 이들 중에서도 팀 켈러는 데이비드 미드우드(David Midwood)라 는 목사와 특별히 가까운 사이였다. 데이비드는 매사추세츠에서 오랫 동안 목회를 했으며, 2014년 대장암으로 소천하여 그리스도 품으로 돌 아갔다. 콜린 핸슨에 따르면, 데이비드의 아내 루이스는 여전히 팀 켈 러가 남편에게 보냈던 생일 카드를 간직하고 있다고 한다. 그 카드에는 이렇게 적혀 있었다. "우리에게 미드우드 부부보다 더 소중한 친구는 없습니다. 그리고 나는 당신보다 더 소중한 친구를 둔 적이 없습니다. 친구란 인생에서 가장 큰 축복 중 하나입니다."[42]

공감, 투명함, 지속성이라는 세 요소는 우정을 형성하는 데 지혜로 울 뿐 아니라 필수적인 원칙이다. 그러나 통찰력 있는 독자라면 이 요 소들이 꼭 기독교적인 목록에만 해당하는 것이 아니라는 사실을 눈치 챌 것이다. 아직까지는 말이다. 우리가 "지혜와 지식의 모든 보화가 감 추어져 있"(골 2:3)는 그분을 알지 못한다면, 진정한 우정의 부요함을 결 코 경험할 수 없다. 단순히 결단을 내리고 이를 악물고 나아가는 것으 로 깊은 우정을 만들어 가려 한다면, 설령 성경구절을 책상 앞에 붙여 둔다 해도 결국 제자리걸음만 하게 될 것이다.

우리가 다른 이들에게 훌륭한 친구가 되어 주기 위해서는, 먼저 우 리에게 궁극적인 친구가 되어 주신 그분을 만나야 한다.

그분은 우리를 친구라 부르신다

죽음을 목전에 두고, 예수 그리스도는 제자들에게 마지막 가르침을 주셨다. 그분의 말씀을 읽을 때, 한 가지 놀라운 사실을 기억하라. 예수님은 그들이 곧 자신을 버릴 것을 이미 '알고' 계셨다.

> 사람이 친구를 위하여 자기 목숨을 버리면 이보다 더 큰 사랑이 없나니 너희는 내가 명하는 대로 행하면 곧 나의 친구라 이제부터는 너희를 종이라 하지 아니하리니 종은 주인이 하는 것을 알지 못함이라 너희를 친구라 하였노니 내가 내 아버지께 들은 것을 다 너희에게 알게 하였음이라(요 15:13-15).

팀 켈러는 우정을 가르칠 때 이 말씀을 자주 인용했다. 그가 가장 좋아했던 진정한 친구의 정의를 떠올려 보라. "친구란 항상 당신을 받아들이고, 결코 당신를 저버리지 않는 사람이다." 예수 그리스도는 이 두 가지 조건을 완벽하게 충족하신다. 한편으로 팀 켈러는 예수님이 이렇게 말씀하시는 것과 같다고 설명한다. "너는 종이 아니라 친구다. 왜냐하면 나는 너에게 나의 일을 이야기한다. '나는 너를 받아들인다'." 그리고 다른 한편으로는, "나는 너를 위해 내 생명을 내어 준다. '나는 결코 너를 저버리지 않는다.'"[43] 복음은 인류 역사상 가장 급진적인 우정의 행위이다.[44]

성경은 우리에게 이렇게 권면한다. "너희가 짐을 서로 지라 그리하여 그리스도의 법을 성취하라"(갈 6:2). 팀 켈러는 좋은 친구란 멀찍이 안전한 거리를 유지하는 것이 아니라, 상대의 고통이 일부 자신의 "삶으로 스며들 만큼" 가까이 다가간다고 말한다.[45] 그러나 예수 그리스도는 단순히 가까이 오신 것이 아니라 우리와 동일한 인간이 '되셨다'. 그리고 그분은 우리의 가장 무거운 짐 - 하나님의 심판 - 을 대신 짊어지셨다. 그 결과 그분의 희생을 믿음으로 우리는 의롭다 함을 받고, 자유롭게 되었다.

진정한 친구는 우리를 받아들여 주지 않는가? 팀 켈러는 이렇게 설교했다. 갈보리를 보라. 예수님이 얼마나 더 우리를 받아들여 주실 수 있겠는가? 그분은 단지 두 팔을 벌려 우리를 받아들여 주신 것이 아니라, 두 팔에 못이 박히실 정도로 우리를 받아 주셨다.

그리고 진정한 친구는 결코 우리를 저버리지 않는다. 그렇지 않은가? 갈보리를 계속 바라보라. 그곳에는 우리의 궁극적인 친구가 계시다. 그분은 우리를 향한 사랑이 끊어지지 않는 친구이시고(잠 17:17), 형제보다 더 친밀한 친구이시고(잠 18:24), 충직으로 말미암아 아픈 책망(wounds, 상처)을 주는 친구이시다(잠 27:6). 하지만 마지막의 경우, 팀 켈러는 이렇게 말한다. 이 상처는 친구가 우리에게 준 것이 아니다. 바로 우리를 위해 친구가 짊어진 상처이다.[46]

십자가는 짐을 지는 행위의 절정이다. 그리고 그 짐은 그분을 죽음으로 내몰았다. 그분이야말로 궁극적인 친구이시기 때문이다.

그분은 우리를 서로에게로 부르신다

우리는 이미 건강한 우정을 형성하는 세 가지 요소 - 공감, 투명성, 지속성 - 에 대해 살펴보았다. 그러나 우정을 독특하게 기독교적으로 만드는 것은 우정이 복음의 은혜로 변화되는 장이 될 때이다. 영적으로 목적이 분명한 친구들은 "같은 구주를 나누고, 놀라운 은혜의 경험을 나누며, 같은 성경을 사랑하고, 서로가 그리스도 안에서 성장하도록(히 3:13) 그리고 그의 말씀에 대한 깊은 지식으로 나아가도록(벧후 3:18) 서로를 책임져 준다."[47]

이것이 시사하는 바는 놀랍고도 가슴 벅차다. 성령을 공유하는 두 사람 사이에서는 자연적인 장벽이 결코 우정을 가로막을 수 없다.[48] 팀 켈러는 이렇게 강조한다. "그리스도 안에 있는 신자들에게는 계층, 기질, 문화, 인종, 감수성, 개인의 삶의 여정에 있어 엄청난 차이가 존재함에도 불구하고, 그 모든 차이보다 더 강력한 공통점이 있다. 이는 단순한 '연결 고리' 정도가 아니라, 결코 끊어질 수 없는 강철 케이블과도 같다."[49] 실제로 이것은 무엇을 의미하는가? 그리스도인으로서 예수님을 사랑하는 지구 반대편에서 온 가난한 이주 노동자와 당신은, 그렇지 않은 당신 가족보다 더 많은 공통점을 가지고 있다는 뜻이다.

팀 켈러는 성경이 묘사하는 기독교적 우정의 모습이 놀랍다고 말한다. 그것은 "단순히 함께 콘서트를 보러 가거나 같은 스포츠 경기를 즐기는 것이 아니다. 그것은 두 사람이 같은 목적지를 향해 동행하면서, 여정 속에서 맞닥뜨리는 위험과 도전들 가운데 서로 돕고 지지하며 형성되는 깊은 하나 됨이다."[50]

비상하는 비전
그렇다면 그 목적지, 그 지평선은 무엇인가? 궁극적으로 그것은 새 하늘과 새 땅에서 하나님의 구속받은 백성으로서 우리가 맞이할 영광스러운 미래다. 우정 안에서 우리는 단지 그 눈부신 날을 향해 나아가도록 서로를 돕는 것이다. 팀 켈러는 결혼에 대한 가르침에서 이 우정의 원리를 조명하며, 에베소서 4장 22-24절을 통해 "새 사람"을 한 폭의 장엄한 산봉우리로 묘사했다. 그러나 그 산봉우리는 종종 "옛 사람"의 구름과 비에 가려 보이지 않는다. 우리가 다른 그리스도인들과 우정을 쌓아 갈 때, 그들의 미덕을 바라보는 우리의 시야는 때때로 가려지거나 심지어 그들의 뿌리 깊은 죄와 성격적 결함 때문에 완전히 숨겨질 수도 있다. 그러나 그들이 "그리스도 안에서" 지닌 아름다움은 변함없이 남아 있다.

> "새 사람"은 여전히 너 자신이다. 하지만 모든 죄와 결함에서 해방된 너 자신이다. … 그것은 네가 어디로 가고 있는지에 대한 한 조각의 예고편이다.
>
> 한 친구가 이렇게 말하는 것과 같다. "나는 하나님이 너를 만들어 가시는 모습을 보고 있어. 그것이 나를 흥분되게 해! 나는 그 과정에 함께하고 싶어. 너와 하나님이 함께 걸어가는 여정에 동역자가 되고 싶어. 그리고 우리가 마침내 하나님의 보좌 앞에 도착했을 때, 나는 네가 지닌 그 엄청난 아름다움을 바라보며 이렇게 말할 거야. '난 항상 네가 이렇게 될 것을 알고 있었어. 이 땅에서도 가끔씩 그 영광을 엿볼 수 있었지. 하지만 지금 너를 보니, 정말 놀랍다!'"

팀 켈러는 이어서, 아내 캐시가 결혼에 대해 한 말을 인용했는데,

이는 그리스도인들 간의 우정에도 똑같이 적용된다.

> 대부분의 사람은 배우자를 찾을 때 완성된 조각상을 찾으려 한다. 하
> 지만 그보다는 멋진 대리석 원석을 찾아야 한다. 그것은 "네가" 원하
> 는 사람을 만들어 내기 위함이 아니라, 예수님이 어떤 사람으로 만들
> 어 가시는지를 보기 때문이다. [51]

복음 안에서 맺는 우정은 우리에게 엄청난 특권을 준다. 그것은 위
대한 조각가께서 그분의 걸작들을 깎아 내시는 모습을 바라보는 것과
같다. 그리고 그 작업은 우리 자신에게서부터 시작된다.

끈기와 신뢰

우리에게 미치는 친구들의 영향력은, 긍정적이든 부정적이든 아
무리 과장해도 지나치지 않다. 친구들은 끊임없이 우리에게 영향을 주
며, 그렇기 때문에 성경은 나쁜 친구를 경계하라고 반복해서 경고한다
(출 23:2; 시 1:1; 잠 13:20; 22:24-25; 고전 15:33 참조). 인생 초반에는 가족에게 가
장 큰 영향을 받지만, 그 이후로는 친구들에게 가장 많은 영향을 받는
다. 우리는 우리 주변의 사람들을 닮아 간다. 팀 켈러는 이렇게 말한다.
"우리는 우정 없이 살 수 없다. 하지만 우정이 얼마나 의도적이어야만
하는지 기억해야 한다. 성적 매력이나 가족 관계는 여러 방식으로 우리
에게 밀고 들어오지만, 우정은 그렇지 않다. 우정은 함께 얼굴을 맞대
고 시간을 보내며 신중하고 의도적으로 가꿔야 한다. 그리고 우리처럼

바쁜 문화에서 우정은 가장 쉽게 밀려나는 것 중 하나다."[52]

풍성한 관계를 세워 가려면 인내심 있는 결단과 의도적인 사랑이 필요하다. 그러나 결국 우정이라는 마법을 가져오는 것은 우리의 역량이나 우리의 전략, 우리의 행동이 아니다. 이를 기억할 만한 방식으로 표현한 사람이 바로 C. S. 루이스다.

우정에서 … 우리는 우리가 동료를 선택했다고 생각한다. 그러나 사실, 태어난 연도가 몇 년만 달랐더라도, 집들이 몇 마일만 더 떨어져 있었더라도, 한 대학이 아닌 다른 대학을 선택했더라도 … 첫 만남에서 어떤 주제가 나오거나 나오지 않았더라도 - 이런 우연들 중 어느 하나만 달랐어도 우리는 만나지 못했을 것이다. 하지만 그리스도인에게는 엄밀히 말해 우연이란 없다. 무대 뒤에서 '비밀스러운 연회의 주최자'가 일하고 계신다. 예수님이 제자들에게 '너희가 나를 택한 것이 아니라 내가 너희를 택했다'고 말씀하셨던 것처럼, 모든 그리스도인 친구들에게도 이렇게 말씀하실 수 있다. '너희가 서로를 택한 것이 아니라, 내가 너희를 위해 서로를 선택했다.' 우정은 서로를 발견해 낸 우리의 분별력과 좋은 취향에 대한 보상이 아니다. 그것은 하나님이 우리 각자에게 다른 사람들의 아름다움을 드러내는 도구다. … 이 잔치에서 상을 차리신 분은 그분이며, 손님을 선택하신 분도 그분이다.[53]

우정을 쌓는 위대한 일에 우리 자신이 헌신할 때, 그 길은 결코 순탄하지만은 않을 것이다. 끈기와 용기, 지속적인 헌신과 은혜가 필요하다. 팀 켈러의 표현대로, 우리는 사람들을 받아들이되, 저버리지 않아야 한다. 하지만 우리의 우정이 '비밀스러운 연회의 주최자'의 확실한 손안에 있을 때, 그것은 단순히 우리의 성화를 촉진하고 다른 이들의 삶을 풍요롭게 하는 것을 넘어, '죄인들의 친구' 되신 그분의 모습을 비추는 거울이 된다.

5.
믿음이
일터로 갈 때

일을 통해 하나님과 이웃을 섬기다

월요일 아침이 기대되는가? 그렇다면 참 다행이다. 하지만 우리 대부분은 그렇게 느끼지 않는다.

우리의 일은 우리에게 도전하고, 우리를 지치게 하며, 때로는 우리를 완전히 집어삼킬 듯 위협하기도 한다. 그렇다면 예수 그리스도를 향한 헌신은 치열하거나 지루하기만 한 직장 환경 속에서 어떤 모습이 되어야 할 것인가?

미국 버지니아의 작은 마을부터 뉴욕시의 분주한 거리까지, 팀 켈러는 일과 씨름하는 신자들을 위해 평생을 헌신하며 사역했다. 그가 발견하고 가르쳤듯이 우리가 어떻게 일하는지(그리고 왜 일하는지)는 우리의 가장 깊은 가치와 가장 소중히 여기는 보물을 드러낸다.

팀 켈러에 따르면, 일은 단순히 돈을 벌기 위한 수단도, 자기 발전을 위한 전략도, '진짜' 중요한 일(예를 들면 사역)을 위해 어쩔 수 없이 감당해야 하는 필요악도 아니다. 일은 신성한 부르심이며, 이를 통해 우리는 하늘에 계신 주인을 영화롭게 하고, 우리의 이웃을 구체적으로 사랑할 수 있다.

리디머교회를 개척한 지 얼마 지나지 않아, 한 연속극 배우가 회심하여 그의 새로운 목사를 찾아왔다. 그는 이렇게 질문했다. "제가 어떤 배역을 맡아야 하고, 어떤 배역은 피해야 할까요? 꼭 종교적인 이야기가 아니더라도 사람들에게 유익한 이야기가 있을 수 있다고 생각하는데, 좋은 이야기와 나쁜 이야기를 어떻게 구분할 수 있을까요?" 그뿐만 아니라 그는 또 다른 질문도 던졌다. "메소드 연기에 대해서는 어떻게 생각해야 할까요? 단순히 화난 척하는 것이 아니라 실제로 화를 내야 한다는 거죠. 내면에서 무언가를 끄집어 내어 그 감정을 실제로 경험하며 연기하는 방식입니다. 어떻게 하는 것이 좋을까요?" 팀 켈러는 두 번째 질문에 대해서는 직감적으로 "그것은 좋은 생각 같지 않네요"라고 답할 수 있었지만, 사실 그는 자신의 한계를 절감했다.

오랜 신학 교육과 목회 경험을 쌓아 왔음에도, 그는 신자들이 일상적인 직장 생활에서 신앙을 실천하도록 훈련하는 데 있어서 자신의 역량이 부족하다는 것을 깨달았다. 그는 교회 활동에 더 깊이 참여하도록 독려하는 것은 익숙했지만, 지금 그의 앞에는 '공적' 삶을 위한 제자로 훈련되고 싶어 하는 젊은 신자가 있었다. 그로부터 몇 년 후, 팀 켈러는 이 만남을 "계시와 같은 순간"이었다고 회고하며, 이 경험이 자신을 신앙과 일의 통합이라는 주제를 더 깊이 고민하게 만든 결정적인 계기가 되었다고 말했다.[1]

일을 이야기 속에 위치시키기

우리의 소명을 더 크고 중요한 이야기 속에 자리 잡게 하지 않는다면, 그것은 우리에게 큰 의미를 주기 어렵다. "내 직업의 목적은 무엇인가?"라는 질문은 출발점으로 삼기에 너무 작다. 우리는 먼저 "내 삶의 목적은 무엇인가?"라는 질문을 던져야 하고, 더 근본적으로는 "우주가 존재하는 목적은 무엇인가?"라고 물어야 한다.

하나님이 그의 말씀을 통해 계시하신 세상을 향한 궁극적인 계획을 제대로 살펴볼 때에야 비로소 우리의 일이 그 안에서 가지는 의미를 온전히 이해할 수 있다. 이 거대한 이야기는 창조, 타락, 구속, 그리고 회복이라는 주요한 줄거리를 따라 펼쳐진다. 혹은 팀 켈러가 말하듯, 우리는 이를 네 개의 장으로 압축할 수도 있다.[2]

제1장	우리는 어디에서 왔는가?	하나님으로부터: 한 분이시며 관계적이신 분
제2장	왜 세상은 이토록 잘못되었는가?	죄로 인해: 속박과 정죄
제3장	무엇이 세상을 바로잡을 것인가?	그리스도: 성육신, 대속, 회복
제4장	나는 어떻게 바로잡힐 수 있는가?	믿음을 통해: 은혜와 신뢰

성경의 스토리라인은 우리의 일과 강력하게 공명하며 펼쳐지는 드라마를 보여 준다.

- 일은 본래 선하게 창조되었다.
- 일은 죄로 인해 타락하였다.
- 일은 성령을 통해 '부분적으로' 구속되고 있다.
- 일은 예수 그리스도께서 만물을 새롭게 하실 때 '완전히' 구속될 것이다.

일이 창조되다

성경은 역사상 가장 생산적인 일주일로 시작된다.[3] 이것은 그렇게 생각하도록 의도되었다. 반복되는 구절을 주목해 보라.

> 하나님이 그가 하시던 '일'을 일곱째 날에 마치시니 그가 하시던 모든 '일'을 그치고 일곱째 날에 안식하시니라 하나님이 그 일곱째 날을 복되게 하사 거룩하게 하셨으니 이는 하나님이 그 창조하시며 만드시던 모든 '일'을 마치시고 그 날에 안식하셨음이니라(창 2:2-3).

그 다음 이야기의 흐름은 여섯째 날로 되돌아간다. 하나님은 자신의 창조 세계를 보시고 심히 기뻐하셨다(창 1:31). 하지만 여전히 무언가가 부족했다. "땅을 갈 사람이 없었으므로"(창 2:5). 이에 창조주는 마치 무릎을 꿇고 이 문제를 해결하시듯 행동하셨다.

여호와 하나님이 땅의 흙으로 사람을 지으시고 생기를 그 코에 불어넣으시니 사람이 생령이 되니라 여호와 하나님이 동방의 에덴에 동산을 창설하시고 그 지으신 사람을 거기 두시니라(창 2:7-8).

보라, 영광의 왕을. 그가 친히 손을 흙 속에 넣고 일하고 계시다.

그러기에 최초의 하나님의 형상인 사람이 비슷한 직무를 부여받은 것은 당연한 일이다. 아담을 "이끌어 에덴 동산에 두어 그것을 경작하며 지키게 하시고"(창 2:15). 그러나 이 일은 아담 혼자 감당하기에 너무 벅찼다. "여호와 하나님이 이르시되 사람이 혼자 사는 것이 좋지 아니하니 내가 그를 위하여 돕는 배필을 지으리라 하시니라"(창 2:18). 팀 켈러는 이에 대해 적절하게 주장한다. "우리는 하나님이 일하실 뿐만 아니라, 일꾼들에게 그의 일을 계속하도록 위임하시는 모습을 본다. … 비록 모든 것이 선했지만, 여전히 상당 부분 개발되지 않은 상태였다. 하나님은 창조 세계에 깊이 감추어진 잠재력을 남겨 두셨고, 인간은 노동을 통해 그것을 펼쳐 나가야 했다."[4]

과연 성경이 일에 대해 이보다 더 숭고한 관점으로 시작될 수 있었을까?

일이 저주받다

그러나 창세기의 다음 장이 끝날 때쯤이면 이야기는 비극으로 변해 있다. 아담과 하와의 반역 이후 하나님은 일련의 저주를 선언하시는데, 이러한 내용을 포함한다.

아담에게 이르시되

네가 네 아내의 말을 듣고

내가 네게 먹지 말라 한 나무의 열매를 먹었은즉

땅은 너로 말미암아 저주를 받고

너는 네 평생에 수고하여야 그 소산을 먹으리라

땅이 네게 가시덤불과 엉겅퀴를 낼 것이라

네가 먹을 것은 밭의 채소인즉

네가 흙으로 돌아갈 때까지

얼굴에 땀을 흘려야 먹을 것을 먹으리니

네가 그것에서 취함을 입었음이라

너는 흙이니 흙으로 돌아갈 것이니라 하시니라(창 3:17-19).

그러나 에덴에서 추방된 후에도, 즉 최초의 유배를 당한 후에도 아담은 여전히 자신의 소명을 간직하고 있다. "여호와 하나님이 에덴 동산에서 그를 내보내어 그의 근원이 된 땅을 갈게 하시니라"(창 3:23). 그러나 이제 일은 고된 노동이 되어 버렸다. 노아의 아버지는 갓 태어난 아들을 바라보며 이렇게 말한다. "여호와께서 땅을 저주하시므로 수고롭게 일하는 우리를 이 아들이 안위하리라"(창 5:29).

어떤 의미에서, 이어지는 성경 전체의 이야기는 결국 유배를 끝내고 세상을 치유하며 우리를 수고에서 해방시키고 영원한 안식을 가져올 왕위를 가진 구원자에 대한 약속이라고 할 수 있다. 하지만 그때까지는 어떻게 해야 할까? 저주는 여전히 남아 있다. 유배도 계속된다. 가시덤불과 엉겅퀴는 우리의 최선의 노력조차 무너뜨릴 위험을 안고 있다. 하나님 나라는 예수 그리스도의 인격 안에서 이 땅에 직접 나타났지만, 우리는 여전히 만물의 새롭게 됨과 회복을 기다리고 있다. 그 속에는 일이라는 선물도 포함된다.[5]

아이작 와츠의 상징적인 가사는 크리스마스 분위기를 떠올리게 할 수도 있지만, 사실 이 노래(기쁘다 구주 오셨네-역자주)는 왕이 다시 오실 때 찾아올 기쁨을 노래한 것이다.

죄와 슬픔 사라지고 가시덤불 땅을 덮지 않으리. 주 오셔서 복이 흐르게 하시리니 저주가 미친 곳마다, 저주가 미친 곳마다, 저주가 미친 모든 곳마다.[6]

모든 일의 존엄성

일에 대한 주제에서, 팀 켈러가 가장 자주 인용한 인물은 마르틴 루터였다. 16세기 프로테스탄트 종교개혁가인 루터는 모든 신자가 제사장이라는 성경적 진리를 회복한 후, 그 일이 아무리 하찮더라도, 인간의 모든 일이 고귀하다는 사실을 강조하는 것을 무척이나 즐겼다.

[루터는] 중세 교회에서 일반적으로 받아들여지던 소명에 대한 관점을 강하게 비판했다. 당시 교회는 교회를 하나님 나라 전체로 이해했으며, 따라서 교회 안에서 하는 일과 교회를 위한 일만이 곧 하나님의 일이 될 수 있다고 여겼다. 즉 하나님께 부름받아 사역하는 길은 수도사, 사제, 수녀가 되는 것뿐이었다. … 세속적인 노동은 그리스인

들이 육체노동에 대해 가졌던 관점처럼, 어쩔 수 없이 하는 천한 일처럼 여겨졌다. 루터는 이 같은 견해를 강하게 공격했다.[7]

사실 루터는 시편을 주석하면서 하나님이 피조물을 직접적으로 돌보시는 것이 아니라, 우리의 일을 통해 간접적으로 돌보신다고 설명했다. 시편 145편은 다음과 같이 말한다.

> 모든 사람의 눈이 주를 앙망하오니
> 주는 때를 따라 그들에게 먹을 것을 주시며
> 손을 펴사
> 모든 생물의 소원을 만족하게 하시나이다(시 145:15-16).

하지만 하나님이 우리를 어떻게 먹이시는가? 하늘에서 만나가 저절로 접시에 떨어지는 것이 아니다. 하나님은 사람들을 '통해' 일하신다. 농부, 운송업자, 제빵사, 식료품점 주인, 그리고 그 밖의 무수한 이들을 통해 오늘날 우리의 냉장고와 식료품 창고에 음식이 공급된다.[8] 우리가 "오늘 우리에게 일용할 양식을 주시옵고"(마 6:11)라고 기도하면, 하나님은 그 기도에 응답하셔서 사람들을 각자의 직업으로 보내신다.

가장 사소한 일들 속에서도, 전능하신 하나님은 우리의 일을 통해 일하고 계신다. 이 가르침의 의미가 제대로 가슴에 와 닿으면, 그 결과는 가히 혁명적이다. 팀 켈러는 이렇게 설명한다.

단순히 밭을 가는 일이나 도랑을 파는 것 같은 가장 소박한 일뿐 아니라, 가장 기본적인 사회적 역할과 책임, 예를 들면 투표를 하는 것, 공공기관에 참여하는 것, 아버지나 어머니가 되는 것도 "가면(겉으로 보이는 것은 사람이지만 하나님께서 하시는 것 - 역주)"이다. 하나님은 그것을 통해 우리를 돌보신다. 이 모든 것이 하나님의 부르심이며, 세상에서 하나님의 일을 수행하는 방식이며, 하나님이 우리에게 그의 선물을 나누어 주시는 방법이다. 심지어 가장 보잘것없는 시골 농장에서 일하는 소녀조차도 하나님의 부르심을 성취하고 있는 것이다. 루터는 이렇게 설교했다. "하나님은 젖 짜는 여인의 직업을 통해 소에서 젖을 짜신다."[9]

리디머교회에서 전한 초기 설교 중 하나에서 팀 켈러는 이렇게 설명했다.

성경의 영광스러운 가르침은, 우리가 공장의 조립라인에서 일하는 사람이든, 단순히 나사를 조이는 사람이든, 단지 바닥을 쓸고 닦는 사람이든, 만약 우리가 그 일을 하나님의 창조의 잠재력을 드러내도록 하나님이 우리에게 맡기신 크고 놀라운 방식의 일부로 볼 수 있다면, 그 일을 기쁨으로 할 수 있다는 것이다. 바울은 노예들에게 편지를 썼다(엡 6:5-8). 그리고 만약 이 신학이 '노예들'에게도 적용될 수 있다면 - 바울이 "노예들이여, 너희가 하는 그 단순하고 하찮은 일도 주님을 위해 하는 것이다"라고 말할 수 있다면 - 우리 역시 그 일을 하나님이 본래 의도하신 일의 일부로 바라볼 수 있고, 기쁨으로 그 일을 감당할 수 있다.[10]

오늘날 우리는 '직업(vocation)'과 '일(job)'을 같은 의미로 생각하는 경향이 있지만, 사실 직업이라는 단어는 훨씬 더 깊은 의미를 담고 있다. 직업은 라틴어 'vocare(부르다)'에서 유래한 단어로, 단순한 생업을 넘어 소명을 의미한다. 그것은 곧 타인을 섬기기 위한 과업이며, 정치 영역에서 일하든 슈퍼마켓에서 농산물을 진열하든, 동일하게 적용된다.

그리고 이 과업들은 궁극적으로 일하시는 하나님의 주권적 보좌로부터 온다. 무엇이 평범한 직업에 이보다 더 큰 고귀함을 부여할 수 있을까? "창세기에서 우리는 하나님을 정원사로 만난다. 그리고 신약에서는 그분이 목수로 등장하신다. 하나님이 주신 일의 엄청난 존엄을 담기에는 너무 사소한 일이란 존재하지 않는다."[11]

두 개의 함정

신앙과 일에 대한 모든 논의는 반드시 두 가지 끊임없이 반복되는 함정을 인식해야만 한다. 그것은 일을 너무 적게 하는 것(underwork)과 너무 지나치게 하는 것(overwork)이다. 세바스찬 트래거(Sebastian Traeger)와 그렉 길버트(Greg Gilbert)의 책에서 빌린 표현을 사용하자면, 어떤 사람들은 직장에서 '게으름'을 피우고 싶은(idle at work) 유혹을 받고, 다른 사람들은 직장을 '우상'으로 만들고 싶은(idol of work) 유혹을 받는다.[12]

팀 켈러는 이 두 부류의 사람들 모두를 목회했다. 버지니아 시골에 있는 그의 첫 번째 교회에서는 노동의 단조로움 속에서 살아가는 많은 블루칼라 노동자들이 회중석을 가득 채웠다. 그러나 리디머교회에서는 매주일, 야망에 가득 차 성공의 사다리를 오르려고 애쓰는 전문직 종사

자들로 가득 찬 회중을 마주했다. 실제로 팀 켈러가 맨해튼에서 설교한 첫 번째 일에 관한 설교에서 그는 두 가지 중요한 점을 강조했다. 첫째, '일은 저주가 아니라 부르심이다'. 둘째, '일은 자기 자신을 위한 것이 아니라 하나님을 위한 것이다'. 그는 두 가지 함정에 대한 성경적인 해독제를 제시하고 있었다. 그는 심지어 자신이 목회했던 두 공동체의 차이점을 강조하기도 했다. "내가 블루칼라 직업이 많은 마을에서 목회할 때, 많은 사람이 이렇게 말하곤 했습니다. '이건 그냥 월급을 받기 위한 거야. 내가 하는 일이 싫지만, 그래도 괜찮아. 내가 아는 모든 사람도 다 자기 일을 싫어하니까.' 이런 식의 노동관이 그들을 짓눌렀죠." 그런 뒤, 그는 뉴욕의 회중을 향해 이렇게 말했다. "여러분에게 그 문제는 별로 해당되지 않을 수도 있습니다. 여러분은 일을 자기 발전의 도구로 사용하니까요."[13]

첫 번째 함정인 일을 너무 적게 하려는 것에 대한 유혹, 혹은 일을 필요악으로 여기는 것에 대해 팀 켈러는 단호하게 말한다. 일은 저주의 영향을 받았지만, 그 자체가 저주인 것은 아니다. 사도 바울이 종들에게 주었던 권면을 고려해 보라. "기쁜 마음으로 섬기기를 주께 하듯 하고 사람들에게 하듯 하지 말라"(엡 6:7). 팀 켈러는 분명하게 말한다. "일할 때 하나님을 똑바로 바라보십시오. 그리고 이렇게 말하십시오. '주님, 주님이 저를 지켜보고 계시기에, 저는 최선을 다하겠습니다. 다른 사람들이 어떻게 생각하든 상관없습니다. 저는 이 일을 탁월하게 하겠습니다.'"[14]

한편, 두 번째 함정인 일을 우상처럼 여기며 지나치게 하려는 것에 대해서 팀 켈러는 맨해튼 사람들이 거기에 빠지지 않도록 거의 30년을 경고해 왔다. 일이 우리의 정체성이 될 때, 즉 자기 이름을 내기 위한 수단이 될 때(창 11:4) 모든 것이 뒤집히고 만다. 하나님과 사람들은 소모품처럼 사소한 존재가 되고, 자기 이익이 왕좌를 차지한다. 이와 관련하여 팀 켈러는 마틴 로이드 존스의 말을 자주 인용하곤 했다. 로이드 존스는 목사가 되기 전에 의사였다. 그는 한 강연에서 의대생들과 의사들에게 이런 농담을 던졌다. "나는 '인간으로 태어나, 의사로 죽다'라고 묘비에 새길 만한 사람들을 많이 만나 봤습니다."[15]

이는 우리 모두에게 일어날 수 있는 일이며, 우리도 모르는 사이에 서서히 진행된다는 점에서 더욱 위험하다. 어떤 그리스도인도 어느날 아침 눈을 뜨고 "그래, 이제 내 일을 우상으로 삼고, 내 영광을 위해 살 시간이 됐어"라고 결심하지 않는다. 그러나 그러한 일이 실제로 일어난다. 우리의 가장 깊은 정체성이 그리스도 안에 있어야 한다는 것을 알면서도, 여전히 우리의 마음은 우리의 정체성이 마치 우리의 일에 근거한 것처럼 작동하기가 얼마나 쉬운가. 팀 켈러는 경고한다.

일은 더 이상 칼뱅이 말한 것처럼 창조 질서의 경이로움을 창조하고 드러내는 방법이나, 루터가 말한 것처럼 하나님의 섭리의 도구가 되어 이웃의 기본적인 필요를 섬기는 방법이 아니다. 이제 일은 나를 이웃과 차별화하고, 세상에 내 존재를 과시하며, 스스로에게 '나는 특별하다'라고 증명하는 수단이 되어 버린다.[16]

여기에는 비극적인 아이러니가 있다. 만일 당신이 자신의 일에 모든 것을 투자하고, 심지어 자신의 정체성까지 걸어 버린다면, 결국 더 일을 못하게 될 것이다. 불편한 일들을 감당하지 못하게 될 것이고, 동료들의 사소한 실수에 분노하게 될 것이다. 건강한 경쟁은 점점 더 '무슨 수를 써서라도 이겨야 한다'는 강박으로 변질될 것이다. 그리고 당신이 일에 점점 더 몰입할수록, 당신을 방해하는 사람들에게 점점 더 거칠어질 가능성이 높다.

우리는 직업을 선택할 때 이런 가능성을 염두에 두어야 한다.

그러면 어디에서 (그리고 어떻게) 일해야 하는가?

직업을 선택할 때, 팀 켈러는 최소한 두 가지의 동기 부여 질문이 있다고 말한다. 첫째는 '어떤 직업이 가장 많은 돈과 가장 높은 사회적 지위를 가져다줄 것인가?'이다. 둘째는 '내가 가진 능력과 기회를 가지고, 하나님의 뜻과 인간의 필요를 아는 바에 따라, 어떻게 하면 다른 사람들에게 가장 큰 도움이 될 수 있을까?'이다.[17] 하지만 이 두 질문에는 직관에 반하는 무언가가 있다.

바로 두 번째 질문이야말로 일에서 지속적으로 자기 훈련과 탁월함을 유지할 수 있는 동기를 제공한다. 만약 일하는 목적이 자기 자신을 섬기고 높이는 데 있다면, 일은 필연적으로 일 자체보다 우리에 관한 것이 된다. 그렇게 되면, 우리의 공격성은 결국 학대가 되고, 우리의 추진력은 번아웃이 되며, 우리의 자기만족은 자기혐오가 된다. 반면 일의 목적이 우리 자신을 넘어서는 더 큰 무언가를 섬기고 높이는 것이라면, 우리는 오히려 자신의 재능과 야망 그리고 기업가적 추진력을 더욱 적극적으로 활용할 이유를 얻게 된다. 그리고 역설적이게도, 세상의 기준에서 보더라도 장기적으로 더 성공할 가능성이 높아진다.[18]

도덕적으로 허용될 수 있는 직업이라면, 모두에게 적용될 수 있는 단 하나의 직업 선택 기준은 존재하지 않는다. 팀 켈러는 존 뉴턴(John Newton)의 범주를 참고하여, 하나님의 '부르심'을 구성하는 세 가지 요소를 제시한다.[19]

- 적성: 그 일이 즐거운가?
- 능력: 다른 사람들이 내가 그 일을 잘할 수 있다고 생각하는가?
- 기회: 실제로 그 일을 할 수 있는 문이 열려 있는가?

이 세 가지 요소가 모두 갖춰지는 것이 이상적이며, 일부 직업에서는 반드시 세 가지가 모두 필요하기도 하다.[20]

그러나 우리에게 내면을 들여다보고 "자신을 발견하라"고 요구하는 문화 속에서, 우리는 특정 직업에 대한 '열정'의 중요성을 과대평가하지 않도록 주의해야 한다. 팀 켈러가 제안하듯이, 그것은 결혼과 조금 비슷하다. 열정은 오르내린다. 그것이 우리를 계속 가게 하는 것이 아니다. 우리를 계속 가게 만드는 것은 헌신과 소망이다.[21] 다른 곳에서 팀 켈러는 이렇게 말한다,

대공황과 두 차례의 세계대전을 겪은 우리 부모와 조부모 세대는 생

계를 유지할 수 있다는 사실만으로도 일할 수 있음에 감사했다. 왜냐하면 그들에게 직업이란 자신과 가족을 생존하게 해주는 수단이었기 때문이다. 그러나 내 자녀 세대는 완전히 다르다. 그들은 일이 반드시 만족감을 주고, 열매가 있으며, 자신의 재능과 꿈에 완벽하게 들어 맞아야 한다고 주장한다. 어떤 한 구글 임원이 회사의 미션을 설명하며 말했듯, '세상을 놀라게 할 만한 무언가를 해내야 한다'고 생각한다. … 부모 세대가 처한 상황은 아마도 성경이 창조에 대해 묘사하는 일에 대한 관점보다 더 낮은 관점을 갖게 했을 가능성이 있다. 반면 우리 자녀 세대는 성경이 타락한 세상에 대해 묘사하는 일에 대한 관점보다 지나치게 순진하고 이상적인 관점을 가지고 있다.[22]

그럼에도 불구하고 하나님은 우리 각자를 특정한 방식으로 창조하시고, 우리에게 특정한 능력을 맡기신다. 팀 켈러가 즐겨 사용하는 예화 중 하나는 올림픽 육상 선수 에릭 리델(Eric Liddell)의 실화가 바탕인 영화 〈불의 전차〉(Chariots of Fire)에 나온다.[23] 한 장면에서 리델은 그의 누나 제니와 갈등을 겪는다. 제니는 그의 치열한 훈련과 운동에 대한 열정이 선교사로서의 준비를 방해하고 있다고 염려한다. 리델은 당시 중국 선교를 준비하고 있었다. 결국 그는 이렇게 말한다. "제니 … 난 하나님이 나를 중국을 위해 만드셨다고 믿어. 하지만 그분은 나를 빠르게 달릴 수도 있도록 만드셨어. 그리고 나는 달릴 때, 그분의 기쁨을 느껴."

한편 또 다른 육상 선수 해럴드 아브라함스(Harold Abrahams)는 자신의 트레이너에게 이렇게 말한다. "난 스물네 살인데도 한 번도 만족을 느껴 본 적이 없어. 난 끊임없이 무언가를 쫓고 있지만, 정작 내가 무엇을 쫓고 있는지도 모르겠어."

이 대비가 보이는가? 아브라함스는 달리는 트랙에서 만족과 삶의 의미를 찾으려는 집착에 사로잡혀 있다. 그래서 그는 백미터 결승을 앞두고 코치에게 이렇게 말한다. "나는 십 초 안에 내 존재 가치를 증명해야 해." 그러나 리델은 자유롭다. 그는 스포츠에 얽매이지 않았다. 그것은 그가 주일에는 달려서는 안 된다는 자신의 신념에 따라 금메달을 딸수 있는 경기를 기꺼이 포기할 정도로 자유로운 선택을 할 수 있었던 사실에서 분명하게 드러난다.

겉보기에는 두 사람이 매우 비슷하다. 같은 열정, 같은 스포츠, 같은 종목, 같은 훈련, 같은 기회를 가졌다. 하지만 근본적인 차이가 있다. 아브라함스는 반드시 이겨야만 했다. 그의 존재 가치가 그것에 달려 있었다. 반면 리델은 자신의 양심이 원한다면 경기에 출전하지 않아도 괜찮았다. 환호하는 관중들의 눈에는 두 사람이 똑같이 보였을지 모른다. 그러나 아브라함스에게는 구원을 향한 질주인 반면, 리델에게는 예배의 행위였다. 팀 켈러는 이를 이렇게 표현한다. "아브라함스는 쉬고 있을 때조차 지쳐 있었다. 하지만 리델은 달릴 때조차 쉼을 누리고 있었다."[24]

다시 말해, 성경적인 관점 없이 일에 접근할 때, 우리는 두 가지 유혹에 빠지게 된다. 일을 단순한 고역으로 축소하여 최소한의 일만 하거나, 반대로 일을 우리의 정체성으로 삼아 지나치게 일하는 것이다. 두 경우 모두 문제는 일이 결국 '나 자신'에 관한 것이 되어 버린다는 점이다. 해럴드 아브라함스처럼, 우리는 팀 켈러가 말하는 '일 이면의 일'에 사로잡히게 된다. 그것은 일을 통해 자기 존재 가치를 확보하기 위한 끝없는 발버둥이 될 수도 있고, 일에 대한 환멸과 절망에 맞서는 끊임없는 싸움이 될 수도 있다. 결국 '참된 일 이면의 일'의 해결책은 쉼의 질이다. 그러나 이러한 쉼은 그 어떠한 휴가도 제공할 수 없는 쉼이다. 왜냐하면 오직 예수님 안에서만 '쉼 이면의 쉼'을 발견할 수 있기 때문이다.[25]

> 그는 결코 너를 완전히 지치게 몰아붙이지 않는 유일한 상사이며, 네가 최고의 성과를 내지 못해도 여전히 너를 만족스러워 하는 유일한 관객이다. 왜 그런가? 그가 너를 위한 일을 이미 완성하셨기 때문이다. 사실 그리스도인에 대한 참된 정의는 단순히 예수님을 존경하고, 예수님을 본받고, 예수님께 순종하는 사람이 아니다. 자신의 행위가 아니라 "그리스도의 완성된 사역 안에서 쉼"을 누리는 사람이다. 기억하라. 하나님이 안식하실 수 있었던 것은 창조의 사역이 완성되었기 때문이었다(창 2:1-3). 마찬가지로 그리스도인은 하나님의 구속 사역이 그리스도 안에서 완성되었기 때문에 비로소 참된 쉼을 누릴 수 있다.[26]

그러므로 직업을 선택할 때 열정을 절대적인 기준으로 삼지 말라. 하지만 그렇다고 해서 열정이 중요하지 않다고 여겨서도 안 된다. 너에게 주어진 경험과 기술은 무엇인가? 어떤 일이 타인에게 유익을 줄 수 있는가? 어떤 일을 할 때 하나님의 기쁨을 느낄 수 있는가? 이에 대해 팀 켈러는 다음과 같이 조언한다.

더 많은 사람들에게 유익을 주는 일과 더 많은 돈을 벌 수 있는 일 사이에서 선택해야 한다면, 특히 그 일에서 뛰어난 역량을 발휘할 수 있다면 더 많은 사람들을 돕는 일을 진지하게 고려해야 한다. … 모든 직업은, 단지 '도움을 주는 직업'이라고 불리는 특정한 직업들만이 아니라 본질적으로 네 이웃을 사랑하는 방법이다. 그리스도인은 직접적인 사역이나 비영리 자선 활동을 하지 않더라도, 자신의 직업을 통해 타인을 사랑할 수 있다.[27]

이러한 맥락에서, 팀 켈러는 자신이 좋아하는 영국 설교자 딕 루카스의 일화를 소개한다.

만약 교회 안에 있는 북테이블에서 '하나님이 쓰시는 사람' 또는 '하나님이 쓰시는 여성'이라는 제목의 전기를 본다면, 아마도 선교사나 목회자, 혹은 어떤 형태로든 영적인 사역을 전문적으로 하는 사람의 이야기일 것이라고 생각할 것이다. 그렇지 않은가? 이는 교회가 그렇게 생각하도록 우리를 길들여 왔기 때문이다. 하지만 요셉의 이야기에서 우리가 보는 것은 매우 성공한 세속적인 지도자의 삶이다. 사실 어떤 면에서 보면, 설교자나 선교사, 혹은 성경공부 인도자가 되는 것이 더 쉬울 수도 있다. 그 안에는 일종의 영적인 매력이 있기 때문이다. 오히려 하나님이 의료, 법률, 비즈니스, 예술 등 모든 삶의 영역에서 남성과 여성을 크게 사용하기 원하신다는 사실을 크리스천들이 깨닫게 하는 일은 훨씬 더 어렵다. 이것이 오늘날 교회의 큰 결핍이다.[28]

하나님은 세상의 선을 위해 사람들을 다양한 직업으로 보내신다. 당신이 현재 자신의 직업에서 번영하고 있든 고군분투하고 있든, 혹은 어떤 직업을 선택해야 할지 고민하고 있든 간에, 하나님은 무한히 주권적이며 지혜로우시다는 사실을 알아야 한다. 사도 바울의 말을 기억하라. "오직 주께서 각 사람에게 나눠 주신 대로 하나님이 각 사람을 부르신 그대로 행하라 내가 모든 교회에서 이와 같이 명하노라"(고전 7:17).

내가 가꿔야 할 땅 한 조각은 어디인가

팀 켈러는 정원사가 하는 일이 어떤 의미에서 모든 일의 상징이라고 말한다. 왜 그럴까? 그 일은 "창조적이며 주도적이다. 하나님의 창조라는 원재료를 재배치하여 세상 전체, 특히 사람들이 번성하고 번영하도록 돕는 방식이다."[29] 이 비전은 야심 찬 노력이 필요한 일뿐 아니라 평범한 일에도 적용된다. 매일 어질러진 집 안을 정리하는 젊은 어머니조차 자신이 지닌 형상인 신적인 정원사의 모습을 반영하고 있다. 질문은 우리가 전체 사회를 변화시킬 기회가 있느냐가 아니다. 아마도 없을 것이다. 그런 기회를 가진 사람은 거의 없다. 그러나 우리에게도 맡겨진 영역, 우리가 성실하게 가꿔야 할 땅 한 조각이 있다.

그러므로 팀 켈러가 단순히 역량의 사역이라 부르는 것을 과소평가하지 말라. "인간 공동체를 섬기는 것이 우리의 일을 향한 하나님의 목적이라면, 하나님을 가장 잘 섬기는 방법은 그 일을 가능한 가장 잘하는 것이다."[30] 탁월하게 일을 하는 것은 사랑의 한 형태다.

하지만 타락한 세상에서 우리는 땅에 돋아나는 가시와 엉겅퀴와 끊임없이 싸워야 할 것이다. 직장에서 가장 높은 이상을 실현할 수 없다고 해서 직업 선택이 잘못되었거나 그 직업으로 부름 받지 않은 것은 아니다. 좌절이 없는 직업을 찾아야 한다는 뜻은 더더욱 아니다. 팀 켈러는 우리가 "정확히 제대로 된 직업을 찾았다고 하더라도, 정기적으로 좌절할 것을 예상해야 한다"[31]고 말한다.

오늘날 유행하는 '임팩트' 같은 단어에 너무 많은 의미를 부여하는 것은 현명하지 않다. '세상을 변화시키라'는 숨 가쁜 요구가 난무하는 시대에, 팀 켈러는 즉각적으로 측정 가능한 결과에 기반을 두지 않은 절제된 관점을 취해야 한다고 조언한다. 그는 어느 콘퍼런스 패널 토론에서 이렇게 말했다.

> 하나님이 여러분을 어떻게 사용하실지 알기는 매우 어렵습니다. 내가 우려하는 것은 여러분이 '계산할 수 있다'고 생각하는 것입니다. 여러분은 소명을 따라 사역의 길에 들어설 수 있습니다. 하지만 하나님이 여러분을 수년 동안 거의 열매를 볼 수 없는 어려운 환경 속에 두실 수도 있습니다. 만약 15년의 사역 동안 오직 한두 명의 삶만 예수님을 믿고 변화됐다면, 그것이 여러분을 향한 하나님의 뜻입니다. … "나는 임팩트를 원한다." 이것은 정말 미국적인 사고방식입니다. 결국 "나는 투자 대비 수익을 계산하겠다"는 말과 다르지 않습니다. 비즈니스 세계에서는 괜찮을지 모르지만, 당신이 얼마나 많은 사람을 도울 수 있을지에 대한 문제는 … 하나님께 맡겨야 합니다.[32]

또한 팀 켈러는 직업에 관한 논의를 지나치게 철학적으로 접근하는 것이 엘리트주의적인 태도로 흐를 위험이 있다고 경고한다. 그는 시골 지역에서 목회를 시작했기 때문에 이러한 위험을 민감하게 감지할 수 있었다.

> 주의해야 할 것은 화이트칼라 직업을 블루칼라 직업보다 더 중요하게 여기는 것이다. 작가나 관리자들은 자신의 일에 기독교적 신념이 어떻게 영향을 미치는지 깊이 고민할 기회를 갖는다. 하지만 조립 라인에서 일하는 노동자나 숙련공, 기술자에게는 이와 같은 고민이 얼마나 관련이 있을까? 그들의 세계관이 그들이 날마다 하는 일에 직접적인 영향을 미치는 것이 아니라면 말이다. … 따라서 일을 [철학적] 세계관의 관점에서만 바라보고, 하나님의 섭리와 사랑의 관점에서 보지 않는다면, 성경이 말하는 일의 관점이 노동 계층에게는 별로 관련이 없다는 암묵적인 메시지를 전달할 위험이 있다.[33]

팀 켈러는 도심의 회중에게 직설적으로 이렇게 말했다. "우리가 살고 있는 이 도시는 높은 연봉을 받고, 뛰어난 재능과 기술이 요구되는 … 특정한 유형의 일을 가치 있게 여깁니다. 우리는 세상을 변화시키지 않는 직업은 원하지 않아요. 하지만 올바른 신학을 가지고 있다면, 그런 계층적 속물근성과 '나는 교육받은 전문직인데, 저 사람은 단지 블루칼라 노동자일 뿐이야'라는 생각은 완전히 사라져야 합니다."[34]

섞이지 말라

그리스도인이라고 해서 직장에서 대화할 때마다 어설프게 신앙을 끼워 넣어야 하는 것은 아니다. 불쾌감을 주는 것은 영적 은사가 아니다. 진리를 전하고 그 순간 스스로 용기 있다고 느낄 수는 있다. 즉 "나는 복음을 부끄러워하지 않는다!" 그러나 관계적 섬세함이 부족하면 오히려 역효과를 낳을 수 있다.

팀 켈러는 그리스도인들이 직장에서 동료들과 지내면서 흔히 겪는 두 가지 유혹을 지적한다. 하나는 그리스도인이라는 사실을 공개적으로 밝히지 않고 주변과 섞이려는 것이다. 또 하나는 자신의 신앙을 과시하면서, 다른 사람들을 멸시하는 태도를 보이는 것이다. 이 두 가지 극단을 분명하게 피할 수 있는 그리스도인들은 "독특하면서도 건강한 균형으로 사람들의 눈길을 끌 것이다."[35]

그럼에도 불구하고, 그리스도인들이 직장에서 두드러져야 한다는 것은 피할 수 없다. 어떻게 그렇지 않을 수 있겠는가? 우리는 "다른 덕목으로 살아가고, 다른 인간관에 의해 고양되며, 다른 지혜의 원천에 의해 인도되고, 다른 관객을 위해 일한다."[36] 성경적 기독교 신앙은 팀 켈러가 강조하듯이, "다른 세계관이 줄 수 없는 중요한 자원을 제공하며, 그것을 삶으로 살아 낼 때, 직장에서 그리스도인을 차별화시킬 것이다."[37]

지혜조차도 직장에서 그리스도인을 돋보이게 하는 요소가 되어야 한다. 여기서 말하는 지혜란 성령이 "마법 같은 방식으로" 우리를 지혜롭게 만드는 것이 아니다. 예를 들어 "주식 투자에서 항상 최고의 주식을 고를 수 있도록 우리에게 찌라시나 내부 정보를 주시는" 것이 아니다. 오히려 팀 켈러는 직업적 지혜를 우리의 삶에서 일하시는 성령의 역사로 보며, 그 지혜가 "우리의 성품을 변화시키고, 내면의 평정과 명확함, 겸손, 담대함, 만족감, 용기를 새롭게 부여한다"고 설명한다. 하나님의 은혜로 지혜는 우리 안에서 자라며, 결국 "더 나은 직업적, 개인적 결정을 내리게 한다."[38]

팀 켈러는 한 젊은 여성이 상사의 반문화적 행동 때문에 인생이 바뀐 이야기를 전한다. 그 상사는 정당하게 그녀가 저지른 중대한 실수에 대해 그녀에게 모든 책임을 돌릴 수도 있었지만, 대신 "책임을 떠맡았다." 그녀는 충격을 받았고, 그가 왜 그렇게 했는지 그 이유를 물었다.

마침내 그는 이렇게 말했다. "나는 그리스도인입니다. 그 말은 여러 가지 의미가 있지만, 하나님이 나를 받아 주시는 이유가 예수 그리스도께서 내가 저지른 잘못에 대한 책임을 대신 지셨기 때문이라는 뜻입니다. 예수님은 십자가에서 그렇게 하셨습니다. 그래서 저도 다른 사람들의 잘못을 책임지려는 마음이 들기도 하고 때로는 그럴 수 있는 능력을 갖게 됩니다." 그녀는 한동안 그를 가만히 바라보다가 물었다. "어느 교회에 다니시나요?" 그는 리디머교회를 추천했고, 그녀는 결국 그곳에 가게 되었다. 그의 성품은 복음에 나타난 은혜를 경험하며 빚어졌고, 그로 인해 관리자로서의 그의 행동은 남들과 확연히 다를 뿐 아니라 매력적이게 되었다. 그의 이타적이고 따뜻한 태도는 결국 그녀의 삶을 변화시키는 계기가 되었다.[39]

경쟁이 치열한 직장에서 그리스도인이 두드러질 수 있는 또 다른 방법은 단순히 잘 쉬는 것이다. 사실 복음이 당신의 일하는 방식을 변화시키고 있다는 것을 보여 주는 중요한 신호 중 하나는, 특히 당신이 일을 사랑하는 경우, 휴식을 취할 수 있는가의 여부다. 만약 휴일이 기쁨이 되기보다 방해물처럼 느껴진다면, 그 일은 아마도 우상이 되었을 가능성이 크다.

고대 근동에서 네 번째 계명 – 안식일을 지키라는 명령(출 20:8-11; 신 5:12-15) – 은 급진적인 개념이었다. 그것은 일과 이윤 창출에 한계를 둔다는 것을 의미하며, 이는 마치 강물이 제방을 넘지 않아야 하는 것과 같다. 신약 시대의 그리스도인들이 이 율법을 어떻게 적용해야 하는가에 대한 입장이 각기 다를 수 있지만, 그 원칙 자체는 여전히 유효하다. 즉 안식일을 실천하는 것은 신뢰의 행위이자 하나님이 우리를 어떻게 지으셨는지를 기념하고 즐거워하는 행위이다. 또한 팀 켈러는 그것이 곧 우리의 자유의 선언이라고 말한다. 우리의 문화나 상사가 무엇이라고 하든 "우리는 노예가 아니다."[40]

다시 말해, 우리가 오늘날 안식일 계명을 어떻게 적용하든, 모든 그리스도인은 팀 켈러가 말하는 그 근본 원칙에 동의할 수 있다. 즉 안식일은 궁극적으로 복음의 더 깊은 "참된 안식"을 가리키며, 이는 우리가 구원을 위해서 자신의 행위가 아니라 그리스도 안에서 쉼을 얻도록 가르친다.[41] 그리고 이 더 깊은 쉼 – 팀 켈러가 다른 곳에서 "영혼의 렘 (REM) 수면"[42]이라고 부르는 것 – 은 우리가 일과 쉼을 대하는 방식에도 반영되어야 한다.

일에 대한 성경의 관점은 독특하면서도 폭발적이다. 그것은 우리가 일에 접근하는 마음가짐뿐만 아니라, 믿지 않는 직장 동료들이 우리가 고백하는 신앙을 바라보는 방식까지도 변화시킬 수 있는 힘을 가지

고 있다.[43]

일하면서 좌절하고 낙담하는 것은 피할 수 없는 현실이다. 타락한 세상에서 살아가다보면 반드시 그러한 순간을 맞이하게 된다. 그렇다면 무엇이 우리를 계속 나아가게 하는가? 어떤 소망이 우리로 하여금 어려움을 견디도록 이끌 것인가? 팀 켈러의 일에 대한 가르침을 논하면서 그의 가장 좋아했던 일화 중 하나를 빼놓을 수 없다. 그것은 꽤나 생소한 단편 소설에서 나온 이야기다.

제2차 세계대전 당시, 위대한 작가 J. R. R. 톨킨은 《반지의 제왕》을 집필하다가 갑자기 더 이상 진도가 나가지 않는 상태에 빠졌다. 흔히 말하는 작가의 벽에 부딪힌 것이다. 그러나 그의 경우는 더욱 낙담할 만했다. 왜냐하면 그는 이 거대한 이야기를 수십 년 동안 구상하고 작업해 왔기 때문이다. 어느 날 아침, 톨킨은 새로운 이야기의 구상을 떠올렸고, 그 아이디어에 집중하기로 했다(그리고 실제로 그 이야기를 완성한 후, 마치 구름이 걷힌 것처럼 《반지의 제왕》 집필을 다시 시작할 수 있었다. 그 결과, 이 작품은 고전 삼부작이 되었다).

그렇게 탄생한 잘 알려지지 않은 이야기가 바로 〈니글의 이파리〉이다. 이 단편 소설의 주인공은 니글이라는 이름의 무명 화가다. 그는 자신의 마음속에 거대한 나무 한 그루를 보고 있었다. 그 나무는 아름다웠고, 경이로웠다. 그는 이를 커다란 캔버스에 그리기 위해 매일 고군분투했다. 세세한 부분 하나하나에 정성을 들이며, 지칠 줄 모르고 작업을 계속했다. 그러나 몇 주가 몇 달이 되고, 몇 달이 몇 년으로 흘러갔지만, 그가 완성한 것은 오직 나뭇잎 한 장뿐이었다. 그러다 니글은 죽음을 맞이한다. 그 후 그는 기차를 타고 천상의 나라로 향하게 된다. 그런데 여행 도중 창밖을 내다보던 니글이 갑자기 외친다. "기차를 세워 줘!" 그는 황급히 기차에서 내려 달려갔다. 그리고 그곳에서 마주한 것은 바로 그의 나무였다. 바람에 흔들리는 가지와 펼쳐진 잎들, 경이로운 아름다움을 지닌 온전한 니글의 나무가 그의 눈앞에 서 있었다. 그는 하늘을 올려다보며 두 팔을 들고 외친다. "이것은 선물이야!" 그 순간, 니글은 깨닫게 된다. 자신이 그리려고 그토록 수고했지만 끝내 완성하지 못한 나무는 실은 참된 현실의 한 조각이었음을, 그리고 그가 땅에서 가진 능력의 한계를 보여 주는 상징이었음을 말이다.[44]

타락한 세상에서 일하게 된 것을 환영한다. 우리 모두는 니글과 같다. 아무리 노력해도, 우리가 꿈꾸는 직업적 이상을 온전히 성취하는 것은 불가능하다. 우리가 최선을 다한다 해도, 우리는 평생 이파리 한두 장을 겨우 그리는 것에 그칠 가능성이 크다. 그러나 언젠가 새로운 하늘과 새로운 땅에서, 우리 마음 깊은 곳에서 갈망했던 그 실체와 마주하게 될 것이다. 팀 켈러는 우리에게 이 문제의 중요성을 숙고하라고 촉구한다.

> 만약 이 땅의 삶이 전부라면, 결국 태양이 소멸할 때 모든 것이 다 타버리고, 우리가 했던 모든 일들은 기억하는 이 하나 없이 사라질 것이다. 결국 모든 이가 잊혀질 것이고, 우리가 한 어떤 일도 의미를 갖지 못할 것이다. 심지어 가장 선한 노력조차도 결국 무(無)로 돌아갈

것이다.

하나님이 계시지 않다면 이는 너무나 당연하다. 그러나 만약 하나님이 계시다면, 만약 성경이 말하는 하나님이 실재하시고, 이 세상 너머에 참된 현실, 진정한 실재가 존재하며, 이 생이 유일한 삶이 아니라면, 그렇다면 우리가 하나님의 부르심에 응답하여 행한 모든 선한 일 – 설령 그것이 아무리 사소한 일이라고 하더라도 – 들이 영원한 의미를 지니게 된다. 이것이 바로 기독교 신앙이 주는 약속이다. [45]

당신이 꿈꾸던 도시를 결코 완전히 실현할 수 없는 낙담한 도시 계획가이든, 정의를 추구하지만 늘 그 이상에 도달하지 못해 낙심한 변호사이든, 당신에게 그리고 일을 통해 이상을 이루려는 우리 모두에게 여전히 희망은 남아 있다.

진짜로 그 나무가 있다. 당신이 일을 통해 찾고 있는 것이 무엇이든 – 정의와 평화의 도시, 찬란함과 아름다움의 세계, 참된 이야기, 참된 질서, 참된 치유 – 그것은 존재한다. 하나님이 계시고, 그분이 이루실 회복된 미래의 세상이 있으며, 당신의 일이 그것을 (일부분이나마) 다른 이들에게 보여 주고 있다. … 이 모든 것을 안다면, 이번 생에서 단지 한두 개의 이파리밖에 만들어 내지 못한다고 해도 절망하지 않을 것이다. 만족과 기쁨을 가지고 일할 것이다. [46]

제대로 작동하는 정체성

사람은 평균적으로 약 90,000시간을 일하는 데 보낸다. 이는 깨어 있는 삶의 그 어느 순간보다도 더 많은 시간이다.[47] 이 점을 깊이 생각해 보면 참으로 놀라운 일이다. 그런데도 그리스도인들이 주일 예배와 월요일의 일이 어떻게 연결되는지 배우지 못하고, 어두운 세상 속에서 구별된 증인으로 준비되지 못한 채 남겨지게 된다면, 이 얼마나 비극적인 일인가?[48]

그러나 팀 켈러에게서 우리는 복음의 이야기가 우리의 직업적 삶에 어떻게 적용되는지를 꿰뚫어 보는 통찰을 발견한다. 그는 일이 종으로서는 훌륭하지만, 주인으로서는 끔찍하다는 사실을 보여 준다.[49] 아무리 성공하더라도, 우리의 직업은 결코 당신에게 지속적인 정체성을 제공할 수 없다. 그것은 우리의 영혼을 만족시킬 수 없다. 그리고 무엇보다 우리의 죄를 위해 죽을 수도 없다.

오직 예수 그리스도의 사랑 안에 뿌리를 둔 정체성만이 우리가 과로하거나 무기력에 빠지는 것을 막아 줄 수 있으며, 유토피아적 이상주의나 절망에 휘둘리지 않도록 보호해 줄 수 있다. 팀 켈러는 이렇게 경고한다. "만일 우리가 일을 자신의 정체성으로 삼고 성공한다면, 그것은 우리의 머리를 교만하게 만들 것이다. 반대로 실패한다면, 그것은 우리의 마음을 무너뜨릴 것이다."[50]

그러나 은혜의 기적이 일어날 때 - 즉 당신의 지위와 기쁨이 더 이상 직업에 묶여 있지 않을 때 - 당신은 일에서 자유를 경험하게 될 뿐만 아니라, 일을 하면서도 자유를 누릴 수 있다. 당신의 직업은 단순히 왕께서 주신 과업이며, 그것을 통해 다른 이들을 섬길 뿐이다. 그러므로 하나님의 영광을 위해 부지런히 일하라. 비록 이 생에서 단 한두 개의 '이파리'만을 만들어 낼 수 있을지라도.

6.
정의를 행하고
자비를 사랑하라

왕의 긍휼을 구현하다

하퍼 리의 고전 소설 《앵무새 죽이기》(*To kill a mockingbird*)의 끝부분, 1930년대 앨라배마를 배경으로 한층 긴장감이 감도는 장면에서, 변호사 애티커스 핀치는 배심원들에게 열정적인 호소로 변론을 마친다.

법정의 건전함은 배심원의 건전함에 달려 있으며, 배심원의 건전함은 그것을 구성하는 사람들의 건전함에 달려 있습니다. 저는 여러분이 지금까지 들은 증거를 감정에 휘둘리지 않고 검토한 후, 신중한 결정을 내려 피고인을 가족에게 돌려보내 주실 것이라 확신합니다.

하나님의 이름으로, 여러분의 의무를 다하십시오![1]

그러나 배심원단은 숙의를 마친 뒤 돌아와 이렇게 평결을 내린다. 유죄, 유죄, 모든 혐의에 대해 유죄. 그들은 피고인이 결백하다는 사실을 누구보다도 잘 알면서도 만장일치로 그를 유죄로 판결한다. 이후 핀치는 씁쓸하게 되새긴다. "어떤 사람이 공정한 대우를 받아야 하는 단 한 곳이 있다면, 그것은 법정이어야 해. 그 사람이 무지개의 어느 색깔을 띠고 있든 상관없이 말이야. 하지만 사람들은 자신의 원한을 배심원석까지도 가지고 가는 법이지."[2]

고전 소설, 악명 높은 재판, 충격적인 다큐멘터리, 범죄 실화 팟캐스트, 캠퍼스 시위, 그리고 소셜미디어 피드를 통해 알 수 있듯이, 우리 문화는 정의에 매료되어 있다. 우리는 나쁜 사람들이 편견과 범죄를 저지르고도 처벌받지 않는 것을 용납하지 않는다. 또한 무고한 사람들과 사회적 약자들이 고통받는 것 역시 용납하지 않는다. 물론 이러한 열정이 어디서 기인하는지는 복합적인 요소가 작용하지만, 그중에서도 가장 중요한 이유 중 하나는 그것이 우리 안에 있는 본능적인 무언가를 건드리기 때문이다. 우리의 양심, 우리의 본성 자체가 정의가 실현되기를 절규한다.

하지만 눈치 빠른 독자라면 방금 전 단락에서 조심스럽지 못한 표현이 하나 있었음을 알아차렸을지도 모른다. "우리 문화는 정의에 매료되어 있다." 어쩌면 이 말은 사실이 아닐지도 모른다. 그렇지 않은가? 우리가 매료된 것은 정의라는 '개념'이지, 실제 정의가 아니다. 실제 정의에 대해서는 거의 이해하지 못하는 것 같다.[3]

정의에 관한 팀 켈러의 여정

팀 켈러에게 정의에 대한 관심은 자연스럽게 생긴 것이 아니었다. 그는 이렇게 회상했다. "어릴 때 내가 잘 아는 유일한 가난한 아이 - 초등학교와 중학교에서 함께 지낸 제프리를 외면했다. 그는 '8번가 다리 아래'에서 산다고 알려진 아이였다."[4] 그는 계속해서 이렇게 말했다.

> 우리 학교의 엄격한 사회적 질서 속에서, 학생들은 '인사이더(Insiders)'와 '인기 없는 아웃사이더(Uncool Outsiders)'로 나뉘었다. 그리고 제프리가 있었다. 제프리는 그 자체로 또 하나의 카테고리였다. 그는 헐거운 구제 가게 옷을 입었고 냄새가 났다. 아이들은 그를 가차 없이 조롱하고, 놀이와 대화에서 배제했으며, 수업 과제에서도 그를 피했다. 그러다 보니 협력할 친구가 없는 그는 학업에서도 불이익을 받았다. 사실 나도 대부분의 시간 동안 그를 피했다. 나도 인기 없는 아웃사이더 중 하나였는데, 내 사회적 위치를 조금이라도 개선하고 싶었기 때문이다. 제프리와 함께하며 그가 겪는 부당한 대우에 공감하기보다, 나보다 더 외톨이였던 그를 외면해 버렸다.[5]

이 일은 이후 수년간 팀 켈러의 마음을 괴롭혔다. 또 다른 중요한 전환점은 20년 후에 찾아왔다. 버지니아의 한 시골에서 목회를 하던 그는 필라델피아에 있는 웨스트민스터신학교의 박사 과정에 등록했다. 그때 그의 지도 교수가 이렇게 말했다. "집사 직분에 대해 연구해 보게. 요즘은 그 직분의 중요성을 아는 사람이 거의 없거든."[6] 이 연구 과제는 팀 켈러에게 엄청난 영향을 주었다. 그는 성경이 가르치는 정의와 긍휼에 대해 깊이 고민하기 시작했다.[7] 이후 그는 미국장로교(PCA) 교단의 형성기에 자비 사역 책임자가 되었고, 이 시기에 그의 첫 두 권의 책을 1985년과 1989년에 출간했다.[8] 1980년대 후반, 웨스트민스터신학교에서 실천신학 교수로 섬기는 동안, 그는 아내 캐시와 함께 필라델피아 제10장로교회의 에이즈 환자들을 위한 사역 이사회에서 봉사하기도 했다.[9]

주님은 캐시가 미친 영향과 함께[10], 이러한 경험들을 사용하셔서 그가 맨해튼 같은 곳에서 살며 사역하도록 준비시키셨다. 1989년에 켈러 부부가 세 아들과 함께 맨해튼에 도착했을 때, 도시는 지금처럼 '쿨한' 곳이 아니었다.[11] 훨씬 더 위험한 곳이었다. 실제로 당시 도시에서 마주한 현실은 켈러 부부가 성경적 정의에 대해 더욱 깊이 탐구하도록 이끌었다.

칭의와 정의

다행히도 하나님의 말씀에는 가난과 고통이 만연한 세상을 살아가는 데 필요한 수많은 지침이 담겨 있다. 팀 켈러는 성경적 정의에 대한 주제로 자주 돌아가며 다양한 각도에서 이를 탐구했지만, 그의 기본적인 논지는 단순했다. 특히 가난한 사람들을 위해 정의와 자비를 베푸는 데 헌신된 삶은 구원받는 믿음의 필연적인 증거라는 것이다. 우리에게 칭의를 가져다주는 은혜가 우리의 내면 속에 깊이 자리 잡을 때, 그 은혜는 반드시 정의로운 삶을 만들어 낼 수밖에 없다. 자신이 섬겼던 두 목회 환경을 돌이켜 보며 팀 켈러는 다음과 같이 결론지었다.

버지니아주의 남부 소도시 호프웰과 거대한 대도시 뉴욕 사이에는 많은 차이점이 있다. 그러나 한 가지는 정확히 같았다. 놀랍게도 하나님의 은혜를 이해하고 경험하는 정도와 정의와 가난한 자들을 향한 그들의 마음 사이에는 직접적인 상관관계가 있었다. 두 환경 모두에서, 나는 "하나님은 우리에게 공의를 베푸시는 것이 아니라, 오직 값없는 은혜로 우리를 구원하신다"는 고전적인 메시지를 설교했다. 그러자 이 메시지에 깊이 영향을 받은 사람들일수록, 그들 주변의 사회적 불평등에 대한 감수성이 더욱 민감해지는 것을 발견했다.[12]

팀 켈러가 자주 예로 들던 한 인물이 있다. 1970년대 호프웰에서 살던 이즐리 쉘턴(Easley Shelton)이라는 남성이었다. 그는 구원의 은혜의 복음을 내면화하고 회개하고 믿게 된 후, 즉시 변화하기 시작했다. 어느 날 그는 팀 켈러에게 이렇게 말했다. "목사님도 아시겠지만, 전 평생 인종차별주의자로 살아왔습니다." 팀 켈러는 순간 깜짝 놀랐다. 왜냐하면 그는 아직 인종차별에 대한 설교를 한 적이 없었기 때문이다. 도대체 무슨 일이 벌어진 것일까? 주님은 단순한 강해설교를 통해 펼쳐진 복음의 은혜의 능력을 사용하셔서 이 남성의 눈을 열어 그의 죄를 깨닫게 하셨던 것이다.[13]

정의를 열정적으로 추구하는 그리스도인들이 칭의에 대해 경계심을 갖고 있으며, 반대로 칭의를 중요하게 여기는 사람들이 정의에 대해 경계심을 갖고 있다는 것은 비밀이 아니다.[14] 후자의 위험성은 팀 켈러가 애석하게 여기면서도 이해했던 부분이다. 정의에 대한 논의는 종종 복음을 뒤로한 채 떠난 신학적 자유주의자들에게 점유되곤 한다. 이는 비극이자 위험한 일이다. 그러나 이에 대한 해결책이 아예 그 주제를 회피하는 것이 되어서는 안 된다. 성경이 하나님의 정의에 대한 사랑을 분명히 보여 주고 있기 때문에, 우리가 그것의 가치를 인정하기 위해 정통 신앙을 재구성할 필요는 없다.

그러나 어떻게 칭의 오직 믿음으로 하나님 앞에서 죄인을 의롭다고 하시는 하나님의 선언을 온전히 이해하는 것이 자연스럽게 정의로 이어질 수 있을까? 몇 가지 방식이 있다. 첫째, 칭의를 올바르게 이해하면 예수 그리스도께서 우리를 구원하기 위해 감수하신 희생의 깊이를 깨닫게 된다. 하나님의 성품은 너무나 거룩하며, 그분의 율법은 너무나 의롭고 순결하여 성육신하신 아들의 죽음 외에는 우리를 그의 공의로운 진노에서 구원할 방법이 없었다. 이는 하나님의 기준이 얼마나 높은지를 보여 준다. 따라서 칭의는 정의에 대한 하나님의 헌신의 관점이 얼마나 엄청나게 높은지를 전제하며, 이는 필연적으로 우리의 관점에도 영향을 미치게 된다.

둘째, 칭의를 온전히 깨달으면 궁핍한 자들에 대한 우리의 태도가 변화한다. 예수님은 "심령이 가난한 자는 복이 있나니 천국이 그들의 것임이요"(마 5:3)라고 약속하셨다. 영적 빈곤과 물질적 빈곤은 동일한 개념이 아니다. 전자는 돈이 아니라 겸손과 관련된 것이므로 경제적 계층을 초월한다. 그럼에도 불구하고 둘 사이에는 연결점이 있다. 그래서 예수님은 이 두 가지를 비교하셨다. 영적으로 가난한 사람들은 물질적으로 가난한 많은 사람들처럼, 자신의 자원을 완전히 소진한 이들이다. 그들은 자신이 파산 상태라는 것을 알고 있다.

다시 말해 영적 빈곤은 거만함의 종말을 의미한다. 재정적으로 안정된 사람일지라도, 복음은 그가 극빈자를 바라볼 때 자신의 영적 거울을 보고 있음을 인정하도록 만든다. 따라서 팀 켈러는 "영적으로 중산층이 되는 것"에 대해 경고했다. 목회자로서 그는 "영적으로 중산층인 사람들은 가난한 자들에게 무관심한 경향이 있지만, 은혜의 복음을 이해하고 영적으로 가난해진 사람들은 자연스럽게 물질적으로 가난한 자들에게 마음이 끌리게 된다"는 것을 발견했다.[15]

마지막으로, 하나님의 칭의의 은혜는 단순히 가난한 자들을 향한 우리의 태도만이 아니라, 가난한 자들의 태도까지도 변화시키는 폭발적인 능력을 가지고 있다. 주 예수님은 오셔서 이사야의 예언을 성취하시며 가난한 자에게 복음을 전하셨다(눅 4:18; 사 61:1 참조). 이것이 부유한 사람들에게는 복음이 무의미하다는 뜻은 아니지만, 복음은 오직 자기 자신에 대한 희망이 완전히 사라진 자들에게만 진정한 기쁜 소식이 된다. 야고보서 1장 9-10절의 논리를 생각해 보라. "낮은 형제는 자기의 높음을 자랑하고 부한 자는 자기의 낮아짐을 자랑할지니 이는 그가 풀의 꽃과 같이 지나감이라." 이 말씀은 놀라울 정도로 역설적이다. 팀 켈러는 다음과 같이 설명한다.

야고보는 부유한 사람이 그리스도인이 될 때, 세상에서는 칭찬만 듣고 살았으므로, 하나님 앞에서 자신의 죄인 됨을 깊이 생각하는 것이 영적으로 유익하다고 말한다. 반면 가난한 사람이 그리스도인이 될 때, 세상에서는 멸시만 받았으므로, 자신이 이제 하나님 안에서 얼마나 높은 신분이 되었는지를 깊이 생각하는 것이 영적으로 유익하다고 말한다.[16]

예수 그리스도의 복음은 세상이 무시하는 자들에게 존엄성을 부여하는 비교할 수 없는 능력을 지니고 있다. 사회적 약자들이 가장 원하지 않는 것은 다음과 같은 소식을 듣는 것이다. "보라, 내가 온 백성에게 미칠 큰 기쁨의 좋은 소식을 전하노라. 하나님은 스스로 돕는 자를 돕느니라!" 복음은 그보다 무한히 더 좋은 소식이다. 팀 켈러는 한 콘퍼런스에서 이렇게 말했다. "가난한 사람들에게 스스로 노력해서 구원받으라는 소식을 해 보십시오. 그러면 그들을 망하게 할 것입니다. 그러나 가난한 사람들에게 복음을 전해 보십시오. 그러면 그들을 변화시킬 것입니다."[17] 로마 사회에서 천대받던 과부, 노예, 가난한 자들, 즉 사회적 최하층이라 불리던 이들이 기독교로 몰려든 것은 이상한 일이 아니다. 그들은 한 번도 이런 메시지를 들어 본 적이 없었다.

칭의가 성화보다 앞선다는 것이 확실한 것처럼, 하나님의 위대한 의도는 우리를 먼저 의롭다고 선언하시고, 그리고 나서 실제로 의롭게 만드시는 것이다. 그러므로 칭의가 정의와 거의 관계없는 것처럼 여기는 것은, 마치 믿음이 행위와 관계없는 것처럼 여기는 것과 같다.[18] 성경의 저자들에게 이런 논리는 상상조차 할 수 없는 것이었다.

전도와 사회적 실천

《팀 켈러의 정의란 무엇인가》(Generous Justice)의 "정의를 행하는 것과 은혜를 전하는 것"이라는 부분에서 팀 켈러는 특유의 섬세한 논조를 사용해 말씀 사역(전도)과 행위 사역(정의와 자비) 사이의 관계에 대해 통찰을 제공한다. 팀 켈러는 먼저 이 둘을 혼동해서는 안 된다고 경고한다.

"정의를 행하는 것이 실제로 사람들로 하여금 복음의 은혜에 귀를 기울이게 만들 수는 있지만, 자비와 정의의 행위를 복음 선포 그 자체로 동일시하는 것은 치명적인 혼동이다." 팀 켈러는 대신 이 둘이 "비대칭적이고 분리될 수 없는 관계" 속에 존재한다고 보아야 한다고 촉구한다.[19] 이 표현은 다소 투박하지만 신중하게 선택된 말이다.

전도와 정의는 성경적으로 분리될 수 없다. 이 장의 핵심 중 하나가 바로 그 점이다. 복음은 가난한 자들에 대한 진정한 관심을 낳고, 정의를 행하는 것은 복음 메시지를 위한 문을 열 수 있다. 이 관계는 상호 의존적이다. "믿음으로 말미암은 의는 정의를 행하는 것으로 이어지고, 정의를 행하는 것은 많은 이들로 하여금 믿음으로 의롭다 하심을 얻고자 하게 만든다."[20] 그러나 그렇다면 '비대칭적'이라는 말은 무슨 뜻일까? 팀 켈러는 이 두 요소가 모두 중요하고 심지어 필수적이기는 하지만, 같은 방식으로 그런 것은 아니라고 설명한다. 그 영원한 중요성을 고려할 때, 전도는 비할 수 없는 우선순위가 있다. 팀 켈러는 "전도는 인간에게 가능한 모든 사역 가운데 가장 기본적이고 근본적인 사역이다"라고 주장한다.

이는 영적인 것이 육적인 것보다 더 중요하기 때문이 아니라, 영원한 것이 일시적인 것보다 더 중요하기 때문이다. … 만일 하나님이 계시고 그분과 함께하는 영원한 삶이 그분과 구원의 관계를 맺는 것에 근거한다면, 이웃에게 베풀 수 있는 가장 큰 사랑의 행위는 그들이 하나님을 믿고 구원받는 신앙을 갖도록 돕는 것이다.[21]

성경의 여러 예들을 제시한 후, 팀 켈러는 자신이 조심스럽게 긴장 속에서 유지하고 있는 균형을 이해하도록 우리를 도전한다.

복음 전도와 사회 정의를 혼동하면, 우리는 그리스도인들이 세상에 제공할 수 있는 가장 독특한 단 하나의 섬김을 상실하게 된다. 다른 사람들도, 믿는 자들과 함께, 굶주린 자를 먹일 수는 있다. 하지만 그리스도인들은 예수의 복음을 가지고 있다. 이 복음을 통해 사람들은 거듭나 영원한 생명이라는 확실한 소망 안으로 들어갈 수 있다. 그리스도인 외에 이와 같은 초대를 할 수 있는 사람은 그 누구도 없다. 하지만 복음 전도에 깊이 헌신하고 있는 많은 그리스도인들이 정의를 행하는 일을 그리스도인들의 주의를 분산시키고 전도의 사명을 손상시키는 것으로 보는데, 이것 또한 중대한 오류다. [22]

신학, 기질, 경험의 차이로 인해, 모든 그리스도인 – 그리고 심지어 모든 회중 – 은 이러한 두 가지 오류 중 어느 하나에 더 쉽게 기우는 경향이 있다. [23] 우리 중 누구도 완벽하게 균형 잡혀 있지 않다. 어떤 이는 정의를 희생하면서까지 복음 전도에 마음이 쏠릴 수 있고, 또 어떤 이는 복음 전도를 희생하면서까지 정의에 마음이 쏠릴 수 있다.

팀 켈러의 메시지는 두 가지다. 첫째, 하나님이 함께 묶어 놓으신 것을 우리가 마치 더 잘 아는 것처럼 분리해서는 안 된다. 우리는 어떤 위험에 대해 하나님보다 더 민감하지 않다(다만, 더 피해망상적일 수는 있다). 둘째, 모든 위험이 똑같이 해로운 것은 아니라는 점을 기억해야 한다. 왜냐하면 모든 교리가 다 똑같은 무게를 가진 것이 아니기 때문이다.

만약 우리가 정의의 중요성을 놓치고 있다면, 건전한 교리가 그 오류를 바로잡아 줄 것이다. 하지만 건전한 교리를 잃는다면, 우리가 '정의'라고 부르고 있는 것은 그 이름에 합당하지 않을 가능성이 크다.[24] 이것이 바로 복음 전도가 분리할 수 없는 연합 안에서 반드시 주도권을 유지해야 하는 이유다.[25]

1992년 첫 모임을 가진 지 3년 후, 리디머교회는 도시 안에서 물질적 필요를 채우는 단체들을 위해 자금과 자원봉사자를 동원하고자 호프포뉴욕(Hope for New York)을 출범시켰다. 콜린 핸슨은 "세상은 강해설교만큼이나 가난한 자를 위한 정의에도 관심을 갖는 교회에 익숙하지 않다"고 말한다. 그러나 리디머에서는 처음부터 이 두 가지 목표가 "신학적으로 분리할 수 없는 관계"[26]였다. 팀 켈러는 자비 사역을 주의를 분산시키는 요소로 본 것이 아니라, 오히려 회의적인 이웃들이 예수의 복음을 믿을 만한 것으로 여기게 만드는 데 도움이 될 것이라 확신했다. 핸슨은 "회심을 통한 교회 성장은 마치 권력을 축적하는 것처럼 보일 수 있다. 만약 그 회심자들이, 예수에 대한 신앙을 공유하는 것과 상관없이, 이웃의 필요를 채우기 위해 희생하지 않는다면 말이다"[27]라고 설명한다. 하지만 균형 잡힌 접근을 추구하면서도, 팀 켈러는 복음 선포에 우선순위를 두는 태도를 끝까지 견지했다.[28] 물론 이것은 교회의 사명을 둘러싼 논의에 중대한 함의를 갖는다.[29]

성경적 정의의 세 가지 요소

복음 선포의 우선순위를 인정하면서, 하나님의 말씀에 따른 정의로운 삶은 어떤 모습일까?

팀 켈러는 정의를 가장 기본적으로 "사람에게 마땅히 돌아가야 할 것을 주는 것"[30]이라고 정의한다. 팀 켈러의 정의에 대한 가르침을 종합해 보면, 성경이 말하는 정의에는 일관되게 드러나는 세 가지 구성 요소가 있다(이 지점에서 주목할 만한 점은, 팀 켈러가 구체적인 규정보다는 일반적인 원칙을 제시하는 데 더 관심이 있었다는 것이다. 그러므로 이러한 원칙들을 실제 상황에 적용하려면 기도와 성경 연구, 그리고 성숙한 친구들과 목회자들과의 대화를 통해 신중히 분별해야 한다).

보편적 존엄성

성경적 정의에 관한 모든 논의는 하나님의 의로우신 성품과, 하나님의 형상을 따라 지음받은 모든 존재 안에 내재된 무한한 존엄성에서 출발해야 한다(창 1:26-27). 모든 사람 – 문화, 계층, 민족, 발달 단계, 지적 능력, 그 외의 어떤 기준과도 상관없이 – 은 본질적이고 동등한 가치를 지닌다.

하나님의 형상은 마치 우리가 그저 조금 더 발달된 포유류인 것처럼, 덧붙여진 부가적인 것이 아니다. 하나님의 형상은 우리의 근본적인 정체성에 관한 것이다. 단지 우리가 가진 몇 가지 특성을 가리키는 것이 아니다. 온 우주의 왕의 아들과 딸로 입양되었다는 것 외에, 하나님의 형상대로 지음받았다는 사실보다 더 큰 영예는 세상에 없다. 이 진리는 우리가 서로를 어떻게 대해야 하는가에 대해 매우 실질적인 함의를 가진다. 왜냐하면 우리가 만나는 모든 사람이 살아 계신 하나님의 형상을 지닌 존재라는 인식 없이는, 그들을 사랑할 지속적인 동기를 발견할 수 없기 때문이다.

사람들이 다른 이들을 사랑하는 일반적인 이유들을 생각해 보자. 그들이 사회에 기여하기 때문이거나, 그렇게 하는 것이 가장 효과적이기 때문이거나, 우리가 의무를 지니고 있기 때문이거나, 그들과 자신을 동일시하기 때문이다. 그러나 문자 그대로 모든 인간 안에서 하나님의 형상을 인식하는 것은 우리 모두를 공통의 창조주 앞에서 동등한 위치에 서게 하며, 우리 중 그 누구도 본질적으로 다른 누구보다 우월하거나 열등하지 않다는 것을 분명히 주장한다. 우리가 진정으로 주님을 사랑한다면, 주님이 사랑하시는 것을 우리도 사랑할 것이다. 그렇다면 주님이 사랑하시는 것은 무엇인가? 그분의 형상을 지닌 자들이다.

팀 켈러는 말한다. 과거의 행적이나 인격과 무관하게 "모든 인간은 축소할 수 없는 영광과 중요성을 지니고 있다. 왜냐하면 하나님이 그들을 사랑하시기 때문이다."[31] 그는 니콜라스 월터스토프(Nicholas Wolterstorff)의 비유를 인용한다. 한 외국인이 상대적으로 소박한 18세기의 건축 양식과 단순함을 지닌 버지니아에 있는 마운트 버넌 저택을 보고 왜 그토록 가치 있는 곳으로 여겨지는지 의아해한다고 상상해 보라.

우리는 이렇게 대답할 것이다. "이곳은 우리나라의 건국자인 조지 워싱턴의 집입니다." 이 말이 모든 설명을 대신한다. 집 자체의 내적 가치나 질은 중요하지 않다. 우리가 그 집의 주인을 소중히 여기기 때문에, 그의 집도 귀하게 여기는 것이다. 그 집이 그에게 소중했기 때문에, 그리고 우리가 그를 존경하기 때문에, 우리에게도 그 집이 소중한 것이다.[32]

서로 안에서, "특히" 가장 소외되고 뒤쳐진 자들 안에서, 하나님의 형상을 인식하고 소중히 여기는 것은 성경적인 정의로운 삶을 살아 가게 하는 첫 번째 위대한 동기이다.[33]

의도적인 배려

감사하게도, 오늘날 대부분의 그리스도인들은 앞선 항목의 모든 내용에 고개를 끄덕일 것이다. 적어도 거의 대부분에 대해서는 말이다. 하지만 마지막 문장에 나오는 "특히"라는 단어는 어떨까? 만약 내가 "심지어"라고 썼다면 아무런 문제가 되지 않았을 것이다. 하지만 "특히"라는 표현은 특별 대우 – 죄악된 편애 쪽으로 너무 치우친 것은 아닐까? 이에 대한 성경의 대답은 '예' 이면서 동시에 '아니오' 라고 말하는 것처럼 보인다.

한편으로, 하나님의 말씀은 너무도 분명하다. "너희는 재판할 때에 불의를 행하지 말며 가난한 자의 편을 들지 말며 세력 있는 자라고 두둔하지 말고 공의로 사람을 재판할지며"(레 19:15; 신 1:16-17 참조). 현대인들은 부유한 자를 편드는 것을 금하는 말씀을 기대한다. 그러나 이 구절은 법정에서 가난한 자를 편드는 것도 금한다. 부유한 자들도 공정한 대우를 받아야 하며, 그 이유 중 하나는 그들 또한 하나님의 형상을 지녔기 때문이다. 법적 정의의 원칙들 – 즉 정당한 절차와 무죄 추정의 원칙 – 은 어느 계층이나 인종에게 편향되어 적용되어서는 안 된다.

그러나 다른 한편으로, 우리는 모두를 동등하게 대하고 그 누구에게도 편애를 베풀지 않아야 하지만, 성경은 가난하고 약하고 힘없는 자들을 향한 특별한 관심을 보여 줄 것을 분명하게 요구한다.[34] 그렇다면 도대체 어떤 것이 맞는가? 모두에게 동등한 대우를 해야 하는가, 아니면 가난한 자들에게 특별한 관심을 보여야 하는가? 성경은 이 두 질문 모두에 대해 단호하게 '그렇다'라고 대답한다. 우리는 가난한 자들에게 특별한 관심을 보여야 한다. 왜냐하면 하나님이 그렇게 하시기 때문이다.

팀 켈러는 이렇게 지적한다. "성경은 하나님이 가난한 자들의 보호자라고 말하지, 부유한 자들의 보호자라고는 말하지 않는다. 그리고 몇몇 본문들은 부유한 계층의 사람들에게 정의를 실현하라고 요구하기도 하지만, 가난한 자들에게 정의를 베풀라는 요구는 그런 본문들보다 백배는 많다."[35]

왜 그런가? 그것은 하나님이 부유한 자들을 덜 사랑하시기 때문도 아니고, 그들이 부당한 대우를 받을 가능성이 없기 때문도 아니다. 하지만 불의가 흔히 "자신을 방어할 돈이나 사회적 지위가 없는 사람들에게" 더 쉽게 행해진다는 것은 명백한 사실이다. "요약하자면, 권력의 남용으로 억압받는 대부분의 사람들은 처음부터 거의 힘이 없던 사람들이기 때문에, 하나님은 그들에게 특별한 관심을 두시고 마음속에 그들을 위한 특별한 자리를 마련해 두셨다."[36] 이제 신약성경에서 편애를 가장 강하게 비판하는 장면이, 부유한 자들을 편애하는 문맥에서 나온다는 것(약 2:1-13)은 전혀 놀라운 일이 아니다. 이는 수많은 구절들과 일치한다. 예를 들면, 잠언 22장은 말한다.

약한 자를 그가 약하다고 탈취하지 말며
곤고한 자를 성문에서 압제하지 말라

대저 여호와께서 신원하여 주시고

또 그를 노략하는 자의 생명을 빼앗으시리라(잠 22:22-23).

혹은 잠언 31장은 말한다.

너는 말 못하는 자와 모든 고독한 자의 송사를 위하여

입을 열지니라

너는 입을 열어 공의로 재판하여

곤고한 자와 궁핍한 자를 신원할지니라(잠 31:8-9).

모세에게서도 이와 유사한 경고를 듣게 된다. "객이나 고아나 과부의 송사를 억울하게 하는 자는 저주를 받을 것이라 할 것이요"(신 27:19). 예레미야는 이렇게 말한다. "여호와께서 이와 같이 말씀하시되 너희가 정의와 공의를 행하여 탈취 당한 자를 압박하는 자의 손에서 건지고 이방인과 고아와 과부를 압제하거나 학대하지 말며 이곳에서 무죄한 피를 흘리지 말라"(렘 22:3). 스가랴 역시 다음과 같이 말한다. "과부와 고아와 나그네와 궁핍한 자를 압제하지 말며 서로 해하려고 마음에 도모하지 말라 하였으나"(슥 7:10). 이 외에도 수많은 구절들이 있다.

가장 놀라운 것은, 하나님이 자신의 형상들을 지닌 궁핍한 자들과 동일시하신다는 점이다. 그래서 우리가 그들을 어떻게 대하느냐는 것이, 어떤 의미에서는 하나님을 어떻게 대하느냐로 나타난다.

가난한 사람을 학대하는 자는 그를 지으신 이를 멸시하는 자요 궁핍한 사람을 불쌍히 여기는 자는 주를 공경하는 자니라(잠 14:31).

가난한 자를 불쌍히 여기는 것은 여호와께 꾸어 드리는 것이니
그의 선행을 그에게 갚아 주시리라(잠 19:17).

신약으로 넘어가면, 이 원칙들은 강화된다 – 어쩌면 훨씬 더 강한
어조로 말이다. 예수님은 종교 지도자들을 신랄하게 비판하신다. "예수
께서 가르치실 때에 이르시되 긴 옷을 입고 다니는 것과 시장에서 문안
받는 것과 회당의 높은 자리와 잔치의 윗자리를 원하는 서기관들을 삼
가라 그들은 과부의 가산을 삼키며 외식으로 길게 기도하는 자니 그 받
는 판결이 더욱 중하리라 하시니라"(막 12:38-40). 바리새인들은 향신료
조차 십일조를 드릴 만큼 철저했지만, 예수님은 그들의 삶을 보시고 감
동하지 않으신다. 왜냐하면 그들은 "공의와 하나님께 대한 사랑은 버렸
다"(눅 11:42). 마찬가지로, 양과 염소의 비유에서도 예수님은 자기 이름
을 부르는 자들 중 많은 이들이 영원한 심판을 받게 될 것이라고 예고하
신다(마 25:31-46). 이에 대해 팀 켈러는 이렇게 요약한다.

〔예수님의〕 참된 양들은 … '내 형제 중 지극히 작은 자 하나'에 대한 마
음을 갖고 있다. 예수님은 그들을 굶주린 자, 나그네, 헐벗은 자, 병든
자, 갇힌 자라고 정의하셨다(35-36절). 만일 예수님이 '형제'라는 용어
를 이들을 가리키는 데 사용하셨다면, 이는 곧 진정한 그리스도의 제
자들은 가난한 자들, 다른 인종의 사람들, 권력이 없는 자들을 배제
하지 않는 새로운 공동체를 만들어 낸다는 것을 가르치신 셈이다.[37]

이 메시지는 충격적이다. 예수님은 본질적으로 이렇게 말씀하시는 셈이다. "만일 너가 억압받고, 고통당하거나 궁핍한 믿는 자들에 대한 아무런 연민이 없다면, 너는 나와 관계가 없는 자다."

또다시 야고보서를 보자. 야고보는 부유한 자를 편애하지 말라는 경고로 시작한다(약 2:1-7).[38] 그리고 나서 이렇게 단언한다. 행함이 없는 믿음은 그 자체가 죽은 것이다(약 2:17). 이는 도발적이다. 의도적으로 말이다. 그렇다면 그가 염두에 둔 '치명적으로 결여된 행위'는 무엇일까? 바로 이어지는 문맥을 보자.

> 만일 형제나 자매가 헐벗고 일용할 양식이 없는데 너희 중에 누구든지 그에게 이르되 평안히 가라, 덥게 하라, 배부르게 하라 하며 그 몸에 쓸 것을 주지 아니하면 무슨 유익이 있으리요(약 2:15-16; 요일 3:17-18 참조).

하나님의 말씀은 분명하다. 가난한 신자들에 대해 실제적인 관심을 보이는 것이 곧 영생을 보장하는 것은 아니다. 하지만 그것은 네 믿음이 죽은 것이 아님을 입증할 수 있다. 이러한 예들을 얼마든지 계속해서 더 들 수 있다.[39]

사람들이 팀 켈러에게 자신을 어떻게 소개받기를 원하느냐고 물었을 때, 그는 보통 이런 식으로 제안하곤 했다. "뉴욕에 있는 리디머교회 목사, 팀 켈러입니다." 왜 그랬을까? 그것이 그가 공적인 삶에서 주로 했던 일이었기 때문이다. 마찬가지로 성령의 감동을 받은 성경 저자들은 하나님을 "고아의 아버지시며 과부의 재판장이신" 분으로 소개한다(시 68:5). 왜일까? 그것이 하나님이 누구이신지에 대한 가장 핵심적인 측면 중 하나이기 때문이다.[40]

성경이 전하는 정의에 대한 강력하고도 반복되는 메시지와 그것이 신자들에게 갖는 도전적인 함의로부터는 도망칠 수 없다.

급진적 관대함

많은 현대인들은 관대함을 자선의 문제로 축소시키는 경향이 있지만, 팀 켈러는 성경에서는 그것이 정의의 문제라고 지적한다. 그래서 '관대한 정의'(Generous Justice)라는 책을 썼다(한국어로는《팀 켈러의 정의란 무엇인가》로 번역되었다). 우리가 듣고 싶어 하지 않을 수도 있지만, 성경에 따르면 인색하다는 것은 곧 불의하다는 것을 의미한다. 예를 들어 잠언 3장을 보라.

> 네 손이 선을 베풀 힘이 있거든
> 마땅히 받을 자에게 베풀기를 아끼지 말며
> 네게 있거든 이웃에게 이르기를
> 갔다가 다시 오라 내일 주겠노라 하지 말며(잠 3: 27-28)

또는 의로운 욥의 삶을 보라.

> 이는 부르짖는 빈민과 도와 줄 자 없는 고아를
> 내가 건졌음이라
> 망하게 된 자도 나를 위하여 복을 빌었으며

과부의 마음이 나로 말미암아 기뻐 노래하였느니라

내가 의를 옷으로 삼아 입었으며

나의 정의는 겉옷과 모자 같았느니라

나는 맹인의 눈도 되고

다리 저는 사람의 발도 되고

빈궁한 자의 아버지도 되며

내가 모르는 사람의 송사를 돌보아 주었으며

불의한 자의 턱뼈를 부수고

노획한 물건을 그 잇새에서 빼내었느니라(욥기 29:12-17).

욥은 이렇게 선언한다.

내가 언제 가난한 자의 소원을 막았거나

과부의 눈으로 하여금 실망하게 하였던가

나만 혼자 내 떡덩이를 먹고

고아에게 그 조각을 먹이지 아니하였던가

실상은 내가 젊었을 때부터 고아 기르기를 그의 아비처럼 하였으며

내가 어렸을 때부터 과부를 인도하였노라

만일 내가 사람이 의복이 없이 죽어가는 것이나

가난한 자가 덮을 것이 없는 것을 못본 체했다면

만일 나의 양털로 그의 몸을 따뜻하게 입혀서

그의 허리가 나를 위하여 복을 빌게 하지 아니하였다면

만일 나를 도와 주는 자가 성문에 있음을 보고

내가 주먹을 들어 고아를 향해 휘둘렀다면

내 팔이 어깨 뼈에서 떨어지고

내 팔 뼈가 그 자리에서 부스러지기를 바라노라 …

그것도 재판에 회부할 '죄악'이니 내가 그리하였으면

'위에 계신 하나님을 속이는 것'이리라(욥 31:16-22, 28).

논리를 이해하겠는가? 가난한 자들에게 관대하지 않은 것은 하나
님을 거스르는 것이다. 왜냐하면 우리는 모두 하나님의 형상으로 지음
받았기 때문이다. 성경에서 '의인'과 '악인'을 말할 때, 우리는 흔히 그저
개인적으로 '도덕적인 사람'과 '부도덕한 사람' 정도로만 이해한다. 팀
켈러의 관찰에 따르면 그것은 일부만 맞을 뿐이다. 왜냐하면 히브리어
로 '의'를 뜻하는 츠다카(tsedakah)와 미쉬파트(mishpat)라는 단어는 본질적
으로 사회적인 개념이기 때문이다. 이 점에서 팀 켈러는 종종 브루스
월키(Bruce Waltke)의 간결한 요약을 인용한다. "의인은 공동체를 이롭게
하기 위해 자신에게 해를 끼치는 것을 기꺼이 감수하지만, 악인은 자신
을 이롭게 하기 위해 공동체에게 해를 끼치는 것에 주저함이 없다."[41] 팀
켈러는 이렇게 결론 내린다.

의인은 '내가 가진 많은 것은 내 주변 사람들에게 속한 것이기도 하
다. 왜냐하면 이 모든 것은 하나님께로부터 왔고, 하나님은 내가 이
웃을 사랑하기를 원하시기 때문이다'라고 말한다. 반면 악인은 '내 물
건은 내 것이니까 내 마음대로 할 수 있다'고 말한다. 이 정의를 마음
에 담고 '의인'과 '악인'이라는 단어에 주의하며 잠언을 읽어 나가면,

잠언은 마치 완전히 새로운 책처럼 느껴질 것이다.[42]

우리가 소유한 모든 것은 선물이다. 국가로부터가 아니라, 주님 자신으로부터 온 선물이다. 팀 켈러는 이렇게 지적한다. 세속적인 사람은 자신이 쌓은 것을 보며 "이것은 전부 내 거야"라고 생각할 수 있다. 그들의 세계관 안에서 그 생각은 적어도 일관성이 있다. 하지만 그리스도인은 결코 그렇게 생각해서는 안 된다. 우리가 가진 모든 것은 관대하신 하나님으로부터 온 선물이며, 하나님은 우리가 그분의 선물을 희생적인 사랑으로 이웃의 유익을 위해 사용하기를 원하신다.

이것은 우리를 겸손하게 만들고, 때로는 불편하게 한다. 그렇다면, 게으름을 꾸짖고 부지런함을 칭찬하는 수많은 성경 구절(잠 6:9-11; 10:4; 12:27; 살후 3:10-12 등)은 어떻게 이해해야 할까? 분명히 해야 할 것은, 이런 구절들이 성경의 메시지에서 핵심적인 일부를 차지한다는 점이다. 부지런함은 실제로 물질적인 성공으로 이어질 수 있다.[43] 그럼에도 불구하고 성경은 우리의 수고의 열매가 궁극적으로는 하늘로부터 온 선물(대상 29:14; 사 26:12; 요 3:27; 고전 4:7; 약 1:17)이라고 주장한다.[44]

그러므로 정의를 행한다는 것은 단순히 자선을 베푸는 수준에 머물러서는 안 된다. 오히려 정의란 하나님의 형상대로 지음받은 자들 - 특히 스스로를 보호할 수 없는 자들 - 에게 그들이 성경적으로 마땅히 받아야 할 놀라운 몫을 주는 것을 의미한다.

잠들어 있는 마음 버튼을 누르다

관대하지 못한 신자들을 부끄럽게 만드는 일은 쉬운 일이다. 그러나 팀 켈러는 그것이 효과적이지도, 성경적이지도 않다는 것을 알고 있었다. 그는 바울이 고린도인들에게 희생적으로 헌금하라고 권면하는 방식을 유심히 살피는 것을 좋아했다. 사도 바울은 그들의 감정을 조작하거나(마케도니아의 가난하고 굶주린 아이들을 생각해 보라), 그들의 의지를 조작하지 않는다(나는 사도야. 내가 하라니까 해!). 바울의 접근 방식은 전혀 다르다.

> 우리 주 예수 그리스도의 은혜를 너희가 알거니와 부요하신 이로서 너희를 위하여 가난하게 되심은 그의 가난함으로 말미암아 너희를 부요하게 하려 하심이라(고후 8:9).

이게 전부다. 윽박지르지도, 죄책감을 조장하지도 않는다. 그저 단순한 요청만 있을 뿐이다. '너희 왕의 헤아릴 수 없는 관대함을 깊이 생각해 보라'는 것이다. 예수 그리스도는 단지 "그분의 피의 십일조"[45]만 드린 것이 아니다. 그분은 그분의 피 전부를 쏟으셨다. 심지어 가장 인색한 죄인들을 위해서도 말이다. 그러므로 만약 우리가 베푸는 은혜 안에서 자라 가기를 원한다면, 팀 켈러는 이렇게 권면한다. "계산기를 들고 앉지 말고, 십자가 앞에 앉으라."[46]

팀 켈러는 하나님의 영이 내주하는 참된 그리스도인이라면 누구나 그분의 급진적인 은혜에 마음이 움직일 수밖에 없다고 믿었다. 비록 그것을 어떻게 충실히 적용할 것인지는 사람마다 상황마다 다를 수 있겠지만 말이다. 마치 가난한 자를 향한 마음이 모든 그리스도인의 영혼 속에 '잠들어 있는' 것처럼 보인다. 그렇다면 그 마음을 깨우는 것은 무엇인가? '그 버튼을 누르는 것'은 무엇인가? 그것은 그리스도인이 가난한 자들을 위한 정의를 감정에 호소하는 일이나 강압적인 명령 - 더 나아가 정치적 의제로 - 으로 여기지 않고, 그리스도의 자기 희생적 사랑에서 필연적으로 따라오는, 도저히 외면할 수 없는 아름다움으로 바라볼 때이다.[47]

아마도 신약 전체 - 아니 성경 전체 - 에서 관대한 정의를 가장 인상 깊게 보여 주는 예는 예수님이 하신 선한 사마리아인의 비유일 것이다. 이야기의 세부 내용은 익숙하다. 한 유대인이 길가에서 구타당하고, 강도를 당하고, 거의 죽을 지경으로 버려진다. 제사장이 길을 지나가며 고통 중인 그를 보지만, 그를 돕는 대신 길 반대편으로 피해 간다. 또 다른 종교 지도자인 레위인도 똑같이 행동한다. 그러나 마침내 사마리아인 - 문화적으로 경멸받던 이방인 - 이 다가오더니 종교 지도자들이 했어야 할 일을 한다. 그는 무릎을 꿇고 그의 상처를 싸매고, 그를 일세기 병원이라 할 수 있는 곳으로 데려간다. 자신이 직접 큰 대가를 치른다. 비유를 마친 예수님은, 당신을 시험하고 자기를 옳게 보이려던 율법 교사에게 질문을 돌리신다.

> 네 생각에는 이 세 사람 중에 누가 강도 만난 자의 이웃이 되겠느냐 이르되 자비를 베푼 자니이다 예수께서 이르시되 가서 너도 이와 같이 하라 하시니라(눅 10:36-37).

그러므로 성경에 따르면, 자비와 정의의 행위는 사랑의 표현이다. 사랑은 하나님의 형상을 지닌 이웃에게 우리가 져야 할 의무의 타오르는 중심이며, 모든 사랑의 행위가 정의의 행위인 것은 아니지만, 정의는 언제나 사랑에 뿌리를 두고 있다. 그렇다면 이웃 사랑의 성격은 무엇인가? 예수님은 한 사람이 "행위를 통해 물질적, 신체적, 경제적 필요를 충족시켜 주는 것"이라고 대답하신다. 팀 켈러의 설명에 따르면, 이는 엄청난 위험과 희생을 감수하면서까지 행하는 것이다. 그러나 주님은 우리가 사랑을 어떻게 해야 하는지 한계를 정해 주지 않으실 뿐 아니라, 팀 켈러가 지적하듯이 누구를 사랑해야 하는지도 한계를 정해 주지 않으신다.

> 우리는 자신과 비슷한 사람들, 그리고 우리가 좋아하는 사람들을 위해 자신을 희생하려는 경향이 있다. 그러나 예수님은 그런 태도를 조금도 받아들이지 않으신다. 유대인을 돕는 사마리아인의 비유를 통해, 예수님은 인종, 정치, 계층, 종교를 불문하고 도움이 필요한 사람은 누구든지 우리의 이웃이라는 점을 이보다 더 강력하게 말씀하실 수는 없었을 것이다. 모든 사람이 신앙 안에서 우리의 형제자매는 아니지만, 모든 사람은 우리의 이웃이며, 우리는 우리의 이웃을 사랑해야 한다.[48]

물론 이 비유는 단지 놀라운 도전을 주는 것에 그치지 않고, 우리 모두가 길가에 쓰러져 죽어 가던 사람과 같다는, 즉 영적으로는 "허물로 죽은"(엡 2:5) 존재라는 엄숙한 진실도 전달한다. 이에 대해 팀 켈러는 이렇게 통찰력 있게 설명한다.

> 예수님이 우리가 살아 가는 위험한 세상에 오셨을 때, 그분은 우리의
> 길로 내려오셨다. 그리고 비록 우리가 그분의 원수였음에도 불구하
> 고, 우리의 처지를 보고 불쌍히 여기셨다(롬 5:10). 그는 우리에게 오
> 셔서 우리를 구원하셨다. 단순히 사마리아인처럼 생명의 위험을 무
> 릅쓰신 정도가 아니라, 자신의 생명을 대가로 지불하셨다. 십자가에
> 서 그분은 우리가 스스로 결코 갚을 수 없는 빚을 대신 갚으셨다. 예
> 수님은 선한 사마리아인이 가리키는 바로 그 위대한 사마리아인이
> 시다.[49]

우리 또한 엄청난 희생을 요구하는 사랑을 실천하라는 부르심을
받았지만, 팀 켈러는 우리가 받지 않은 것을 줄 수는 없다고 말한다. 우
리가 마땅히 받아야 했던 것과 정반대의 것을 베푸신 분께 우리가 구원
받았다는 사실을 깨달을 때에만, 우리는 이 세상으로 나아가 도움이 필
요한 이들을 기꺼이 섬길 수 있다.

팀 켈러는 빈곤의 원인이 엄청나게 복잡하며 단순한 슬로건으로
는 표현할 수 없다고 가르친다.[50] "기독교인들이 '정의를 실천하자'고 말
할 때 많은 사람들이 우려하는 데에는 정당한 이유들이 있다"고 그는 인
정한다. "종종 그 표현은 어떤 정치적 시류에 청중을 끌어들이기 위한
단순한 구호에 지나지 않기 때문이다."[51] 이 말은 우리가 항상 정치적 중
립을 지켜야만 한다는 말이 아니다. 만약 그렇게 한다면, 우리는 악한
상태를 유지하는 것을 승인하는 것이 되고 만다.[52] 그럼에도 불구하고,

우리가 하나님의 말씀에 우리 자신을 일치시키고자 한다면, 말씀이 요구하는 정의로의 부름은 종종 우리에게 익숙한 정치적 범주로 분류할 수 없을 것이다.

놀랍고도 충격적인 사실은, 성경이 불의에 대해 가장 강력하게 책망하는 대상이 이방인이나 속된 사람들이 아니라 겉으로는 지극히 경건해 보이는 사람들이라는 점이다. 이사야서에서 하나님은 택하신 백성을 책망하는 데에 조금도 주저하지 않으신다.

> 너희는 스스로 씻으며 스스로 깨끗하게 하여
> 내 목전에서 너희 악한 행실을 버리며
> 행악을 그치고
> 선행을 배우며
> 정의를 구하며
> 학대 받는 자를 도와주며
> 고아를 위하여 신원하며
> 과부를 위하여 변호하라 하셨느니라(사 1:16-17).

이사야서의 마지막에 이르면, 하나님은 자신을 경외한다는 이유로 실제로 금식까지 하고 있는 사람들을 책망하신다. 여기서 하나님은 명백히 타락한 자들을 다루고 있는 것이 아니다. 사람들 눈에 의의 기둥처럼 보이는 이들을 다루고 있다. 그들은 항의한다.

> 우리가 금식하되 어찌하여 주께서 보지 아니하시오며

우리가 마음을 괴롭게 하되

어찌하여 주께서 알아 주지 아니하시나이까(사 58:3).

하지만 하나님의 응답을 주목해 보라. 그분이 제시하시는 첫 번째 예는 무엇인가?

보라 너희가 금식하는 날에 오락을 구하며

온갖 일을 시키는도다(사 58:3).

하나님은 계속 말씀하신다.

내가 기뻐하는 금식은

흉악의 결박을 풀어 주며

멍에의 줄을 끌러 주며

압제 당하는 자를 자유하게 하며

모든 멍에를 꺾는 것이 아니겠느냐

또 주린 자에게 네 양식을 나누어 주며

유리하는 빈민을 집에 들이며

헐벗은 자를 보면 입히며

또 네 골육을 피하여

스스로 숨지 아니하는 것이 아니겠느냐(사 58:6-7; 58:10 참조).

마지막 구절은 충격적이다. 혈연관계가 전부라고 할 정도로 중요

했던 가부장적 문화에서, 하나님은 가난하고 궁핍한 자들이 "네 골육",
즉 너의 가족이라고 단언하신다. ⁵³

기초와 직물

"하나님은 _____을 사랑하신다."

빈칸을 어떻게 채우겠는가? 아마도 이렇게 채울 수 있을 것이다.
"그의 영광을", "그의 피조 세계를", "그의 독생자를", 혹은 "우리 같은 비
참한 죄인들을". 모두 찬란한 진리다! 하지만 이 연습 문제는 한 단어가
추가되지 않는다면 완전하지 않다. 성경은 분명히 말한다. "나 여호와
는 정의를 사랑하며"(사 61:8). 정의는 하나님의 이력서에서 부차적인 항
목이 아니다. 그것은 그 중심에 있다.

하나님은 정의를 사랑하시기에(또한 우리를 사랑하시기에) 정의로운
삶을 살도록 우리를 부르셨다. 우리가 그분의 부르심에 순종하는 만큼,
우리는 그분의 마음을 더 깊이 알게 된다. 결국 그리스도인들은 하나님
이 가난한 자들과 동일시하시기 위해 얼마나 멀리 가셨는지를 알고 있
다. 성육신하실 때, 그는 "우주에서 가장 부유한 동네"⁵⁴를 떠나 이름도
잘 알려지지 않은 곳의 무력한 아기가 되셨다.

> 궁궐이나 왕궁을 찾지 말고,
> 왕실의 휘장을 들추려 하지 말라.
> 마구간을 찾아, 보라 너의 하나님을,
> 짚 위에 뉘이신 너의 하나님을. ⁵⁵

이 땅에서 그리스도의 삶의 환경은 화려함의 흔적을 찾아볼 수 없다. 마구간에서 태어나 구유에 눕혀지고, 가난한 가정에서 자라고, 머리 둘 곳도 없는 자로 사셨고, 빌린 나귀를 타시고, 마지막 만찬도 빌린 방에서 하셨고, 무덤조차도 빌려서 묻히셨다. 그가 이 땅에서 가진 모든 재산은 몇몇 로마 병사들이 나눠 가진 것 외에는 없었다. 그러나 그는 단지 가난만 아신 것이 아니다. 그는 억압이 무엇인지도 아셨다. 생애 마지막 밤의 재판은 정교하게 짜인 사법적 불의였다.

이 모든 것은 심판 날에 있을 그 위대한 질문에 새로운 의미를 부여한다. "주여 우리가 어느 때에 주께서 주리신 것이나 목마르신 것이나 나그네 되신 것이나 헐벗으신 것이나 병드신 것이나 옥에 갇히신 것을 보고 공양하지 아니하더이까"(마 25:44). 팀 켈러가 말하듯, 그 궁극적인 대답은 십자가에 있다. 십자가 위에서 예수님은 노예들과 도둑들 사이에서 궁핍한 채로 죽으셨다. "그러기에 바울이 예수님이 우리를 위해 가난해지신 것을 일단 보기만 하면, 결코 가난한 자들을 이전처럼 볼 수 없게 된다고 말한 것은 놀랄 일이 아니다."[56]

정의의 본질은 하나님의 본질과 분리될 수 없다. 정의는 단순한 감상도, 정치적 수사도, 시대적 유행도 아니다. 그것은 하나님의 보좌의 참된 기초다(시 89:14). 그러므로 그것은 반드시 우리의 삶이라는 직물에 깊숙이 짜여져 있어야만 한다.

7.

하늘의 응답

**기도가 어떻게 하나님과의
친밀함을 열어 주는가**

2014년, 팀 켈러에게 가장 쓰기 어려웠던 책이 무엇이었냐는 질문이 주어졌다. 그의 대답은 이러했다. "방금 끝낸 책입니다. 기도에 대한 책이었거든요."[1]

기도는 단지 글로 쓰기 어려운 주제였을 뿐 아니라, 수많은 신자들과 마찬가지로 팀 켈러 자신에게도 개인적으로 치열한 씨름이 필요한 훈련이었다. 그러나 그의 인생 전반에 걸친 그 치열한 싸움은 상상할 수 없는 보상을 가져다주었다.

실제로, 죽음을 얼마 앞두지 않은 시점에 팀 켈러는 50년에 가까운 사역을 돌아보았을 때, 다시 할 수 있다면 다르게 하고 싶은 것이 있는지 질문을 받았다.

그는 이렇게 답했다. "물론입니다, 기도를 더 많이 했어야 했습니다."[2]

시기적절한 일화

팀 켈러가 기도에 무관심했던 것은 아니다. 훌륭한 목회자라면 누구나 그러하듯, 그는 자주 기도에 대해 가르쳤다. 그러나 무언가가 여전히 빠져 있었고, 자신이 그리스도와의 사귐을 누리는 데도 생동감이 부족했다. 그는 2014년에 펴낸 기도에 관한 책을 이렇게 시작했다. "인생의 후반부에 들어서야 나는 기도를 제대로 발견했다. 기도 외에 다른 방법은 없었다."

1999년 가을, 시편에 대한 성경공부 과정을 인도하던 중 팀 켈러는 자신의 기도 생활이 하나님의 말씀에서 제시하는 수준에 전혀 미치지 못하고 있다는 사실을 뼈저리게 깨달았다. 그로부터 몇 해 뒤, 그는 9·11 사태 이후 각성된 뉴욕 시민들을 섬기는 사역의 냉혹한 현실과 직면하게 되었다. 이 어두운 시기를 더욱 무겁게 만든 것은 그의 개인적인 고통이었다. 캐시는 크론병으로 인한 고통을 겪고 있었고, 얼마 지나지 않아 팀 켈러 자신도 갑상선암 진단을 받았던 것이다. 이 여정을 통해 팀 켈러의 기도 경험은 극적인 전환점을 맞게 된다. 이 시기에 그에게 가장 큰 영향을 끼친 것은 캐시가 '매일 밤' 함께 기도하자고 단순하고도 꾸준히 요청했던 것이었다. 그녀는 기도의 본질을 분명하게 보여 주는 비유를 들었고, 팀 켈러는 나중에 그 이야기를 다음과 같이 회상했다.

"당신이 치명적인 질병을 진단받았다고 상상해 보세요. 의사가 매일 밤 잠들기 전에 특정 약을 복용하지 않으면 몇 시간 안에 죽게 될 것이라고 말합니다. 절대 빠뜨려서는 안 되며, 단 하루라도 잊는다면 죽는다고 말이에요. 그런 상황이라면 약 먹는 것을 잊을 수 있을까요? 어떤 밤에는 귀찮아서 건너뛰겠다고 생각할 수 있을까요? 절대 그렇지 않을 것입니다. 그만큼 절박하고 중요한 일이기 때문에, 절대 빠뜨리지 않을 거예요. 우리가 매일 하나님께 함께 기도하지 않는다면, 우리가 직면한 모든 문제 앞에서 우리는 버틸 수 없을 거예요. 적어도 나는 그래요. 함께 기도해야 해요. 그냥 무심코 지나가게 두면 안 돼요." …

우리 둘 다 그때 비로소 정신이 번쩍 들었다. 문제가 얼마나 심각한지 깨닫고, 진정으로 절대 포기할 수 없는 필수적인 일이라면 우리도 충분히 해낼 수 있다는 사실을 인정했다. … 그 이후 캐시와 나는 함께 기도하지 않고 넘어간 저녁을 기억하지 못한다. 최소한 전화로라도 함께 기도했다. 서로 지구 반대편에 떨어져 있었던 때조차도 말이다.[3]

팀과 캐시는 그날 이후로 밤마다 빠짐없이 함께 기도하는 일을 스무 해가 넘도록 계속 이어 갔다. 그의 생애 마지막 날까지 말이다.[4]

켈러 부부는 뉴욕시로 이사하고 싶지 않았다. 그들은 필라델피아 교외에서 세 자녀와 함께 사역에 열매를 맺으며 안락한 삶을 누리고 있었다. 한편 맨해튼은 비용이 많이 들고 위험한 곳이었으며, 복음 사역을 위한 외로운 목적지였다. 그러나 무엇보다 결정적인 장애물이 눈에 띄는 것은 아니었다. 콜린 핸슨은 이렇게 회상한다. "팀 켈러를 가장 망설이게 했던 것은, 이 사역의 규모를 감당할 만큼 자신의 기도 생활과 영적 생활이 준비되어 있지 않다는 자각이었다."[5]

팀 켈러는 주님과 씨름했다. 그는 다른 사람들을 설득해 대신 가게 하려 했지만 헛수고였다. 결국 그를 하나님의 인도하심에 순종하게 만든 것은 자신의 비겁함과의 직면이었다. 그는 청교도 윌리엄 거널 (William Gurnall)의 다음과 같은 말을 곱씹으며 자신을 돌아보게 되었다. "하나님께 신실하게 순종하는 데는, 군대를 지휘하는 것보다 더 큰 용기와 정신적 위대함이 필요하다. 장수가 되는 것보다 그리스도인이 되는 것이 더 어렵다."[6] 두려움을 내려놓고 뉴욕으로 이사하기로 중대한 결정을 내리면서, 팀 켈러는 자신의 기도 생활에서 즉각적인 전환점을 경험했다.

그러나 가장 큰 차이를 만들어 낸 것은 켈러 부부의 기도뿐만이 아니라, 켈러 부부를 위한 기도였다. 미국장로교 교단의 여성들은 교회 개척을 위해 모인 자금의 삼분의 일을 헌금했고, 동시에 기도로 동역했다. 켈러 부부는 400개가 넘는 교회의 여성들이 자신들을 위해 기도하고 있다는 것을 실제로 느낄 수 있었다! 캐시는 자신이 "[짜증 많고] 자기 연민에 가득 찬 기도 편지"를 보냈음에도 불구하고, 이 충성된 기도의 용사들의 중보가 하나님의 마음과 손을 움직였고, 뉴욕에서의 켈러 부부 사역 초기에 헤아릴 수 없는 영향을 미쳤다고 감탄한다. "그들은 폭풍처럼 기도했어요," 캐시는 말했다. "초창기 몇 년 동안은 우리가 아무리 결정을 내려도 잘못된 방향으로 갈 수 없었던 것 같았어요. 저는 지금도 확신합니다. 사도 바울과 1세기 교회까지 거슬러 올라가도, 이처럼 많은 사람들이, 특히 여성들이 기도했던 교회 개척은 없었을 것입니다."[7] 의심할 여지 없이, 이러한 기도 지원은 리디머교회 초창기의 부흥과 같은 역사를 가능케 한 주요한 요인이었다.[8]

맨해튼에서의 사역 초기부터 팀 켈러는 개인 기도에 대해 솔직하고도 직설적으로 가르쳤다. 그는 젊은 교회 공동체를 향해 거침없이 말했다.

> 여러분의 기도 생활은 하나님과의 관계를 가늠하는 리트머스 시험지입니다. 여러분이 정말 그리스도인인지 어떻게 알 수 있습니까? 어떻게 알 수 있죠? 그것은 어려운 질문입니다. 하지만 한 가지는 말해 줄 수 있습니다. 여러분의 기도 생활이 그것을 가장 잘 보여 줍니다. 거리에서 밤낮으로 전도하는지를 보지 마십시오. 여러분이 얼마나 도덕적인 사람인지 보지 마십시오. 여러분이 교회를 얼마나 잘 다니는지 보지 마십시오. 심지어 여러분이 성경을 얼마나 잘 아는지도 보지 마십시오. 왜냐하면 여러분도 알다시피, 그런 것들은 다른 사람들이 보기 때문입니다. 그래서 내가 괜찮아 보이기 위한 동기로 그런 일을 하는 게 가능합니다. 겉으로 드러나는 종교 활동을 하고 환경적 요인에 이끌려 움직이는 것도 가능합니다. 하지만 여러분이 기도할

때는 오직 하나님만이 여러분을 보십니다. 결국 여러분의 기도 생활 이야말로 여러분의 영적 실체를 드러내는 것입니다.[9]

매주 드리는 목양적 기도와 기도에 관한 설교 시리즈도 여러 차례 전했지만, 2014년 팀 켈러는 이렇게 털어놓았다. "나는 우리 교회에 기도를 가르치는 일을 특별히 잘 했다고 생각하지 않는다."[10] 심지어 예순 아홉의 나이에도 그는 이렇게 고백했다. "나는 항상 아침마다 경건의 시간과 기도의 시간을 가지려고 애써 왔다. 그리고 대부분의 신자들처럼, 그것을 꾸준히 이어 가는 것이 늘 어려웠다."[11] 자신과 자신이 섬기는 사람들이 풍성한 기도의 삶을 누리도록 양육하는 것은 그의 평생의 과제였다.

신학은 친밀함으로 이끈다

팀 켈러의 기도 생활을 바꾼 것은 캐시와 함께하는 저녁 기도만이 아니었다. 그는 기도에 도움을 얻고자 독서와 연구를 시작했다. 하나님과의 더 깊은 교제를 갈망하며, 그는 과거의 존경받는 기독교 사상가들의 저작을 탐독했다. 이 여정은 결국 그로 하여금 자신이 속한 신학적 전통에 대해 새롭게 감사하고, 더 깊이 참여하도록 이끌었다.[12]

5세기의 어거스틴부터 시작해 16세기의 마르틴 루터와 장 칼뱅, 17세기의 존 오웬, 18세기의 존 뉴턴과 조나단 에드워즈, 19세기의 찰스 스펄전, 20세기의 마틴 로이드 존스에 이르기까지 – 그리고 그 사이의 수많은 인물들을 통해 – 팀 켈러는 신학과 생명력 있는 체험 사이에서 어느 하나를 선택할 필요가 없다는 사실을 새롭게 깨달았다. 그의 전통은 두 가지 모두를 품고 있었다.

팀 켈러는 이렇게 표현했다. "나는 신학을 버리고 체험을 위해 '뭔가를 더' 찾아 나서라는 부름을 받은 것이 아니었다. 오히려 나는 성령께서 나의 신학을 체험하게 해주시기를 구해야 했다."[13]

생각하고, 내면화하고, 기도하라

아마 이렇게 말할 수도 있을 것이다. 신학 없는 체험은 결국 이단으로 흘러가고, 체험 없는 신학은 종종 위선으로 이어진다. 둘 다 심각한 위협이다. 그러나 기도는 이 문제를 푸는 열쇠가 된다. 기도는 "신학을 체험으로 바꿔 주는" 열쇠다.[14] 팀 켈러는 이 역동성을 설명해 달라는 요청을 받았을 때, 세 가지 단순한 단계를 제시했다.

- 첫째, 신학을 깊이 생각하라. 무엇을 믿는지, 왜 믿는지를 분명히 하라.
- 둘째, 신학을 내면화하라. 불안한 마음을 다루기 위해서는 정직함이 요구된다. 시편 기자가 외쳤듯이, "내 영혼아 네가 어찌하여 낙심하며 어찌하여 내 속에서 불안해하는가?"(시 42:5). 또한 불편한 질문들을 던져야 한다. 이 신학적 진리를 진지하게 받아들인다면 내 삶은 어떻게 달라질까? 정말 마음 깊이 이 진리를 믿는다면, 나의 태도와 행동은 어떻게 바뀔까?
- 셋째, 신학을 기도로 올려라. 신학을 기도로 바꾸는 기술을 배워

야 한다. 신학이 찬양과 고백, 간구로 이어지게 하라.[15]

"이 세 가지를 실천하라." 팀 켈러는 조언한다. "그러면 당신의 신학은 당신의 체험과 만나게 될 것이다."[16] 교리 교육이나 타고난 기질로 인해 신학보다 감정을 더 중요하게 여기는 이들은 공중에 발을 디딘 셈이다. 그러나 신학적 사고에 익숙한 신자들도 경계해야 한다. 팀 켈러는 이렇게 경고한다. "아이러니한 것은, 진리를 보존하고 건전한 교리를 지키는 데 가장 열심인 보수적인 그리스도인들이 정작 기도의 중요성을 무시하고, 하나님을 체험하려는 노력을 하지 않으면 결국에는 건전한 교리를 잃어버릴 수도 있다는 것이다."[17] 하나님과의 실제적 만남이 결여된 기독교는 결국 전혀 기독교가 아니게 될 것이다.

잘못된 교리가 당신의 삶이나 교회에 들어오는 길은 하나가 아니라 두 가지다. 첫째는 교리를 전혀 중요하게 여기지 않는 것이다. 이것은 너무나 분명하다. 그러나 둘째는 훨씬 더 미묘하고, 따라서 더 치명적이다. 수년간 마음이 메말라 가게 두는 것이다. 그리스도 예수의 위엄과 영광에 무감각해지는 것이다. 성경에서 들려오는 그분의 음성에 귀를 닫고, 기도를 통해 당신의 음성을 그에게 들려주는 일을 멈추는 것이다. 그렇게 천천히, 처음 사랑을 버리는 것이다(계 2:4).

결론은 이것이다. 우리는 신학과 체험이 모두 필요하다. 신학적인 체험과 체험적인 신학이 둘 다 필요하다. 하나님이 짝지어 주신 것을 사람이 나누지 못할지니라.

계시에 대한 응답

팀 켈러의 가르침에서 가장 중요한 통찰 중 하나는 이것이다. 기도란 본질적으로 하나님께 응답하는 것이다. 대화를 시작하신 분은 하나님이지 우리가 아니다. 이는 곧 하나님이 의제를 설정하시고 조건을 정하신다는 뜻이다. 우리의 음성은 하나님의 음성에 응답하는 것이지, 그 반대가 아니다. 그러므로 하나님의 말씀에 세심하게 주의를 기울이고 기꺼이 복종하지 않는다면, 풍성한 기도 생활을 갖는 것은 불가능하다. 그렇지 않으면 우리는 결국 상상 속의 존재에게 말을 걸게 되며, 본질적으로 우상에게 기도하는 셈이 된다. 하지만 우리가 "참되신 하나님" 안에 삶의 닻을 내리기 원한다면, 하나님이 자신을 어떻게 계시하셨는지에 부합하게 기도해야 한다.[18] 팀 켈러는 이를 명확히 말한다. "성경의 하나님께 응답하는 기도가 없다면, 우리는 결국 자기 자신에게 말하는 것에 불과하다."[19]

팀 켈러는 영국 옥스퍼드 타운홀에서 학생들에게 연설하면서, 예수님이 겟세마네에서 보여 주신 기도의 본을 되돌아본다. 우리는 그곳에서 구주를 만난다. 자신의 바람을 있는 그대로 솔직하게 드러내시는(이 잔을 내게서 지나가게 하옵소서) 동시에 하나님의 뜻에 완전히 복종하시는(그러나 나의 원대로 마시옵고 아버지의 원대로 하옵소서; 마 26:39) 예수님을 말이다. 예수님은 자신의 감정을 억누르지도 않으시고, 감정에 지배받지도 않으신다. 우리에게 얼마나 놀라운 본이 되는가! 팀 켈러는 이렇게 말한다. "기도의 기본 목적은 하나님의 뜻을 내 뜻에 맞추는 것이 아니라, 내 뜻을 하나님의 뜻에 맞추는 것이다."[20]

이렇기 때문에 건전한 성경 해석과 묵상은 기도를 위한 필수적인 토대다. 팀 켈러는 성경을 펼칠 때마다 두 가지 질문을 던질 것을 권한다. 첫째, 원저자는 독자들에게 무엇을 전달하고자 했는가? 둘째, 이 본문은 성경 전체 속에서 어떤 역할을 하는가? 다시 말해, 이 본문이 복음 메시지에 어떻게 기여하며, 예수 그리스도에게 이르는 성경의 주요 내러티브 흐름을 어떻게 이끌어 가는가? 팀 켈러는 이러한 질문 없이 묵상하는 것은 의도치 않게 "자기 마음이나 자기 문화의 정신에 귀 기울이는"[21] 일이 될 수 있으며, 이는 하나님의 권위 있는 음성에 귀를 기울이는 것이 아니라고 경고한다.

다시 말하지만, 바로 이것이 반드시 신학이 경험을 인도하고 경험에 연료를 공급해야 하는 이유다. 어떤 사람과 관계가 깊어지려면 그 사람이 누구인지 알아 가야 하듯, 하나님의 말씀을 연구하고 소중히 여기지 않고서는 하나님과의 친밀함도 깊어질 수 없다. 그러므로 기도는 계시에 대한 응답이자 선물이다. 하나님의 말씀에서 오는 계시에 대한 응답이며, 하나님의 은혜 안에서 안전하게 거하는 자들에게 주어지는 선물이다.[22]

성경 묵상으로 풍성하게 채워지는 가운데 기도에 접근하는 방식은 하나님을 즐거워하는 길이다.

확신에 찬 기쁨으로 나아가는 기도

성경적 묵상은 기도의 음악과 같으며, 일종의 두 단계로 된 춤을 포함한다. 팀 켈러는 이렇게 말한다. 먼저 어떤 진리를 곰곰이 생각해 보고, 그 다음에는 그 진리를 마음 깊이 되새기며 '크고', '달콤한' 것으로 만들어야 한다. 진리가 우리를 감동시키고 움직이게 할 때까지, 즉 하나님의 실재가 마음으로 느껴질 때까지 그렇게 묵상하는 것이다.[23] 이 말은 우리가 어떤 체험을 좇는다는 뜻이 아니다. 우리가 살아 계신 하나님을 추구한다는 뜻이다. 그분의 말씀을 곰곰이 생각하고 기쁨에 이를 때까지 묵상하는 것은 곧 기쁨의 하나님 자신을 추구하는 것이다. 그러므로 기도는 단지 "하나님께 무엇을 얻기 위한 수단이 아니라 하나님 자신을 더 많이 얻는 방법"이다.[24] 이 얼마나 놀라운 일인가! 우리는 산만하고, 안절부절 못하고, 마음이 이리저리 떠다니며, 때로는 하나님을 향해 완강히 버티기까지 하는 존재다. 그런데도 하나님은 그런 우리를 부르시고, 놀랍게도 - 정말 놀랍게도 - 우리에게 자신을 내어 주신다. 그리고 그것이 바로 정확하게 우리에게 필요한 것이다. 왜냐하면 친밀함을 위해 창조된 우리의 마음은 삼위일체 하나님의 생명 안으로 깊이 끌려 들어가도록 만들어졌기 때문이다(요 17:21; 벧후 1:4; 요일 1:3). 팀 켈러는 이렇게 설명한다. "우리는 삼위일체 하나님이 왜 우리에게 그분과 대화하고, 그분을 알고, 관계를 맺으라고 부르시는지 알 수 있다. 그것은 하나님 자신이 누리고 계신 기쁨을 우리와 나누기 원하시기 때문이다. 기도는 우리가 하나님 자신의 행복 안으로 들어가는 방법이다."[25]

이러한 현실을 열 수 있는 열쇠 중 하나는 양자 됨의 교리를 연구하고 내면화하는 것이다. 이 영광스러운 진리는 하나님이 단지 하늘 법정에서 신자들을 무죄로 선언하실 뿐 아니라, 그들을 마치 거실로 초대하시듯 따뜻하게 맞아 주신다는 사실을 말해 준다. 예수님 덕분에 우리는 창조주 하나님, 즉 거룩함으로 타오르시는 분을 더 이상 재판관이 아닌 아버지로 알 수 있다. 하늘에 계신 아버지로 말이다. 팀 켈러는 이 가족적 관계와 그로 인해 확보되는 친밀함을 깊이 묵상하는 것을 즐겼다. 그는 종종 한 남자와 어린 아들의 장면을 예로 들곤 했다. 갑자기 아버지가 멈춰 서서 아들을 들어 올린다. 그리고 말한다. "내가 널 사랑한단다." 아들은 아버지를 꼭 껴안으며 말한다. "나도 아빠 사랑해요." 아버지는 다시 아들을 내려놓고 둘은 계속 길을 걷는다. 자, 이제 이런 질문을 해보자. 법적으로 볼 때, 아버지의 품에 안겨 있을 때 그 아이가 길 위에 있을 때보다 더 아들이었는가? 당연히 아니다. 그러나 그 포옹을 통해 그는 자신의 아들 됨을 생생하게 경험했다.[26]

이것이 바로 기도가 우리에게 주는 것이다. 세상에서 가장 평범한 신자라도 "가장 친밀하고 끊어질 수 없는 관계"에 접근할 수 있다. 팀 켈러는 이렇게 말한다. 미국 대통령을 만나려면 어떤 절차가 필요할지 한번 상상해 보라. 대통령의 시간과 주목을 받을 자격이 있는 사람만이 면담을 허락받는다. 자격, 업적, 심지어는 일정한 권력 기반이 있어야 할지도 모른다. 물론 단 한 가지 예외가 있다. 바로 대통령의 자녀일 경우다. 그 한 가지 사실이 모든 것을 바꾼다. 마찬가지로 기도를 통해 우리는 단지 신학적으로가 아니라 경험적으로 아버지 하나님의 사랑의 품 안으로 들어간다.[27]

팀 켈러는 한 설교에서 이렇게 절묘하게 표현했다. "새벽 세 시에 물 한 잔을 달라고 왕을 깨울 수 있는 사람은 오직 그의 자녀뿐이다. 우리는 그렇게 하나님 앞에 나아갈 수 있다."[28]

위로, 안으로, 밖으로

팀 켈러는 세 가지 기본 형태의 성경적인 기도가 있으며, 각각 특정한 방향을 지향하고 있다고 말한다.[29] '위를 향한' 기도는 하나님을 찬양하고 하나님께 감사하는 데 초점을 맞춘다. '안을 향한' 기도는 자기 성찰과 죄의 고백에 초점을 둔다. '밖을 향한' 기도는 간구와 중보에 초점을 둔다.

우리 대부분은 바깥 방향의 기도에 가장 능숙하고, 위를 향한 기도에는 가장 서툴다. 우리는 무언가가 필요하거나 원할 때 기도한다. 그것이 자기 자신을 위한 것이든, 다른 사람을 위한 것이든 말이다. 그리고 그런 기도는 좋은 것이다! 성경 곳곳은 담대하게 아버지께 나아가 우리의 간구를 그의 발 앞에 내려놓으라고 권면한다(마 7:7-8; 빌 4:6; 히 4:16; 약 4:2). 그러나 하나님을 향한 찬양이 그저 나중에나 떠오르는 부수적인 생각이나 형식적인 의무 정도로 여겨질 때 위험이 발생한다. 이는 우리가 인정하고 싶지는 않지만, 자기에게 함몰된 마음을 드러낸다.[30] 탕자의 비유(눅 15:11-32)를 묵상하면서, 팀 켈러는 "맏아들의 정신"에 대해 경고하는데, 이것은 아버지의 사랑을 확신하며 즐거워할 수 있는 우리의 능력을 빼앗아 간다. 그렇다면 우리가 이 위험에 빠져들고 있는지를 어떻게 알 수 있을까? 팀 켈러는 이렇게 설명한다.

확신이 부족하다는 것을 보여 주는 가장 분명한 증상은 메마른 기도 생활이다. 맏아들 같은 사람들은 부지런히 기도할 수도 있지만, 하나님과 그들의 대화에는 어떤 경이로움도, 경외감도, 친밀함도, 기쁨도 없다. 세 종류의 사람을 생각해 보라. 별로 좋아하지 않는 사업 파트

너, 함께 무언가를 하는 것을 즐기는 친구, 그리고 내가 사랑하고 또한 나를 사랑하는 연인. 사업 파트너와의 대화는 목적 지향적일 것이다. 잡담에는 관심이 없을 것이다. 친구와는 자기 삶의 어려움에 대해 마음을 열 수도 있다. 그러나 연인과는 그 사람에게서 아름답다고 느끼는 것을 말하지 않고는 견딜 수 없는 강한 충동을 느낄 것이다.

이 세 가지 대화 유형은, '간구', '고백', '경배'라는 기도의 세 가지 형태와 유사하다. 사랑의 관계가 깊어질수록 대화는 점점 더 개인적인 것으로, 그리고 확신과 찬양의 영역으로 나아간다. 많은들 같은 사람들은 정해진 시간에 기도하는 훈련은 되어 있지만, 그들의 기도는 거의 대부분 필요와 간구를 열거하는 데에만 집중되어 있다. 자발적이고 기쁨이 넘치는 찬양은 없다. 사실 많은 많은들은 그렇게 종교적인 외양에도 불구하고, 삶에 문제가 생기지 않는 한, 개인적인 기도 생활이 거의 없을 수도 있다. 삶에 문제가 생기면, 그들은 기도에 몰두하기 시작한다. 그러나 삶이 다시 안정되면, 기도도 자연히 줄어든다. 이는 그들의 기도의 주된 목적이 그들을 사랑하시는 하나님과의 친밀한 관계로 나아가는 데 있는 것이 아니라, 자기 환경을 통제하는 데 있다는 것을 보여 준다.[31]

인정하기 불편할지 모르지만, 인생의 어려움은 우리를 간구로 이끄는 반면, 인생의 기쁨이 우리를 찬양으로 이끄는 일은 훨씬 드물다. 이러한 불균형은 우리의 마음에 대해 무엇을 드러내는가?[32] 그러므로 기도 생활에서 가장 실용적인 "다음 단계" 중 하나는 이렇다. 하나님이 누구신지를 묵상하며, 서두르지 않고 그분 안에서 즐거워하는 시간을 가져라. 만약 기도를 그렇게 시작한다면 – 그분의 성품을 묵상하고, 그분의 영광을 바라보며, 그분의 약속을 찬양하는 것에서 시작한다면 – 우리의 마음은 기꺼이 간구를 가지고 그분의 보좌 앞에 나아갈 준비가 될 것이다. [33]

고통스럽고도 영광스러운

기도는 엄청난 유익을 지니고 있음에도 불구하고 결코 쉬운 일이 아니다. 그 힘을 말로 표현하는 것도 마찬가지로 쉽지 않다. 기도를 꾸준히 하는 것이 어렵게 느껴질 때, 우리는 놀랄 필요가 없다. 오히려 놀라야 할 때가 있다면 그것은 기도가 어렵게 느껴지지 않을 때이다. 팀 켈러는 이렇게 말한다. "내가 아는 것들 중에 위대하면서 쉬운 것은 없다. 그러므로 기도는 세상에서 가장 어려운 일 중 하나일 것이다."[34] 그는 더 직설적으로 말한다. "기독교는 왈츠가 아니다. 기독교는 전투다. … 싸우려 하지 않는다면, 그 누구도 제대로 된 그리스도인이 될 수 없다."[35]

산만함이라는 일상의 전장에서든 무관심이라는 일상의 전장에서든, 기도는 실제로 전쟁이다. 그러나 그것은 하나님을 경험하는 비밀이기도 하다. 저 하늘 어딘가에 계신 멀고도 높은 총사령관으로서가 아니라, 자비의 아버지이자 사랑의 주님으로서 말이다. 그러나 안타깝게도 이 길을 끝까지 걷는 이들은 극히 드물다. 팀 켈러는 지적한다. "우리 대부분은 기도에서 기쁨을 추구하다가 그 기쁨을 얻지 못하면 곧 그만둔다." 우리는 그렇게 기쁨을 추구하는 대신 신실함을 목표로 삼아야 하며, 보상보다 특권을 더 깊이 생각해야 한다. 그는 이에 대해 간단한 비유를 들어 설명한다.

> 상상해 보라. 너는 누군가와 함께 방을 쓰고 있다. 그런데 그 사람이 너에게 거의 말을 걸지 않는다. 그저 메모만 남길 뿐이다. 네가 그 점을 지적하자 그녀는 이렇게 말한다. '글쎄, 너랑 얘기하는 데서 별로 얻는 게 없어. 재미도 없고, 생각도 이리저리 떠돌아서 그냥 애초에 말하려고 하지 않는 거야.' 너는 어떻게 받아들일까? 네가 아무리 흥미진진한 대화를 할 줄 아는 사람이라 할지라도, 그녀가 너와 대화를 피하는 것은 무례한 일이다. 그녀는 최소한 직접 얼굴을 마주하고 상호작용할 의무가 있다. 물론 이런 경우 '무례함'이라는 단어는 우리의 창조주, 생명의 공급자, 구속자 앞에서 그분을 직접 찾지 않는 행위를 설명하기에는 너무 약한 표현이다. 우리는 그분께 모든 호흡을 빚지고 있다. [36]

어릴 적 우리는 누군가가 우리에게 말을 걸었는데도 반응하지 않으면 그것이 무례한 일이라는 것을 배웠다. 기도하지 않는다는 것은 바로 그런 무례함이다.

기도하지 않는 것은 위선이기도 하다. 그리스도인은 모든 것을 하나님께 의지한다고 고백하는 사람이다. 그렇다면 기도하지 않는 그리스도인은 "용어 자체에 모순"[37]이 있다. 결국 기도하지 않는 것은 교만을 드러낸다. 이는 우리 삶의 어떤 부분에서는 하나님의 도움이 필요하지 않다고 여기는 마음이다. 팀 켈러는 이렇게 경고한다. "기도하지 않는다는 것은 단순히 어떤 종교적 규칙을 어기는 일이 아니다. 그것은 하나님을 하나님으로 대하지 않는 것이다. 그것은 하나님의 영광에 대한 죄이다."[38]

그러나 우리가 기도를 통해 누릴 수 있는 평화를 누리지 못하는 주된 이유 중 하나는, 우리의 믿음이 아직 보지 못했기 때문이다. 우리는 영광 가운데서 우리를 기다리는 것이 얼마나 엄청난지를 이해하는 데 어려움을 겪는다. 이에 대해 팀 켈러는 다시 한번 단순한 비유를 들며 설명한다.

> 여덟 살짜리 남자아이가 장난감 트럭을 가지고 놀다가 망가뜨렸다고 해 보자. 아이는 절망하며 부모에게 고쳐 달라고 울부짖는다. 그런데 그가 울고 있을 때 아버지가 이렇게 말한다. '네가 한 번도 본 적 없는 먼 친척이 방금 돌아가셨는데, 너에게 1억 달러를 유산으로 남기셨단다.' 아이의 반응은 어떨까? 그는 트럭이 고쳐지기 전까지 더 크게 울 뿐이다. 그는 자신의 진짜 상태를 인지하고 위로받을 수 있을 만큼의 인지 능력을 갖고 있지 않다. 이와 마찬가지로, 그리스도인들 역시 예수님 안에서 우리가 소유한 모든 것을 온전히 깨달을 영적 능력이 부족하다.[39]

하지만 좋은 소식이 있다. 우리는 그리스도 안에서의 우리에게 주어진 참된 지위와 부를 이해하는 능력을 성장시킬 수 있다. 우리는 영원히 기도하지 못한 채 얼어붙어 있을 필요가 없다. 하나님의 말씀의 불과 그분의 교회와의 교제를 통해 얼어 붙은 우리를 다듯하게 녹일 수 있다.[40] 의무감만 남은 메마른 마음이 처음에는 절박함으로, 그러나 마침내는 기쁨으로 바뀌게 해 달라고 기도할 수 있다.

또한 기도가 동료 죄인들을 향한 우리의 마음을 부드럽게 만든다는 사실을 간과해서는 안 된다. 팀 켈러는 그의 마지막 저서에서 다음과 같이 말한다.

> 누군가를 위해 기도하고 있다면, 그 사람에게 계속해서 화를 내는 것은 어렵다. 또한 계속해서 화를 내려면 자신이 우월하다는 감정을 느껴야 하는데, 그 사람을 위해 기도하면서 우월감을 유지하는 것은 어렵다. 왜냐하면 기도는 용서받은 죄인으로서 하나님 앞에 나아가는 행위이기 때문이다. 그들을 위한 기도는 우월감을 무너뜨리고, 우리의 마음을 돌이켜 그들의 유익을 진심으로 바라도록 만든다.[41]

무릎 꿇는 시간을 소홀히 함으로써 마음을 빈곤하게 만들지 말자. 그 대가는 하나님과의 수직적 관계에서나 사람들과의 수평적 관계에서나 너무 크다. "기도는 종종 힘이 빠지고, 심지어 고통스러울 때도 있지만, 장기적으로는 우리에게 가능한 모든 것들 중에 가장 큰 힘의 원천이다."[42] 팀 켈러는 지금도 우리에게 강력한 말로 도전한다. "기도는 경외이며, 친밀함이며, 씨름이다. 그러나 기도는 참된 실재로 나아가는 길이다. 이것보다 더 중요하고, 더 어렵고, 더 풍성하며, 더 인생을 변화시키는 것은 없다. 기도보다 더 위대한 것은 정말로 없다."[43]

기도에 대한 팀 켈러의 관점은 하나님의 주권에 대한 높고 장엄한 시각 없이는 결코 온전히 이해되지 않는다. 하나님은 자신의 헤아릴 수 없는 뜻에 따라 우리의 기도에 응답하실 수도 있고, 응답하지 않으실 수도 있는 권리를 가지신 분이다. 처음에는 이 사실이 불안하게 들릴 수도 있고, 심지어는 아예 두려운 일처럼 느껴질 수도 있다. 그리고 실제로 두려운 일이기도 하다. 만약 하나님이 지혜롭지 않으시다면, 선하지 않으시다면, 신뢰할 수 없는 분이라면 말이다. 그러나 하나님은 지혜로우시고, 선하시며, 신뢰할 수 있는 분이다. 하나님은 결코 실수하신 적이 없고, 약속을 어기신 적이 없으며, 그분의 자녀 중 단 한 사람도 실망시키신 적도 없다. 하나님의 말씀과 시대를 초월한 신자들의 증언은 이 진리를 놀랍도록 잘 보여 준다. 우리가 하나님의 방식을 이해할 수 없을지는 모르지만, 하나님의 마음은 신뢰할 수 있다.

기도에 있어서 성숙한 그리스도인은 "부끄러움 없는 당당함"과 "평온한 복종"을 동시에 붙든다. 둘 중 하나만으로는 충분하지 않다.[44] 우리의 시간표와 우리의 하늘 아버지의의 시간표가 다를 때 우리는 인내해야 한다. 그리고 그런 일은 자주 일어난다. 하나님은 우리가 신뢰의 근육을 기르도록 하시고, 우리를 덕 있는 사람으로 빚어 가신다.

"주의 약속은 어떤 이들이 더디다고 생각하는 것 같이 더딘 것이 아니라"(벧후 3:9)는 말씀은, 단순히 우리의 시간 개념이 궁극적인 현실과 맞지 않다는 뜻이다. 우리의 시간에 대한 관점을 하나님의 관점과 비교하는 것은, 마치 두 살배기 아이의 관점과 성인의 관점을 비교하

는 것과 같다. 하나님이 어떤 기도 응답을 오랫동안 미루시는 데에는 선한 이유들이 있다.[45]

하나님의 주권적 지혜에 대한 팀 켈러의 가장 좋아하는 통찰 중 하나는 그의 영적 영웅 가운데 한 사람인 존 뉴턴에게서 나왔다. 18세기의 목사이자 과거 노예 무역상이었던 그는 한 교회 교인에게 보낸 편지에서 이렇게 썼다. "하나님이 보내시는 모든 것은 필요한 것이고, 그분이 보류하시는 것은 그 어떤 것도 필요하지 않은 것입니다."[46] 팀 켈러는 이 인용구가 "성경신학의 대양을 골무 하나에 담아낸 것"[47]이라고 말한다.

그렇다면 이 말은 실제로 무슨 뜻일까? 무엇보다도 하나님은 어떤 것이 우리에게 최선이 아닐 경우에는 그것을 주시지 않는다. 이 말은 응답되지 않은 기도에 대해서도 하나님께 감사해야 한다는 뜻이다! 팀 켈러가 20대 초반이었을 때, 그는 자신이 결혼하고 싶었던 여자친구를 위해 1년 내내 기도했다. 하지만 그녀는 그와의 관계를 정리하고 싶어했다. "주님, 제발 그녀가 저를 떠나지 않게 해 주세요." 그는 간절히 기도했다. 하지만 지금 와서 돌아보면, 그녀는 그에게 맞는 사람이 아니었다. 나중에 그는 하나님이 이렇게 말씀하신 것 같다고 느꼈다. "아들아, 내 자녀가 어떤 요청을 할 때마다 나는 항상, 그가 만일 내가 아는 모든 것을 안다면 구했을 바로 그것을 준단다."[48]

이 마지막 말은 팀 켈러가 특히 좋아했던 말이다. 그리고 내가 들었던 기도에 대한 그 어떤 가르침보다 더 깊은 통찰을 담고 있다. 하나님은 언제나 우리가 구한 것을 주시거나, 우리가 하나님이 아시는 모든 것을 알았다면 구했을 바로 그것을 주신다.[49] 이 말을 곰곰이 생각해 보라. 우리의 마음이 잠잠해질 것이다. 모든 신자 한 명 한 명은 궁극적으로 가장 좋은 시나리오 안에 있다. 하나님 아버지의 손안에 있는 우리는 지금보다 더 안전할 수가 없다.

하나님은 자신의 자녀에게 모든 좋은 것을 다 주시겠다고 약속하지 않으셨다. 그분이 약속하신 것은, 오히려 모든 것 – 심지어 나쁜 것까지도 – 을 합력하여 우리의 궁극적인 선을 이루시겠다는 것이다(롬 8:28). 그리고 우리가 원하지만 받지 못한 어떤 좋은 것이 있다면, 우리는 이미 최고의 것을 가지고 있다는 사실 안에서 안식을 누릴 수 있다. 우리는 하나님을 가진 것이다. 팀 켈러의 표현을 빌리면, 하나님 안에 우리가 진정으로 갈망하는 모든 것의 근원이 있다. 설령 우리의 기쁨의 지류가 메마른다 해도 말이다.[50]

다시 말하지만 기도의 가장 큰 유익은 우리가 무언가를 얻는 것이 아니라, 하나님 자신을 얻는 것이다.

예수님의 이름으로, 아멘

팀 켈러가 던지는 또 하나의 단순하지만 결정적인 통찰은, 우리가 말로는 예수님의 이름으로 기도하면서 실제로는 '우리의' 이름으로 기도할 수 있다는 점이다. 이런 일은 우리가 하나님께 나아갈 때 오직 믿음만 가지고 빈손으로 나아가기보다, 무언가를 하나님께 제공하려는 태도로 나아갈 때 발생한다. 우리의 배경이든 행위이든 상관없다. 이 점을 설명하기 위해 팀 켈러는 수십 년 전의 한 장면을 회상했다.

대학원생이었을 때 유명한 강연자의 강의를 들은 후, 불안한 마음으로 그에게 다가간 적이 있다. 그는 다른 학생들에게 형식적인 인사만을 건네며 딴청을 피우는 듯 보였다. 그런데 나는 그의 친구 중 하나를 안다고 말했고 그 친구의 이름을 말하자, 그는 즉시 주의를 기울이며, 따뜻하고 진지하게 나에게 말을 걸었다. 내가 그렇게 접근할수 있었던 것은 내 이름 아니라, 서로가 아는 친구의 이름 때문이었다. 이것은 우리가 어떻게 하나님 아버지께 나아갈 수 있는지를 아주희미하게나마 보여 주는 예다. 우리가 예수님을 알기 때문에, 우리가 '그리스도 안에' 있기 때문에, 하나님은 우리가 기도할 때 전능한 사랑과 관심을 우리에게 집중하신다.[51]

팀 켈러는 신비주의적으로 영성에 접근하는 것에 대해 단호하게 비판적이다. 그런 접근은 본질적으로 예수님을 우회하거나 마음을 비우는 식으로 기도하라고 권하는데[52], 이는 신학적으로 불가능하며 실제적인 효력도 없다. 우리의 기도가 하나님께 들린다고 확신할 수 있는 이유는 우리가 영적으로 탁월해서가 아니라, 하나님이 우리를 사랑하는 아버지이시며, 그리스도께서 우리를 위하여 중보하셔서 우주의 보좌에 접근할 수 있게 하시고, 성령께서 우리 안에 거하시기 때문이다.

그러므로 예수의 이름으로 기도한다는 것은 단순히 그 말을 입에 담는 것이 아니라, 오직 구주의 완성된 사역을 통해서만 하나님의 관심과 은혜에 접근할 수 있음을 인정하는 것이다. 팀 켈러는 말한다. 이것은 하나님의 거룩한 임재 앞에 겸손(우리는 하나님의 도우심을 받을 자격이 없다는 것을 알기에)과 담대함(우리가 그리스도의 의로 옷 입었음을 알기에)으로 나아가는 일이다. [53] 팀 켈러는 이렇게 말하며 비유를 덧붙인다. 전등 스위치를 켜면 전구에 불이 들어온다. 하지만 전구에 불이 들어오게 하는 힘이 스위치에서 나오는가? 아니다. 스위치가 아닌 전기에서 온다. "스위치 자체에는 아무런 능력이 없다." 팀 켈러는 말한다. "스위치는 단지 전구를 전기와 연결시켜 주는 도구일 뿐이다. 마찬가지로 우리의 기도 자체에는 하나님 아버지께 접근할 수 있게 해 주는 어떤 공로도 없다." 그러나 그 기도는 우리를 참으로 그러한 접근을 가능케 하시는 분과 연결시켜 줄 수 있다. [54] 예수님의 이름으로 기도한다는 것은 '하나님과의 관계를 예수님의 구속 사역 위에 반복해서 다시 세우는 것이다.'[55] 그 이하의 것은 결국, 자기 자신의 이름으로 기도하는 것에 불과하다.

하늘의 부요를 얻다

하늘과 땅의 주님과 대화할 수 있는 능력은 단지 큰 영예일 뿐만 아니라, 전혀 다른 두 진리를 찬란하게 결합하는 것이다. 곧 무한하신 존재 앞에서의 경외심과 인격적인 친구와의 친밀함이다. 우리는 삼위일체 하나님, 곧 기쁨이 넘치고 관대하며 환대하는 세 위격의 공동체를 알도록 창조되었기 때문에, 기도는 결코 건조한 개념이나 지루한 의무일 수 없다. 기도는 상상할 수 없는 기쁨으로의 초대이다. [56]

그러나 궁극적으로, 우리가 기도 가운데 기쁨을 추구할 수 있고 하나님이 우리의 기도를 들으신다는 확신을 가질 수 있는 이유는, 예수님이 우리를 위해 우주적 침묵이라는 대가를 받으셨기 때문이다. 겟세마네(이 잔을 내게서 지나가게 하옵소서; 마 26:39)와 골고다(나의 하나님, 나의 하나님, 어찌하여 나를 버리셨나이까; 마 27:46)를 묵상하며 팀 켈러는 이렇게 말한다.

> 우리는 우리가 하나님을 부를 때 하나님께서 응답하신다는 것을 안다. 왜냐하면 그 끔찍한 어느 날, 예수님이 하나님을 부르셨을 때 하나님이 응답하지 않으셨기 때문이다. … 하나님은 예수님을 우리가 받아야 마땅한 대로 대하셨다. 예수님은 우리의 형벌을 취하셨다. 그래서 우리가 그분을 믿을 때, 하나님은 우리를 예수님이 받아야 마땅한 대로 대하실 수 있는 것이다(고후 5:21). 더 구체적으로 말하면, 예수님의 기도는 우리 죄인들이 마땅히 받아야 할 거절을 받으셨고, 그 결과 우리의 기도는 예수님이 마땅히 받으실 환대를 받게 된 것이다. 이것이 바로 기독교인이 기도할 때, 하나님이 우리의 기도를 들으시며 가장 지혜로운 방식으로 응답하실 것이라는 확신을 가질 수 있는 이유다.[57]

복음의 은혜로 틀이 잡히고 힘을 공급받는 우리의 기도는 하나님이 기뻐 받으시는 향기가 된다. 그러나 기도가 없다면, 우리의 영적 삶은 위험에 처한다. 우리에게 하나님이 필요하다는 사실을 잊게 된다는 말이다. 그래서 하나님은 기도 없이 우리가 원하는 것을 거의 주시지 않는다.[58] 하나님은 우리를 너무나 사랑하셔서 그분의 선물이 우리로부터 비롯된 것처럼 착각하며 살아가도록 내버려 두시지 않는다. 팀 켈러는 이 점을 탁월하게 요약한다.

> 기도는 하나님이 우리를 위해 준비하신 상상할 수 없는 많은 것을 주

시는 방식이다. 실제로 기도는 하나님이 우리가 가장 간절히 바라는 많은 것을 우리에게 안전하게 주실 수 있도록 만들어 준다. 기도는 우리가 하나님을 알게 되는 방법이고, 마침내 하나님을 하나님으로 대하게 되는 방법이다. 기도는 우리가 삶에서 해야 하고 되어야 할 모든 것의 열쇠다. [59]

활기찬 기도 생활은 종종 고된 싸움이며, 편하게 할 수 없다. 그것은 쉽게 얻어지는 것이 아니다. 그러나 그 가치는 이루 말할 수 없을 만큼 크다. 영광과 은혜의 왕과 교제하는 기쁨에 비할 수 있는 것은 아무것도 없으며, 이 기쁨은 기도를 통해 우리의 것이 된다.

8.
고통스러운 선물

고난이 어떻게 우리를
하나님의 마음으로 몰아가는가

슬픔, 외로움, 중독, 불안, 가난, 불임, 유산, 부상, 방황하는 자녀, 학대, 비방, 배신, 박해, 편견, 질병, 장애, 이혼, 우울증, 말기 진단, 죽음.

이 목록에서 가장 비극적인 점은, 이것이 전부가 아니라는 것이다. 심지어 근처에도 못 미친다.

목사로서 나는 인간 고통의 아찔할 만큼 다양한 모습들을 가장 가까이에서 본다. 하지만 고난을 잘 알기 위해서 꼭 목사나 상담자가 될 필요는 없다. 이 목록의 한 단어만으로도, 마음 깊은 곳에 생생한 고통의 칼날이 꽂힐 수도 있다. 아니면 언젠가 그럴 날이 올 수도 있다.

에덴에서 시작된 옛 반역 이래로, 고통은 인간의 경험이라는 직물 속에 함께 짜여 있다. 우리 모두는 동산 밖 삶의 잔해 속에 존재한다. 고통은 우리를 괴롭히고 쫓아다니고 성가시게 한다.

기독교에서 고난에 대한 가르침은 대체로 세 가지 범주 가운데 하나에 속한다. 철학적 접근은 악의 문제와 같은 복잡한 질문들을 학문적으로 다룬다. 신학적 접근은 성경 전체를 두루 살펴 고난과 악에 대해 성경이 무엇을 말하는지를 조명한다. 신앙적 접근은 고통에 사로잡힌 사람들에게 실제적인 도움을 주는 데 목적이 있다.[1]

물론 세 범주는 서로 겹치기도 하며, 어떤 교사들은 이 가운데 한두 가지 범주를 능숙하게 가르칠 수도 있다. 하지만 팀 켈러만큼 세 가지 모두를 외과 의사처럼 정밀하게 다룬 사람은 거의 없다. 팀 켈러는 기독교인의 삶과 관련된 놀라울 정도로 폭넓은 주제들을 가르쳤는데 ─ 우리가 이 책에서 이미 살펴봤듯이 ─ 그럼에도 내가 보기에 그의 목소리가 가장 힘 있게 울렸던 순간은 바로 이 마지막 장의 주제를 다룰 때였다.

주제가 가장 어두울 때, 팀 켈러의 가르침은 가장 밝게 빛난다.

피할 수 없는 침입자

만약 지금까지 큰 슬픔을 많이 겪지 않았다면, 아마도 그리 오래 살지 않았기 때문일 것이다. 팀 켈러는 이 문제를 솔직하게 다룬다. "우리가 아무리 조심하고, 아무리 잘 짜인 인생을 설계하고, 건강하고 부유하며, 친구와 가족과의 관계가 좋고, 직업적으로 성공하기 위해 아무리 열심히 노력해도 결국 무언가가 그것을 망칠 것이다." "돈이나 권력이나 계획"이 아무리 많아도 고통의 촉수가 삶에 뻗어 오는 것을 막을 수 없다. "인생은 비극이다."[2]

인생이 비극인 이유는 고통이 본래 자연스러운 것이 아니기 때문이다. 고통은 정상적이기는 하지만 자연스러운 것은 아니다. 고통은 세상이 처음 창조될 때 원래 설계된 방식이 아니다. 성경의 처음 두 장은 인간이 거룩하신 하나님과 함께 누리는 낙원의 정원을 보여 준다. 그곳에는 자아에 대한 노예 됨도, 죽음에 대한 두려움도 없었다. 그러다가 사탄이 슬그머니 들어와 우리의 첫 조상들이 하나님께 등을 돌리도록 했다. 죄악으로의 타락은 단순한 균열이 아니었다. 그것은 모든 것을 산산조각 냈다. 그러므로 우리가 질병과 분열과 고통 같은 것들을 사소한 문제로 여기며 현실에 대한 부정 속에 사는 것은 우리 자신에게 아무 유익도 되지 않는다. 그것들은 거대한 비극이다.

인간 고통의 대표적인 예인 죽음을 생각해 보라. "아, 죽음은 그저 자연스러운 거야"라고 생각하는 것은, 팀 켈러의 경고에 따르면, 우리를 인간되게 하는 마음의 소망의 일부를 무디게 하거나, 어쩌면 죽이는 것이다. "우리 마음 깊은 곳에서 우리는 우리가 나무나 풀 같은 스러지는 존재가 아니라는 사실을 알고 있다. 우리는 지속되도록 창조되었다."[3]

그러므로 죽음은 자연스러운 것도, 친구도, 옳은 것도 아니다. 성경이 "우는 자들과 함께 울라"(롬 12:15)고 명령하는 것은 놀라운 일이 아니다. 죄로 저주받은 세상에서, 팀 켈러는 말한다. "우리는 울어야 할 일이 많다."[4]

다른 곳에서 팀 켈러는 예수님이 친구 나사로의 무덤 앞에서 죽음에 대해 분노하신 장면(요 11:33, 38)을 묵상하며 이렇게 묻는다.

> 어떻게 세상의 창조자가 자신이 만든 세상에 있는 어떤 것에 대해 분노할 수 있는가? 오직 죽음이 침입자일 때만 가능한 일이다. 죽음은 하나님이 세상과 인간의 삶을 위해 본래 설계하신 것에 속하지 않는다. ··· 우리는 시간이 흐를수록 점점 더 아름다워지도록 지음 받았다. 점점 더 쇠약해지도록 지음 받은 것이 아니다. 우리는 점점 더 강해지도록 지음 받았지, 약해지다 죽도록 지음 받은 것이 아니다. ··· 그래서 예수님은 눈물을 흘리시고, 죽음이라는 괴물에 대해 분노하신다. 그것은 그분이 사랑하시는 창조 세계를 심각하게 왜곡하는 것이기 때문이다.[5]

유토피아적 꿈은 저주받은 세상에 설 자리가 없다. 아무리 과학이 발전하고 의학이 진보하며 인공지능이 정교해진다고 해도, 고통이라는 완고한 침입자가 우리의 삶에 침입하는 것을 막을 수는 없다. 팀 켈러는 말한다. "그것을 막기 위해 온 힘을 다 쏟는다 해도, 그것은 단지 다른 형태로 나타나 새로운 방식으로 자라날 뿐이다."[6]

그러므로 고통에 잘 맞서기 위해서는 이 세상의 자원을 넘어서 그 이상의 힘이 필요하다.

고난을 대할 때, 세상의 방법들은 아무런 도움이 되지 못한다. 특히 오늘날의 세속적인 서구 사회에서는 더욱 그렇다. 팀 켈러는 인류 역사상 어떤 사회도 사람들이 고난에 잘 대비하도록 준비시키는 일에 이처럼 실패한 적은 없었다고 주장한다.

다른 문화권에서 고난 – 비록 반갑지는 않더라도 – 은 인생의 궁극적인 목적을 이루는 데 도움을 줄 수 있는 도구였다. "삶의 가장 중요한 목적은 이 물질 세계와 인생 너머에 있는 어떤 것이었다. 그래서 고난과 죽음은 그것에 손댈 수 없었다. … 그래서 비극과 죽음은 단순히 인생의 의미를 파괴할 수 없었을 뿐 아니라, 오히려 그 의미를 향한 여정을 재촉했다."[7] 하지만 이 도구는 이제 걸림돌이 되었다. 세속적인 틀 안에서 고난은 단지 이 세상에서의 행복이라는 목표를 망쳐 놓을 뿐이다.[8] "그래서 다른 문화들과 세계관들은 고난과 죽음을 우리의 일관된 삶의 이야기 속에서 결정적이고도 중요한 장으로 보았지만(그리고 그것들이 이야기의 끝도 아니었다)," 팀 켈러는 지적한다. "세속적인 관점은 전혀 다르다."[9] 죽음은 우리를 끝장낸다. 다른 삶으로 이끌지 않는다.

서구 문화는 사람들에게 "비극을 다룰 수 있는 도구를 거의 주지 않기 때문에," 우리는 "조상들보다 고난에 더 쉽게 충격을 받고 무너진다."[10] 그러므로 신자들은 "옛적 길 곧 선한 길이 어디인지 알아봐야 한다"(렘 6:16). 고난을 인생 이야기를 방해하는 요소로 보는 것이 아니라 좋은 인생을 이루는 결정적인 요소로 보아야 한다.[11]

그러나 기독교 신앙은 단지 괜찮아 보이고 정당해 보이는 여러 선택지 중 "좋은 삶"에 대한 또 하나의 비전을 제시하는 것이 아니다. 기독교는 근본적으로 그 어떤 대안과도 다르다. 팀 켈러는 이렇게 요약한다.

기독교는 가르친다. 숙명론과는 달리, 고난은 압도적이다. 불교와는 달리, 고난은 실제다. 카르마(업보)와는 달리, 고난은 종종 부당하다. 또한 세속주의와는 달리, 고난에는 의미가 있다. 고난에는 목적이 있으며, 그것을 바르게 마주한다면, 고난은 우리를 마치 못처럼 하나님의 사랑 안에 깊이 박아 넣고, 우리가 상상할 수 없는 안정감과 영적인 능력을 얻게 한다. 고난에 대해 불교는 받아들이라고 말하고, 카르마는 값을 치르라고 말하며, 숙명론은 영웅적으로 견디라고 말하고, 세속주의는 피하거나 해결하라고 말한다.[12]

이제 기독교가 만들어 내는 차이를 생각해 보라. 다양한 종교들과 세속적인 사람들은 일상 속에서 소소한 기쁨의 물방울을 경험할 수 있을지 모르지만, 결국 신기루일 뿐이다. 그 모든 것 뒤에 사랑의 '샘'이 있는 것이 아니다. 그러나 그 모든 것을 성경은 다르게 본다. "다른 세계관들이 인생의 기쁨 한가운데 앉아 다가올 슬픔을 내다보게 만든다면, 기독교는 이 세상의 슬픔의 한복판에 앉아 다가올 기쁨을 맛보게 한다."[13] 우리의 세속적인 이웃들은 이 세상의 지금 여기에 매달릴 수밖에 없다. 뉴스 헤드라인과 상황들에 휘둘릴 수밖에 없다. 왜냐하면 그들의 세계관은 "그것 외에 줄 수 있는 다른 행복이 없기" 때문이다. 그들의 세계관에 따르면 이 세상 너머에는 아무런 의미도 희망도 없다. 그래서 팀 켈러는 직설적으로 경고한다. "이 세상에서 그것을 찾지 못한다면, 너에게는 정말로 아무 희망도 없는 것이다."[14] 부담을 주려는 것이 아니다!

고통의 문제

우리 모두는 때때로 이런 질문을 던졌을 것이다. "왜 우리는 고통을 겪는가?" 고통의 문제로 인해 기독교를 반대하는 의견을 다룰 때, 팀 켈러는 몇 가지 단순한 통찰로 자주 되돌아가곤 했다.

첫째로, "고통은 철학적 문제이기 이전에 대개 실질적인 위기이며, '왜?'의 문제이기 이전에 '어떻게?'의 문제"라는 사실을 직시해야 한다.[15] 이는 고통을 겪는 친구에게 다가갈 때, 준비된 해답과 논점을 들고 급히 달려가기보다는, 그들과 함께 슬픔 속에서 조용히 앉아 있어 줄 만큼 충분히 사랑할 수 있어야 한다는 경고이다. 하나님은 지극히 자비롭고 오래 참으시는 분이며, 우리도 그래야 한다. 건전한 신학이 반드시 위로가 되는 친구로 만들어 주는 것이 아니다.

그렇지만 둘째로, 고통에 근거한 반대와 의심은 실제로 때때로 철학적이기도 하다. 이런 경우 팀 켈러는 단순히 논리 자체에 도전하곤 했다. 만약 악을 허용하신 것에 대해 당신이 분노할 만큼 크신 하나님이 계시다면, 당신보다 더 지혜롭고 당신이 생각하지 못한 이유를 가질 만큼 크신 하나님도 계셔야 한다. 하지만 양쪽을 다 가질 수는 없다[16]. 다시 말해, "당신이 하나님께서 무언가를 허용하신 합당한 이유를 보거나 상상할 수 없다고 해서, 그런 이유가 없다고 말할 수는 없다"[17]. 어떻게 그럴 수 있겠는가? 만약 하나님이 참으로 하나님이시라면, 그분의 마음에는 충분히 담을 수 있지만, 수많은 한계를 가진 우리의 마음에는 담을 수 없는 수많은 것들이 존재하는 것이 당연하다. 사실 우리가 생각해 내지 못한 이유들과 목적들이 하나님께 없다는 것이 오히려 이상하다.

팀 켈러는 말한다. "일곱 살짜리 아이가 세계 최고 수준의 물리학자의 수학 계산을 반박할 수 없는 것은 당연하다. 그런데 우리는 하나님이 세상을 어떻게 다스리시는지를 반박하려 든다. 말이 되는가?"[18]

물론 이러한 논리적인 논증은 고통의 한가운데 있는 사람에게는 전혀 위로가 되지 않을 수 있다. 그러므로 우리는 하나님이 단지 탁월한 지성을 가지신 분일 뿐 아니라, 사랑이 많으신 아버지라는 사실을 반드시 강조해야 한다. 하나님은 헤아릴 수 없을 만큼 주권적이시며, 동시에 무한히 선하신 분이다. 팀 켈러는 이것을 세 살짜리 아이가 왜 엄마와 아빠가 어떤 것들을 허락하지 않는지를 도저히 이해하지 못하는 상황에 비유하여 설명한다.

비록 아이들은 부모가 그렇게 하는 이유를 이해할 수는 없지만, 부모의 사랑을 알 수는 있다. 그렇기 때문에 부모를 신뢰하며 안정감 있게 살아갈 수 있다. 이는 아이들에게 정말로 필요한 것이다 … 그러므로 우리가 하나님의 모든 목적을 이해할 수 있으리라고 기대해서는 안 된다. 그러나 우리는 예수 그리스도의 십자가와 복음을 통해 하나님의 사랑을 알 수 있다. 그리고 그것이야말로 우리에게 가장 필요한 것이다.[19]

팀 켈러가 즐겨 강조하던 세 번째 통찰은 의심할 바 없이 가장 중요하다. 그는 인터뷰에서 이렇게 말했다. "나는 당신이 무슨 이유로 고통을 겪고 있는지는 모릅니다. 하지만 무엇이 아닌지는 알고 있습니다. 하나님이 당신을 사랑하지 않기 때문에 고통을 겪는 것은 아니라는 것입니다." 팀 켈러의 설명에 따르면, 오직 기독교만이 "하나님께서 실제로 땅에 내려오셔서 우리의 고통에 개입하셨다"고 감히 말할 수 있다. 하나님은 우리의 죄를 용서하시기 위해 그렇게 하셨다. 언젠가 "우리를 끝장내지 않으면서 고통을 끝장내기 위해서" 그렇게 하신 것이다. "목회자로서, 그리고 고통받는 자로서" 팀 켈러는 말했다. "그것이 바로 내 마음에 가장 큰 도움이 되었던 것이다."[20]

그렇다면 고통의 문제에 대한 궁극적인 해답은 무엇인가? 팀 켈러는 그것이 '무엇'이 아니라 '누구'라고 확신했다. 곧 주 예수 그리스도시다. 그래서 그는 종종 영국의 목사 에드워드 실리토(Edward Shillito)의 시적 언어를 인용했다.

다른 신들은 강했으나, 당신은 약하셨습니다. 그들은 말을 타고 달렸지만, 당신은 비틀거리며 왕좌로 나아가셨습니다. 그러나 우리의 상처에 말할 수 있는 것은 오직 하나님 당신의 상처뿐입니다. 하나님 외에 그 어떤 신도 우리를 위해 상처받지 않았습니다.[21]

우리에게 주어진 고통에 대해 그 어떤 합당한 이유도 헤아릴 수 없을 때조차, 우리는 상처 입으신 유일한 구주의 품 안에서 쉼을 누린다. 우리를 위해 상처 입으신 그분의 품 안에서 안식을 얻는다.

현실 직면하기

고통만큼 현실을 확인시켜 주는 것도 없다. 고통이 우리의 삶에 들이닥칠 때, 우리는 "우리가 우리 삶을 통제하지 못할 뿐 아니라 예전에도 통제해 본 적도 없었다"[22]는 사실을 깨닫는다. 고통은 우리가 품고 있던 거창한 망상과 한심한 자기 의존을 벗겨 내고, 우리를 현실과 그리고 종종 하나님과 직면하도록 내던진다.

하지만 주님은 고통을 단지 믿지 않는 자들을 깨우는 데만 사용하지 않으신다. 그분은 자신의 피로 값 주고 사신 사랑하는 자녀들을 아름답게 만드는 데에도 고통을 사용하신다. 목회자로서 팀 켈러는 "이미 믿고 있던 이들을 하나님의 실재와 사랑, 그리고 은혜를 더 깊이 경험하는 자리로 끌어당기는" 고통의 기적을 반복해서 보았다. 왜 그럴까? 고난의 풀무는 "하나님에 대한 추상적인 지식에서 살아 있는 실재이신 하나님과의 인격적인 만남으로 나아가는 주요한 통로 중 하나"이기 때문이다. 우리는 그것이 아니었으면 좋겠지만, 고난은 하나님이 자주 사용하시는 변화로 향하는 길이다.

믿는 자들은 교리적인 진리를 머리로는 잘 이해하지만, 그 진리들이 실망과 실패, 그리고 상실을 겪지 않고서 마음까지 내려가는 경우는 드물다. 예전에 한 남자가 직장도, 가족도 모두 곧 잃을 것 같은 상황에서 내게 이렇게 말했다. "예수님만으로 충분하다는 사실을 늘 원리로 알고 있었습니다. 하지만 정말 예수님밖에 없게 되었을 때에서야 비로소 예수님만으로 충분하다는 것을 진짜로 알게 됐습니다."[23]

40년이 넘는 목회 사역을 하며, 팀 켈러는 고난이 사람들을 오직 두 방향 중 하나로 몰아가는 것을 지켜보았다. 고난은 하나님에게서 멀어지게 하든가, 하나님께 가까이 나아가게 한다. 고난이 누군가를 그대로 내버려두는 경우는 한 번도 본 적이 없었다.

　2001년 9월 11일, 맨해튼 남부에서 아직도 연기가 피어오르던 그날, 팀 켈러는 설교에서 "따뜻한 기후에서 고기를 상하지 않게 하려고 소금을 문지르듯이" 하나님의 사랑과 소망이 우리의 슬픔 속에 깊이 문질러져야 한다고 말했다. "슬픔은 우리를 더 우울하고 약하게 만들 수도 있고, 훨씬 더 지혜롭고 선하고 부드러운 사람으로 만들 수도 있다. 우리가 그 슬픔에 무엇을 문지르느냐에 따라 달라진다."[24]

치유 중심 시대를 위한 신학적 평형추

　처방이 무엇이든 간에, 타락한 우리의 육체는 그 약을 거부하며 격렬히 저항한다. 그 이유 중 하나는 이렇다. "우리는 본능적으로, 그리고 뿌리 깊이 자기중심적이라서, 우리가 그렇다는 사실조차 믿지 않는다."[25] 조심하지 않으면, 고통은 우리를 스스로에게 더 함몰되게 만들고, 그 상황이 '나에게' 어떤 영향을 미치는지에만 집착하게 한다. 그래서 그것이 어떻게 하나님의 영광을 위한 도구가 될 수 있는지를 생각하지 못하게 한다.

　흥미롭게도 고통에 대한 현대의 대부분의 자료들은 이전 세대와 달리 "더 이상 고난을 견뎌 내는 법에 대해 말하지 않는다." 대신 "사람들이 스트레스, 압박감, 혹은 트라우마를 관리하고 줄이고 대처할 수 있도록 하기 위해, 경영학과 심리학에서 차용한 용어들"을 사용한다고 팀 켈러는 지적한다. "고통을 겪는 사람들은 부정적인 생각을 피하라는 조 언을 듣고, 휴식, 운동, 자신을 지지해 주는 관계를 통해 자신을 보호하 라고 권고받으며, 문제를 해결하거나 '바꿀 수 없는 것은 받아들이는 법 을 배우라'는 식의 말을 듣는다. 하지만 모든 초점은 자신의 즉각적인 감정 반응과 환경을 통제하는 데 맞춰져 있다." 물론 이런 실천들 중 다 수는 지혜로운 삶의 방식에 해당한다. 하지만 수 세기 동안 기독교는 "성도들에게 시련을 직면할 수 있는 자원을 제공하기 위해, 더 높고 더 깊은 차원으로 나아가는"[26] 다른 길을 걸어왔다. 솔직히 말하면, 해답의 많은 부분은 신학을 진지하게 받아들이는 데 있다.

> 왜 현대의 스트레스와 불안에 대한 책들은 인생에 대해 깊이 생각하 라고 말하지 않는가? 그것은 서구의 세속 문화가 아마도 역사상 처음 으로, 삶의 근본적인 질문들에 대해 어떤 해답도 없이 작동되는 사회 이기 때문일 것이다. … 그들은 이렇게 조언한다. 너무 깊이 생각하 지 말고, 긴장을 풀고, 즐거움을 주는 경험을 찾아라.
> 빌립보서 4장 8-9절을 보면 바울은 기독교적인 평안은 거의 정반대 로 작동한다고 말한다. 기독교의 평안은 생각을 덜 하는 것에서 오는 것이 아니라, 인생의 근본적인 문제들에 대해 더 많이, 더 깊이 생각 하는 것에서 오는 것이다.[27]

간단히 말해, "평안을 얻고 싶다면, 성경의 핵심 교리들을 오래도 록 깊이 생각하라."[28]

마틴 로이드 존스가 시편 42편을 해석하면서 던진 통찰을 인용하며, 팀 켈러는 이렇게 강조한다. 우리는 단지 마음의 말을 듣기만 해서는 안 된다. 마음에 말을 해야 한다. "우리는 마음이 어떤 전제를 바탕으로 추론하는지 귀 기울여야 한다. 하지만 … 그 전제가 잘못된 경우 그 전제에 도전해야 하며, 그런 경우가 종종 있다." 팀 켈러는 이렇게 설명한다.

예를 들어, 우리의 마음이 "이건 소망이 없어!"라고 말할때, 우리는 거기에 맞서 논쟁해야 한다. 우리는 이렇게 되물어야 한다. "그래? 그런 너가 소망을 두었던 것이 무엇이냐에 달렸지. 그게 그토록 큰 소망을 걸 만큼 적절한 대상이었어?" 시편 42편 5절을 보면 시편 기자가 자신의 소망을 분석하는 모습을 볼 수 있다. "내 영혼아 네가 어찌하여 낙심하며 어찌하여 내 속에서 불안해하는가?" 시편 기자가 자기 자신에게 훈계하고 있다는 것을 주목하라. "너는 하나님께 소망을 두라. … 내가 여전히 찬송하리로다." 시편 기자는 자기 마음에게 말하고 있다. 자기 마음에게 하나님께로 나아가라고 말해 주고 있다.[29]

시편은 고통을 통하여 하나님을 예배하는 데 있어서, 또한 신성한 진리를 "거기에 불이 붙을 때까지" 마음속 깊은 곳까지 새겨 넣는 데 있어서, 다른 어떤 것과도 견줄 수 없는 독보적인 자원이다.[30] 시편의 거의 모든 페이지마다 시편 기자의 정직한 탄식과 끈질긴 신뢰가 넘쳐난다. 시편이 주는 교훈은 분명하다. 우리가 소망을 붙들 수 있는 이유는 삶이 쉽기 때문이 아니다. 하나님이 주권적이고 지혜로우며 선하시기 때문이다. 팀 켈러는 이렇게 조언한다. "시편 안에 깊숙이 머무는 것보다 하나님을 기다리기에 더 좋은 곳은 없다."[31]

우리는 물론 이와 비슷한 교훈을 욥기의 서사적 이야기 속에서도 배울 수 있다. 하지만 책의 끝에서 욥의 성품이 입증되고 재산이 회복되었음에도 불구하고, '여전히' 그가 던졌던 모든 질문에 대한 답을 얻지 못했다는 사실을 알아챈 적 있는가? 팀 켈러의 말대로, 욥은 "전체 그림을 본 것이 아니라, 오직 하나님만을 본 것"[32]이다. 수천 년이 지난 지금 메시아가 오셨다. 이제 우리는 인생의 광풍을 맞으며, 더 이상 욥처럼 폭풍우 가운데서 들려 오는 음성만 붙잡고 있지 않다.

> 우리는 이제 폭풍 가운데 들리는 음성이 필요하지 않다. 오히려 우리에게 필요한 것은 예수 그리스도께서 우리를 위해 그 무엇과도 비교할 수 없는 가장 큰 폭풍(신적인 공의의 폭풍) 속으로 머리를 숙이셨고, 그 결과 우리가 거룩하신 하나님으로부터 사랑의 음성을 들을 수 있다는 것을 아는 것이다. 그분께서 우리가 받아야 할 정죄를 받으셨기에, 하나님이 우리를 용납하실 수 있게 되었다. 예수님은 궁극적인 욥, 즉 진정으로 죄 없이 고난당하신 유일한 분이다.[33]

이처럼 고난에 대한 성경의 관점은 다른 세계관들과 비교할 수 없을 정도로 "가장 정교하고 다차원적"[34]이다. 우리가 자초한 고난이든(요나와 다윗), 배신으로 인한 고난이든(예레미야와 바울), 상실의 고통이든(마리아와 마르다), 설명할 수 없는 신비한 고난이든(욥)[35], 하나님의 말씀은 언제나 모든 순간에 맞는 약을 가지고 있다.

고통이 닥칠 때까지 하나님을 진지하게 찾지 않는 것은, 아마도 가장 위험한 일 중 하나일 것이다. 하나님은 우리에게 고난에서 면제해 주겠다고 약속하신 적이 없다. 베드로의 경고가 그것을 분명히 보여 준다. "사랑하는 자들아 너희를 연단하려고 오는 불 시험을 이상한 일 당하는 것 같이 이상히 여기지 말고"(벧전 4:12). 고난은 이상한 일이 아니다. 오히려 타락한 세상에 살며 못 자국이 난 왕의 발자취를 따르는 이들에게는 당연히 예상해야 할 일이다.

그러므로 고난에 관해 우리는 준비해야 하지만 절망할 필요는 없다. 우리는 결코 홀로 있지 않기 때문이다. 이사야 43장 2절을 묵상하면서 팀 켈러는 이렇게 말한다.

> 하나님은 불과 물, 어두운 골짜기를 너희가 만약 "지나간다면"이라고 말씀하지 않으신다. 너희가 "지나갈 때에"라고 말씀하신다. 하나님이 약속하신 것은 우리가 고난을 겪지 않게 해 주시겠다는 것이 아니다. 오히려 그분의 약속은 우리가 고난을 겪을 때 하나님이 우리와 함께하시며 그 가운데서 우리 곁에서 함께 걸어가시겠다는 것이다. 이사야는 이 비유를 한 걸음 더 나아가서, 하나님의 백성이 열기를 경험할지라도 그 불꽃이 "너를 사르지 못할 것"이라고 말한다. 이는 그들이 열기 속에 있을지라도, 그 열기가 그들 안에 있지 않을 것이라는 의미인 것 같다. 즉 그 고난이 들어와 그들의 영혼에 독을 퍼뜨리거나 마음을 강퍅하게 하거나 절망에 빠뜨리지 않게 한다는 것이다.[36]

그렇다고 하더라도, 피할 수 없는 고통의 계절을 대비해 어떻게 준비할 수 있을까? 그 준비는 '지금' 하나님의 성품과 약속, 그리고 목적을 아는 데서 시작된다. 왜냐하면 위기가 닥친 후에는 이미 너무 늦은 경우가 많기 때문이다. 사역의 마지막 무렵 팀 켈러는 이렇게 회고했다.

> 목회자로서 거의 40년을 사역하는 동안, 나는 종종 끔찍한 고난을 겪고 있는 사람들 곁에 앉아 있으면서, 속으로 '그들이 이처럼 거대한 고난의 파도가 그들을 섬키기 전에 신앙에 대해 더 많이 배웠더라면 좋았을텐데' 하고 조용히 생각했다. … 우리가 고난을 당하기 전에 반드시 붙들어야 할 심오하고 풍성한 진리들이 있다. 그렇지 않으면 고난에 제대로 대비할 수 없다. 그리고 이 진리들 중 상당수는 우리가 고난의 한가운데 있을 때, '현장에서' 배우기에는 너무 어려운 것들이다.[37]

다시 말해, 고난은 "우리를 절망으로 휩쓸어 가는 강물"처럼 작용할 수 있다. 하지만 우리가 하나님의 진리와 사랑을 오랜 시간에 걸쳐 깊이 배우고 이미 단단히 붙들어 왔다면, "우리를 소용돌이에 빨려 들어가지 않도록 지켜 주는 닻"의 역할을 할 수 있다.[38]

그러나 그 견고한 닻이 없으면, 우리는 하나님의 성품과 약속에 대한 온갖 거짓말에 속아 넘어가기 쉬운 상태가 된다. "하나님은 우리와 함께 걸으신다. 그러나 진짜 질문은 '우리는 하나님과 함께 걸을 것인가?'이다." 팀 켈러는 이렇게 묻는다. "우리가 '내 계획대로 움직이는 가짜 하나님'을 만들어 놓았다면, 인생이 무너질 때 우리는 단순히 하나님이 우리를 버리셨다고 지레짐작하고, 그분을 찾으려 하지 않을 것이다."[39] 바로 이 점에서 팀 켈러는 흥미롭게도 오늘날 악의 문제는 비기독교인보다 오히려 명목상의 기독교인들에게 더 심각한 문제라고 지적한다.[40]

이 모든 것은 고난이 아무리 예상치 못했거나 극심하더라도, 하나의 기회가 될 수 있다는 점을 가리킨다. 우리의 슬픔은 낭비되어서는 안 된다.[41] 팀 켈러는 이 점을 강렬하게 표현한다.

> 어쩌면 우리가 여전히 끝없는 어둠 속에 있을 때야말로, 악의 세력을 물리칠 수 있는 가장 큰 기회를 가진 것인지도 모른다. 어둠 속에서 우리는 더 나은 시기에는 실제로 존재하지 않는 선택을 할 수 있다. 우리는 단지 하나님이 하나님이시기 때문에 그분을 섬기기로 선택할 수 있다. 가장 어두운 순간에 우리는 하나님으로부터, 혹은 하나님과의 관계로부터 아무것도 얻지 못한다고 느낀다. 하지만 '바로 그때', 아무런 보상이 따르거나 유익이 되는 것 같지 않을 때, 계속해서 순종하고, 기도하며, 하나님을 찾고, 또한 이웃을 향한 사랑의 의무들을 계속 감당해 나간다면 어떨까? 만약 그렇게 한다면, 우리는 마침내 하나님을, 하나님이 주시는 유익이 아닌, 하나님 그분 자체로 사랑하는 법을 배우고 있는 것이다.[42]

그리고 어둠이 걷히고 나면, 우리는 "우리의 행복을 위해 하나님 외의 다른 것들을 의존하려던 마음은 줄어들었고, 하나님 그분 안에서 새로운 힘과 만족을 얻었음"을 발견하게 될 것이다. 또한 미래에 고난을 직면할 때, 우리는 "새로운 용기, 흔들림 없는 담대함, 균형 잡힌 태도, 그리고 평안을"[43] 발견하게 될 것이다.

팀 켈러가 지적하듯, 고통은 단지 "그리스도께서 우리와 같아지시고 우리를 구속하신 방식일 뿐 아니라, 우리가 그분을 닮고 그분의 구속을 경험하는 주된 방식 중 하나"[44]이다. 우리 구주께서 우리를 진정으로 파멸시킬 수 있는 유일한 종류의 고통 – 곧 하나님의 영원한 심판 – 을 제거하셨다. 그래서 이제 우리가 겪는 고난은 우리를 빛나도록 만들 수 있다. 다시 말해, "예수 그리스도께서 고난을 당하신 것은 우리가 결코 고난당하지 않게 하시려는 것이 아니라, 우리가 고난당할 때 그분을 닮게 하시기 위해서이다."[45]

경험 많은 그리스도인들이 증언하는 것처럼 이 주제에 관한 신비로운 진실은, 고통이 종종 살아 계신 하나님과의 더 깊고 달콤한 친밀함을 열어 준다는 것이다. 팀 켈러는 이렇게 말한다. 하나님은 "고통에도 불구하고"가 아니라 "고통을 통해서" 충만한 기쁨을 주신다. 실제로 "오직 고난을 통해서만, 그리고 고난 속에서만 우리에게 오는 것처럼 보이는 특별하고도 풍성하며 가슴을 울리는 기쁨이 있다."[46]

확실한 소망

고통받는 사람들이 필요로 하는 모든 것들 중에서, 소망보다 더 필수적인 것은 없다. 무엇보다도 "고통을 견딜 수 없게 만드는"[47]것은, 바로 소망이 침식되거나 상실되는 것이다. 팀 켈러는 붙잡혀 감옥에 간 두 남자의 이야기를 통해 이 점을 강조한다.

감옥에 들어가기 직전, 한 남자는 자신의 아내와 자녀가 죽었다는 소식을 들었고, 다른 남자는 아내와 자녀가 살아 있으며 자신을 기다리고 있다는 소식을 들었다. 수감 생활의 처음 몇 년 동안, 첫 번째 남자는 점점 쇠약해졌고, 몸을 웅크린 채 말라 갔으며 결국 죽었다. 하지만 다른 남자는 꿋꿋이 버텼고 강인함을 유지했으며, 10년 후 자유의 몸이 되어 걸어 나왔다. 주목해야 할 점은, 이 두 사람이 동일한 상황을 겪었음에도 전혀 다르게 반응했다는 것이다. 왜냐하면 그들은 같은 현재를 살았지만, 서로 다른 미래를 바라보며 살아갔기 때문이다. 바로 그 미래가 그들이 현재를 다뤄 내는 방식을 결정지었다.[48]

그렇다면 신자에게 주어진 미래의 운명은 무엇인가? 고통이나 슬픔이나 죄로 손상되지 않은 새롭게 만들어진 세상을 상속받는 것이다. 이 때문에 성경은 우리의 미래의 집을 구체적이고 물질적인 방식 - "새 하늘과 새 땅"(사 65:17; 벧후 3:13; 계 21:1-4 참조)으로 묘사한다 . 우리의 궁극적인 소망은 이 땅으로부터의 탈출이 아니라 이 땅의 회복이다. 대중적인 인식과 달리, 우리는 통통한 천사들과 함께 금빛 하프를 연주하며 둥둥 떠다니지 않을 것이다. 우리는 달리고, 일하고, 놀고, 노래하고, 웃고, 쉬며, 선하고 아름다우신 하나님의 끝없는 경이로움 속에서 기뻐할 것이다.[49]

그러므로 우리가 천국에서 누릴 영원에 대해 이야기하는 것은 괜찮다. 다만 그 단어가 "새 하늘과 새 땅"을 의미하는 것임을 잊지 말아야 한다. 그곳이야말로 우리의 궁극적인 영원한 집이다. 그곳에서 우리는 우리의 구속자와 함께 영원히 깊어지는 기쁨을 누릴 것이다. 팀 켈러가 자주 말했듯이, 새 창조는 단순히 우리가 잃어버린 삶에 대한 '위로'가 아니라, 우리가 늘 원했지만 결코 가질 수 없었던 삶의 완전한 '회복'이다.[50] 그렇다. 기독교는 하나님이 고통을 허용하신 이유를 완전히 설명해 주지 않는다. 하지만 기독교는 궁극적인 답을 제시한다. 그리고 역사의 끝에서 그 답이 드러날 때, 그것을 보게 될 모든 이들은 "그 성취가 완전히 만족스럽고, 무한히 충분하다는 것을 발견하게 될 것이다."[51]

그때까지 우리는 굳건한 소망으로 미래를 바라볼 수 있다. 그 이유는 우리의 '믿음'이 강해서가 아니라, 우리의 '구주'가 강하시기 때문이다. 그분은 자기 앞에 놓인 기쁨을 위해 십자가를 견디셨고, 우리의 죄에 대한 형벌을 대신 감당하셨다(히 12:2; 벧전 2:24). 도널드 그레이 반하우스(Donald Grey Barnhouse)는 필라델피아의 제10장로교회(Tenth Presbyterian Church)의 목사였다. 그의 아내는 30대 후반의 나이에 암으로 세상을 떠났고, 그에게는 열두 살도 되지 않은 네 명의 자녀가 남겨졌다. 팀 켈러는 다음과 같은 일화를 전한다.

아이들과 함께 장례식장으로 차를 몰고 가던 중, 큰 트럭이 왼쪽 차선으로 그들 옆을 지나갔다. 트럭이 지나가며 그 그림자가 차 위로 드리워졌다. 그때 반하우스는 차 안에 있는 모두에게 물었다. "트럭에 치이는 게 낫겠니, 아니면 트럭의 그림자에 치이는 게 낫겠니?" 열한 살짜리 아들이 대답했다. "당연히 그림자죠." 그러자 아이들의 아빠는 이렇게 말했다. "그래, 지금 너희 엄마에게 일어난 일이 바로 그거야. … 단지 죽음의 그림자만 엄마를 지나간 거야. 왜냐하면 죽음 그 자체는 예수님을 덮쳤거든."[52]

역사상 예수 그리스도보다 더 큰 고통을 겪은 사람은 없다. 왜냐하면 그분의 고통은 물리적인 차원을 넘어섰기 때문이다. 로마의 십자가 위에서 질식해 죽는 것도 끔찍했지만, 예수님이 겪은 가장 큰 고통은 인간의 눈에 보이지 않는 것이었다. 그분은 하나님의 진노의 잔을 마시고 계셨다. 우리를 위해 단 한 방울도 남기지 않으시기 위해.[53]

예수님께 속한 친구와 가족들이 세상을 떠났을 때, 우리는 그들을 생각하며 곧 우리가 가게 될 미래를 떠올린다. 그들은 단지 우리보다 먼저 간 것뿐이다. 팀 켈러는 이 점을 이렇게 아름답게 표현했다. "그리스도 안에서 죽은, 우리가 사랑하는 사람들은 우리를 떠나 어둠 속으로 가는 게 아니다. 그들은 우리를 떠나 빛 가운데로 들어가는 것이다."[54]

풀무불 속의 네 사람

다니엘서 3장은 사드락, 메삭, 아벳느고라는 세 히브리 청년들의 이야기를 들려준다. 그들은 이방 왕 앞에서 절하라는 명령을 받았고, 거부하면 맹렬히 타는 풀무불 속에 던져질 위기에 처했다. 느부갓네살 왕은 조롱하듯 이렇게 묻는다. "능히 너희를 내 손에서 건져 낼 신이 누구이겠느냐?"(단 3:15) 놀랍게도 이 세 사람은 이렇게 대답한다.

사드락과 메삭과 아벳느고가 왕에게 대답하여 이르되 느부갓네살이여 우리가 이 일에 대하여 왕에게 대답할 필요가 없나이다 왕이여 우리가 섬기는 하나님이 계시다면 우리를 맹렬히 타는 풀무불 가운데에서 능히 건져 내시겠고 왕의 손에서도 건져 내시리이다 그렇게 하지 아니하실지라도 왕이여 우리가 왕의 신들을 섬기지도 아니하고 왕이 세우신 금 신상에게 절하지도 아니할 줄을 아옵소서(단 3:16-18).

이 대답에 느부갓네살은 격분하고, 그들을 풀무불에 던져 넣으라고 명령한다. 그런데 뜻밖의 일이 벌어진다. 불길 속을 들여다본 느부갓네살은 자기 눈을 의심한다. "내가 보니 결박되지 아니한 네 사람이 불 가운데로 다니는데 상하지도 아니하였고 그 넷째의 모양은 신들의 아들과 같도다 하고"(단 3:25).

이 성경 이야기를 통해 팀 켈러는 두 가지 중요한 교훈을 이끌어 낸다.

첫째, 이 히브리 청년들은 결과에 상관없이 하나님을 신뢰하기로 결단했다는 것이다. "그들의 확신은 하나님이 자신들이 생각하는 방식대로 일하실 것이라는 제한된 이해에 있던 것이 아니라, 하나님 자신에 대한 확신이었다. 그들은 하나님이 자신들을 구해 주실 것이라는 내적인 확신을 가지고 있었다." 팀 켈러는 이렇게 말한다. 그렇지만 동시에, 그들은 '하나님의 뜻을 제대로 읽고 있다'고 확신할 만큼 교만하지 않았다. 하나님이 자신들의 제한된 지혜에 따라 움직이실 의무가 없다는 것을 그들은 알고 있었다." 다른 말로 하면, 그들의 확신은 "하나님이 이뤄 주길 원하는 자신들의 계획이 아니라, 하나님 그분께 있었다."[55]

팀 켈러는 우리가 얼마나 교묘하게 "하나님 플러스 내 인생 계획(내계획에 하나님을 덧붙이는 것-편집자주)"에 우리의 소망을 두기가 쉬운지를 지적한다. 하지만 이 히브리 청년들은 오직 "하나님만" 신뢰했다.

'나는 그분이 반드시 우리를 구해 주실 것이라고 믿어'라는 식의 접근은 겉으로 보기에는 확신에 차 있는 것처럼 보일 수 있다. 하지만 그 밑바닥에는, 불안과 불확실성으로 가득 차 있다. 우리는 혹시라도 하나님이 구원해 달라는 기도에 응답하지 않으실까 봐 두려워한다. 하지만 사드락과 메삭과 아벳느고는 하나님을 '마음 깊은 곳까지' 전적으로 신뢰했다. 그래서 그들은 전혀 불안해하지 않았다. 그들은 이미 영적으로 불에 타지 않도록 방염처리가 되어 있었다. 하나님이 구해 주시든 죽게 되든, 어떤 결과가 오더라도 그들은 하나님이 영광을 받으실 것이고 자신들은 하나님과 함께하게 될 것을 알고 있었다. 하나님이 자신들을 '죽음에서' 구해 주시든, '죽음을 통과하여' 구해 주시든, 어쨌든 구원하실 것을 그들은 믿고 있었다.

그들에게 가장 큰 기쁨은 하나님을 영화롭게 하는 것이었지, 하나님을 이용해 자신들이 원하는 것을 얻어 내는 것이 아니었다. 그 결과 그들은 두려움이 없었다. 그 무엇도 그들을 무너뜨릴 수 없었다.[56]

둘째로, 불 속에서 함께 있었던 네 번째 사람은 그로부터 600년 후에 이 땅에 오셔서 궁극적인 불가마 속으로 스스로 뛰어드신 또 다른 한 사람의 놀랍고도 희미한 모습을 우리에게 보여 준다. 십자가 위에서 예수 그리스도(맹렬하게 불타는 하나님의 공의의 풀무불 속에서 불살라지심으로)는 추방되셨다. 그리하여 '오직 그분께만 절하는' 우리가 결코 그런 운명을 겪지 않게 하셨다. 예수님이 우리를 위해 그 궁극적인 고난의 풀무불을 견디셨기 때문에, 우리는 우리 삶에 닥치는 그보다 작은 풀무불들을 견딜 수 있다.

고난은 우리 삶에서 좋은 것들이 '궁극적인 것'으로 자리 잡았는지를 끈질기게 "찔러 보며" 드러내는 능력을 지녔다. 실제로 팀 켈러는, 오직 고통이 찾아올 때에야 비로소 우리는 참된 하나님과 편리한 거짓 신들 사이의 차이를 분별하기 시작한다고 말한다. 그리고 그는 이렇게 덧붙인다. "그 풀무불을 함께 지나 저편까지 데려갈 수 있는 분은 오직 참되신 하나님뿐이다. 다른 신들은 그 풀무불 속에 너를 버릴 것이다."[57]

그렇다면 우리는 어떻게 해야 '영적으로 불에 타지 않도록 방염처리 된'[58] 사람이 될 수 있을까? '하나님이 나를 구해 주시는 한' 그분을 사랑하겠다는 조건적인 신앙에서 벗어나, 불길 속에서 죽게 되더라도 그분을 사랑할 수 있으려면 어떻게 해야 할까? 팀 켈러는 이렇게 결론을 내린다. "유감스럽지만, 가장 주된 방법은 당신의 삶에 고난이 찾아오는 것이다."[59]

암과 직면하다

이 장의 서두에서 나는 팀 켈러의 가르침이 가장 어두운 주제를 따를 때 가장 밝게 빛났다고 말했다. 그러나 어둠 속에서 빛났던 것은 단지 그의 가르침만이 아니었다.

궁극적으로 가장 빛났던 것은 그의 삶이었다.

2020년 5월, 전 세계가 COVID-19 팬데믹으로 멈춰 선 지 두 달 후, 팀 켈러는 특히 빠르게 전이되는 치명적인 형태의 암 진단을 받았다. 그 이듬해, 그는 〈애틀랜틱〉(*The Atlantic*)에 실린 "죽음 앞에서 나의 믿음 키우기"(Growing My Faith in the Face of Death)라는 에세이에서 자신의 슬픔 – 그리고 흔들리지 않는 소망 – 에 대해 강렬한 목소리로 이야기했다.[60] 그는 그 소식을 들은 직후의 상황을 회상하며 이렇게 글을 시작한다.

몇 년 전 암에 걸린 한 여성이 내게 말했다. '이제 저는 더 이상 신자가 아닙니다. 신앙은 나에게 효과가 없어요. 나에게 이런 일을 할 수 있는 인격적인 하나님을 내가 어떻게 믿을 수 있겠어요?' 암은 그녀의 하나님을 죽여 버렸다.
그럼 나는 어떻게 될까? 나는 갑자기 수술대에 오른 외과 의사 같은 기분이었다. 과연 나는 내가 평소에 해온 조언을 나에게 적용할 수 있을까?

이처럼 심각한 진단을 마주하며 팀 켈러는 자신이 "입으로 고백한 신앙"뿐 아니라 "하나님에 대한 실제 이해"도 다시 점검해야만 했다. 그는 이렇게 쓴다.

"[하나님에 대한 나의 생각들이] 문화에 의해 형성된 것일까? 혹시 나는 무의식중에 내가 하나님을 위해 존재하는 것이 아니라 하나님이 나를 위해 존재하신다고 가정해 온 것은 아닐까? 내 인생이 순조로워야 한다고, 하나님보다 내가 인생이 어떻게 흘러가야 하는지 더 잘 안다고 가정해 온 것은 아닐까? 그 대답은 '그렇다'였다. 어느 정도는 그랬다. 나는 하나님의 크심을 받아들이고 '당신의 뜻이 이루어지다'라고 고백하는 것이 처음에는 고통스럽지만, 역설적으로 깊은 자유를 가져다준다는 것을 발견했다. 하나님을 우리처럼 작고 유한한 존재로 여기는 것은 처음에는 자유로운 느낌을 줄지 몰라도, 분노에 대한 아무런 해결책도 제공하지 못한다."[61]

고통은 겉으로 그럴듯해 보이는 경건의 환상을 벗겨 내고, 우리 마음속 깊은 곳에 있는 진실을 마주하게 함으로, 좀처럼 얻기 힘든 선물을 제공한다. 팀 켈러는 이렇게 말한다. "하나님의 사랑과 미래의 부활에 대한 추상적인 개념들은 삶 전체를 사로잡는 진리가 되거나, 쓸모없는 것으로 버려져야 한다." 그리고 진리를 붙들고 믿음을 위해 싸우면서, 팀 켈러는 우리를 위해 값비싼 대가를 치르신 예수님의 사랑이 "단지 내가 믿고 정리해 둔 추상적인 개념이 아니라, 하루종일 나를 지탱해 주는 소망"이 되어 가는 것을 발견했다.

죽음을 실제로 마주해야 하는 상황 속에서 팀 켈러는 이렇게 고백할 수 있게 되었다. "과장이나 감상 없이 진심으로 말하건데, 내 인생에서 이렇게 행복해 본 적은 없었고, 이렇게 위로로 가득 찬 날들을 보낸 적도 없었다. 하지만 동시에, 이처럼 슬픔에 잠긴 날도 없었다." 이처럼 상반된 감정적 현실 – 엄청난 슬픔과 억누를 수 없는 기쁨 – 이 동시에 존재할 수 있다는 것은, 세상이 타락했고 복음이 참되다는 사실을 전재로 할 때에만 이해할 수 있다. 예수님의 백성들이 지난 이천 년 동안 "근심하는 자 같으나 항상 기뻐하는 자"(고후 6:10)였다는 것은 놀랄 일이 아니다.

2021년, 암이라는 암울한 의학적 전망의 그늘 아래서 완성된 그의 책 《팀 켈러의 부활을 입다》(Hope in Times of Fear)에서, 팀 켈러는 빈 무덤이 주는 함의를 깊이 묵상했다.

부활은 단지 그리스도인들이 "미래에 대한 소망"을 가지고 있다는 뜻이 아니다. 그것은 "미래로부터 오는 소망"을 가지고 있다는 뜻이다. 성경이 전하는 놀라운 메시지는, 예수님이 부활하실 때 미래의 하나님 나라를 현재 속으로 가져오셨다는 것이다.[62]

그리고 이것은 모든 것을 변화시킨다. "이 세상에는 좋은 것들이 있고, 힘든 것들이 있고, 그리고 가장 좋은 것들이 있다 – 하나님의 사랑, 영광, 거룩, 아름다움"이라고 팀 켈러는 말한다. 그리고 성경은 분명하게 말한다. "가장 좋은 것들에 이르는 길은 좋은 것들을 통과해서가 아니라, 대개 힘든 것들을 통해서다."[63] 팀 켈러는 강조한다. "우리의 나쁜 일들은 결국 좋은 일로 바뀔 것이고, 우리의 좋은 것들은 결코 빼앗기지 않을 것이며, 가장 좋은 것은 아직 오지 않았다."[64] 이 얼마나 확고한 소망인가! 그렇다면 두려울 것이 무엇인가? 사람들이 우리에게 무엇을 할 수 있겠는가?(시 118:6) 죽음이 우리에게 무엇을 할 수 있겠는가?(고전 15:55) 성경은 선언한다. 이 세상 어떤 권세도 – 심지어 죽음조차도 – 그리스도의 사랑에서 우리를 빼앗을 수 없다. 오히려 그것은 우리를 그 사랑 안으로 더 깊이 들어가도록 안내할 뿐이다(롬 8:38-39).

팀 켈러는 말기 진단을 받았지만, 부활의 약속은 그와 캐시가 "소망 없는 다른 이와 같이 슬퍼하지 않게"(살전 4:13) 붙드는 강력한 힘이 되었다. 누군가 그에게 미래에 대해 불안해하는 젊은 그리스도인에게 어떤 말을 해주고 싶냐고 물었을 때, 그는 이렇게 대답했다.

만약 예수 그리스도께서 실제로 죽은 자 가운데서 부활하셨다면, 그렇다면 어떻게 될까요? 모든 것이 괜찮아질 것입니다. 지금 당신이 걱정하고 있는 게 무엇이든 간에, 당신이 두려워하고 있는 게 무엇이든 간에, 모든 것이 진짜 괜찮아질 것입니다. … 예수 그리스도께서 부활하셨다면, 결국 온 세상이 어떤 의미에서든 부활하게 될 것입니다. …

어젯밤에 캐시와 나는 함께 많이 울었습니다. 우리가 함께 보낼 수 있는 시간이 얼마 남지 않았다는 현실이 때때로 우리를 압도합니다 … (하지만) 만약 예수 그리스도께서 죽음에서 부활하셨다면 - 그리고 그분은 부활하셨죠 - 당신은 괜찮을 것입니다.[65]

진단을 받은 지 거의 1년이 지난 무렵, 팀 켈러는 또 다른 인터뷰에서 주님이 자신에게 무엇을 가르치고 계신지를 밝혔다.[66] 그는 편안하고 심지어는 유쾌한 태도로, 이 병이 자신의 마음과 삶에 가져다준 정화의 효과에 대해 증언했다. 특히 마음에 울림이 있던 두 가지 고백이 있었다.

첫째, 그는 자신이 주로 싸우고 있는 것은 암이 아니라 죄라고 단호하게 말했다. 왜 그럴까?

만약 내 죄가 아니었다면, 나는 그리스도 안에서 완전한 안식을 누릴 수 있을 것이고, 부활이 내게 영적으로 실재가 되었을 것이며, 나는 영적으로, 감정적으로, 그리고 모든 면에서 완전히 괜찮았을 것입니다. … (하지만) 나의 죄가 나를 붙들어 줄 영적인 현실로부터 나를 멀어지게 합니다. 그러므로 … 내가 임박한 죽음을 다루는 방법은 나의 죄와 싸우고, 하나님과 더 깊은 교제를 추구하는 것입니다.

암에 대해서 이렇게 덧붙였다. "그게 싸움의 본질은 아닙니다. 나는 결국 무언가로 죽게 될 겁니다. 〔하지만〕 내가 진짜 해야 할 일은 죄와 싸우는 겁니다. 그래야 진짜로 죽을 준비가 되고, 하나님과 함께할 준비가 되는 것이죠."

두 번째 교훈은 그와 캐시가 함께 배워 가고 있는 것이라고 설명했다. 그들은 "이 땅에서 천국을 만들어 내려고" 노력하는 대신 - 캐시의 경우 휴가 같은 것들로, 팀의 경우 사역의 생산성으로 - 놀라운 진리를 깨달아 가게 되었다. 그것은 천국을 만들어 내려는 노력을 멈추면, 오히려 이 땅의 기쁨이 더 커진다는 것이다.

이 땅의 기쁨들이 예전보다 더 깊이 와닿습니다. … 예전에 〔캐시와 나는〕 별로 즐기지 않았던 것들이 정말 많았습니다. 그런데 우리가 천국을 진짜 천국으로 인식하면 할수록, 이 세상은 그 자체로 더 즐길 수 있는 곳이 되어 갔습니다. 이 세상이 우리에게 줄 수 있는 것 이상을 억지로 끌어내려 하지 않고 말이죠. 그랬더니 이상하게 들리겠지만 … 우리는 예전보다 더 행복해졌습니다. 하루하루가 더 즐겁고, 포옹이 더 좋고, 음식이 더 맛있고, 산책이 더 즐겁습니다. 보고, 만지고, 맛보고, 듣고, 냄새 맡는 이 실제적인 것들이 예전보다 훨씬 더 좋아졌습니다. 왜일까요? 우리에게 무슨 일이 일어난 것일까요? 그 대답은 우리의 마음이 이제 그런 것들에 집착하지 않게 되었기 때문입니다. 이상하게도, 그렇게 되니까 오히려 그것들을 더 즐길 수 있게 된

것이죠.[67]

죽음을 마주하다

수년간 팀 켈러는 17세기 시인 조지 허버트(George Herbert)의 말을 즐겨 바꾸어 인용하곤 했다. "죽음은 한때 사형 집행인이었지만, 복음은 죽음을 단지 정원사로 만들었다."[68] 다시 말해 팀 켈러는 이렇게 주장했다. "죽음이 이제 그리스도인에게 할 수 있는 일은, 그들의 삶을 무한히 더 좋게 만드는 것뿐이다."[69] 얼마나 위로가 되는 생각인가! 그러나 말하고 설교하기는 쉬워도, 실제로 믿기는 훨씬 더 어렵다. 하지만 팀 켈러는 마지막 순간까지 이 소망을 붙들고 있었다.

그가 그렇게 할 수 있었던 이유는, 훨씬 이전부터 한 가지 결정적인 사실을 받아들였기 때문이다. 그의 삶은 그의 것이 아니라는 사실이다. 이 생각은 지금 시대에 그 어느 때보다 더 반문화적이다. 그러나 이것이 바로 그리스도인의 삶의 핵심이다. "만약 그리스도인으로 산다는 것이 무엇을 의미하는지 알고 싶다면," 팀 켈러는 한 번 이렇게 말한 적이 있다. "아마 나는 고린도전서 6장에서 이렇게 말한 부분을 찾아볼 것이다. '너희는 너희 자신의 것이 아니라 값으로 산 것이 되었으니.' 솔직히 말해서, 그리스도인 됨의 모든 부분은 이 한 구절에서 파생된 것이라고 할 수 있다."[70]

이 땅에서 보낸 마지막 3년 동안, 팀 켈러가 간헐적으로 전한 소식들은 주로 자신의 영적 상태에 초점을 맞추고 있었다. 그중 하나는 이러했다. "나는 췌장암 4기 진단을 받았습니다. 하지만 나보다 무한히 더 지혜롭고 더 사랑이 많으신 하나님이 계시다는 사실이 끝없는 위로가 됩니다. 하나님은 내가 알 수 없는 수많은 선한 이유로 모든 일을 행하시고 또 허락하십니다. 그리고 거기에 내 소망과 힘이 있습니다."[71]

결국 그의 육신은 점점 약해졌고, 치료에 더 이상 반응하지 않게 되었다. 팀 켈러가 임종을 맞이할 무렵, 그의 아들 마이클이 이렇게 글을 남겼다.

> 며칠 전부터 아버지는 우리에게 함께 기도해 달라고 자주 요청하셨습니다. 기도 가운데 아버지는 여러 차례 예수님과 함께 있기 위해 영원한 집에 가고 싶다는 바람을 표현하셨습니다. 우리 가족은 모두 더 많은 시간을 함께하고 싶었기에 매우 슬프지만, 이제 아버지께 남은 시간이 많지 않다는 것을 알고 있습니다. 이틀 전 기도 중에 아버지는 이렇게 말씀하셨습니다. "지금까지 오랜 시간 동안 저를 위해 기도해 준 모든 분들로 인해 감사합니다. 저를 사랑해 주는 가족들로 인해 감사합니다. 하나님이 저에게 허락하신 시간으로 인해 감사합니다. 하지만 저는 이제 예수님을 뵐 준비가 되었습니다. 저는 예수님을 뵙고 싶어 더 이상 기다릴 수 없습니다. 이제 저를 본향으로 보내 주십시오."[72]

다음 날인 2023년 5월 19일, 티머시 제임스 켈러는 영원한 영광으로 들어갔다. 마이클은 아버지의 마지막 순간을 이렇게 전했다.

> 아버지는 어머니와 단둘이 있을 때까지 기다리셨습니다. 어머니가

아버지의 이마에 입을 맞췄고, 아버지는 마지막 숨을 내쉬셨습니다. 아버지의 마지막 말 중 일부가 우리에게 큰 위로가 되었습니다. '내가 떠나는 데 있어서 아쉽거나 나쁜 것은 하나도 없어. 단 하나도.'[73]

팀 켈러가 고난 가운데서 하나님의 전적인 은혜를 가장 웅변적으로 증언한 순간은 설교도, 수필도, 세미나도, 책도 아니었다. 그것은 바로 그의 죽음이었다. 그는 죽음을 용기와 소망으로 맞이했다. 그것은 그가 지금까지 전했던 메시지 중 가장 강력한 메시지였다.

생명보다 나은 것

팀 켈러는 특별한 사람이 아니다. 성령의 도우심으로, 우리도 고난을 잘 견뎌 낼 수 있다. 하지만 한 가지는 마음 깊이 분명히 자리 잡아야 한다. 바로 예수 그리스도의 사랑은 "생명보다 낫다"(시 63:3)는 것이다. 이 구절이 팀 켈러가 가장 좋아하던 성경구절 중 하나였다는 사실은 그리 놀랍지 않다. 결국, 고난은 "우리를 산산조각 낸다. 우리를 향한 하나님의 사랑을 확신하지 못한다면 말이다."[74] 그러므로 우리는 이 진리 안에 안식하기 위해 싸워야만 한다. 우리는 우리의 생명을 잃을 수 있다. 그러나 그분의 사랑은 결코 잃을 수 없다.

악과 고통에 관한 한, 우리가 섬기는 하나님은 인격적이며 목적을 가지신 분이다. 어떤 일도 그분을 놀라게 할 수 없다. 그 무엇도 그분의 계획을 방해할 수 없다. 그리고 그분의 사랑에 대한 궁극적인 증거는 예루살렘 외곽의 언덕에서 드러났다. 그곳에서 예수님은 우리 같은 반역자들을 위해 고난 당하고 피를 흘리셨다. 우리가 그분과 함께 영원한 생명을 누릴 수 있도록 말이다. 지금 그분의 무덤은 비어 있지만, 우주의 보좌는 비어 있지 않다. 이것보다 더 전율이 흐르는 소식은 어디에도 없다.

팀 켈러는 언젠가 이렇게 말했다. "예수님이 보좌에 앉아 당신을 위해 만물을 다스리고 계시거나", "아니면 더 이상 나아질 것이 없는 현실이 전부다."[75]

하나님께 감사하자. 그분이 보좌에 계신다.

위대한 겸손,
오직 그리스도만 높이다

◇◇◇

　그날 조문객들의 행렬은 거리의 블록을 따라 구불구불 이어졌고, 이들은 8월의 작열하는 태양 아래에서 더위를 견디며 차례를 기다리고 있었다. 그들 앞에는 뉴욕 맨해튼 미드타운(Midtown)에 위치한 역사적인 랜드마크인 세인트패트릭대성당(Saint Patrick's Cathedral)이 우뚝 서 있었다. 미국에서 가장 큰 도시에서도 이 일은 특별한 사건이었다. 성경 저자들이 표현했다면, 단지 '잠들었다'고 했을 한 사람을 추모하기 위해 수천 명의 사람들이 이 '잠들지 않는 도시'에 모여들었다.[1] 그를 기억하고, 애도하며, 기뻐하기 위해 그 자리에 있었다. 각자의 사연과 동기는 달랐으나, 그들이 그 자리에 있었던 까닭은 모두 다름 아닌, 이제는 본향으로 부름받은 팀 켈러를 통하여 주께서 그들의 삶을 만지셨기 때문이었다.

화려하게 빛나는 성당의 웅장함과 사람들이 돌아보기 위해 모인 그 한 사람의 인생은 상당히 대조적이었다. 팀 켈러가 직접 계획한 장례 예배는 유머러스한 디테일까지 세심하게 반영되어 있었으며, 철저히 개신교적이며 복음 중심적이었다.[2] 미학적으로 단순했고, 초점은 온전히 예수 그리스도께 맞추어져 있었다.

팀 켈러의 육신은 라과디아공항(LaGuardia Airport)에서 가까운 세인트마이클묘지(St. Michael's Cemetery)에 안장되어, 부활의 날을 기다리고 있다. 매일 수천 명의 이들이 공항으로 향하는 길목에서 그 묘지를 스쳐 지나간다. 그의 묘비는 화려하지는 않지만, 그 메시지는 분명하다. 팀 (1950-2023)과 그의 지상에서 가장 가까운 동반자 캐시(1950-)의 이름 아래, 간결하면서도 아름다운 문구가 다음과 같이 새겨져 있다.[3]

로마서 8장 1절

그러므로 이제

그리스도 예수 안에 있는 자에게는

결코 정죄함이 없나니.

이사야 26장 12절

주께서 우리의 모든 일도

우리를 위하여 이루심이니이다.

팀 켈러는 스포트라이트를 원하지 않았다. 실제로 그는 그것을 자주 피하곤 했다. 리디머교회의 예배 또한 과장되거나 화려함과는 거리가 멀었다. 콜린 핸슨의 표현을 빌리자면 다음과 같았다.

> 팀 켈러가 1989년에 리디머교회를 시작했을 때, 그는 의도적으로 교회를 홍보하지 않았다. 특히 다른 기독교인들에게는 더욱 그랬다. 그는 내슈빌에서 책을 판매하는 것보다, 맨해튼 어퍼 이스트 사이드(Upper East Side)에서 종교에 회의적인 사람들을 만나고 싶어 했다. … 그렇다면 왜 이처럼 홍보에 무관심했던 인물에 관해 글을 쓰는가? 그 이유는, 이 이야기가 본질적으로 그에 대한 이야기가 아니기 때문이다.[4]

그에 걸맞게, 팀 켈러는 자신이 세상에서 떠날 날이 가까워졌음을 깨달았을 때, 리디머교회를 향한 마지막 메시지를 남겼다. 이 메시지는 섭리적으로 그가 세상을 떠난 바로 그날 영상으로 공개되도록 예정되어 있었다. 그가 남긴 권면은 예레미야가 그의 서기관 바룩에게 전한 말씀을 인용한 것이었다. "네가 너를 위하여 큰 일을 찾느냐 그것을 찾지 말라"(렘 45:5, KJV). 팀 켈러는 이 구절을 조심스럽게 되새기며 이렇게 말했다.

> 창세기 11장은 사람들이 자기 이름을 내기 위해 도시로 향하는 경향이 있다는 것을 보여 줍니다. … 그런데 목회자들도 종종 자기 이름을 내기 위해 뉴욕으로 오곤 합니다. … '나는 뉴욕에서 사역하는 목

회자야. 나 멋지지 않아? 난 여기서 성공할 거야…'

사역의 성공을 여러분의 정체성으로 삼지 마십시오. 만약 그렇게 한다면, 일이 잘 풀리지 않을 때 여러분은 자신을 완전히 실패한 사람처럼 느끼게 되고, 그로 인해 완전히 무너질 수도 있습니다. 뉴욕에서 이름을 떨치겠다는 것을 인생의 목표로 삼지 마십시오. 예수님의 이름을 높이십시오. '이름이 거룩히 여김을 받으시오며.' 여러분 자신을 잊으십시오. 여러분의 명성을 잊으십시오. 하나님의 이름을 높이기 위해 여러분이 할 수 있는 일을 하십시오.[5]

팀 켈러는 완벽한 사람이 아니었다. 그러나 그는 지금도 살아 역사하시는 구주와 우리의 삶을 변화시킬 수 있는 복음을 사람들에게 전하는 것을 그 무엇보다 사랑했다.

감사의 말

무엇보다도 이 책은 나의 아내 매건(Maghan)에게 바친다. 지금까지 내가 시도한 글쓰기 중 가장 방대하고 복잡한 이 작업은 그녀의 끊임 없는 격려와 희생 없이는 절대 완성할 수 없었을 것이다. 2007년 무렵, 동아시아의 작은 가정교회에서 그녀와 우리 팀이 함께 팀 켈러의 설교 CD를 들으며 배웠던 기억이 아직도 생생하다.

내 사랑스러운 다섯 자녀, 노라(Norah), 줄리엣(Juliet), 벤자민 (Benjamin), 허드슨(Hudson), 헨리(Henry)에게도 감사한다. 아빠는 너희를 얼마나 사랑하는지 알지? 너희 한 사람 한 사람이, 이 책의 부제처럼, 변화시키는 복음의 능력을 실제로 경험하며 자라나기를 기도하고 있다.

버지니아 리치먼드에 있는 리버시티침례교회(River City Baptist Church)의 성도들에게도 감사드린다. 여러분의 목사로 섬길 수 있어 정말 기쁘고 감사하다.

이 책을 제안해 주고, 내가 쓰도록 설득해 준 크로스웨이(Crossway)의 저스틴 테일러(Justin Taylor)에게 감사드린다. 그와 사무엘 제임스(Samuel James) 덕분에 이 책은 훨씬 더 나은 결과물이 될 수 있었다. 꼼꼼하게 원고를 다듬어 준 케빈 에머트(Kevin Emmert)에게도 감사드린다. 그들은 정말 재능 있는 그리스도 안에서 한 형제들이다.

매의 눈으로 교정 작업을 도와 준 어머니 린다 스메서스트(Lynda Smethurst)에게도 감사드린다. 어머니는 내가 중학생(사실은 고등학생) 시절 마이클 조던에 대한 리포트를 쓸 때부터 지금까지 언제나 내 최고의 편집자였다. 나는 아직도 출판사에서 마이클 조던이 역대 최고의 선수라는 결정적인 주장을 담은 책을 써 달라고 요청해 주기를 기다리고 있다.

내 가장 오랜 친구 중 한 사람인 벤 로프레스티(Ben LoPresti)에게 감사한다. 그는 모든 장을 읽고 귀중한 피드백을 아끼지 않았다. 그리고 다음과 같은 친구들에게도 감사한다. 샘 올베리(Sam Allberry), 베서니 젠킨스(Bethany Jenkins), 트레빈 왁스(Trevin Wax), 아이반 메사(Ivan Mesa), 케빈 드영(Kevin DeYoung), 콜린 핸슨(Collin Hansen)은 여러 시점에서 아낌없는 조언을 주었다. 그 조언에 깊이 감사한다.

콜린에 대해 말하자면,《하나님의 사람, 팀 켈러: 그의 영성과 지성은 어떻게 형성되었는가》(Timothy Keller: His Spiritual and Intellectual Formation)의 저자이면서도, 켈러에 관한 또 다른 책에 이처럼 기꺼이 관심을 가져 주신 데 대해 진심으로 감사한다. 이는 그의 겸손함과 인품을 잘 보여 준다. 나의 어머니를 제외하면, 편집자로서 - 그리고 그 연장선상에서 작가로서 - 나에게 가장 큰 영향을 끼친 사람은 단연 콜린이다.

버지니아 비치에 있는 쓰리쉽스커피(Three Ships Coffee)에도 감사드린다. 훌륭한 커피를 끊임없이 내어 주시고, 글을 쓰기에 최적의 분위기를 제공해 주셨다. 이 책의 대부분은 이 카페에서 집필되었으며, 이전에 썼던 *Before You Share Your Faith*(당신의 믿음을 나누기 전에) 역시 이곳에서 집필되었다.

나의 글쓰기 휴가 동안 너그러운 환대를 베풀어 주신 할머니 베티 스프링(Betty Spring), 그리고 삼촌과 이모인 스티브와 리즈 앤 파넬(Steve and Liz Ann Parnell)께도 진심으로 감사드린다.

또한 이 프로젝트 전반에 걸쳐 기도로 함께해 주신 가족 여러분께도 깊이 감사드린다. 부모님인 더그와 린다 스메서스트(Doug and Lynda Smethurst), 자매들과 그들의 배우자인 로라와 세스 짐머맨(Laura and Seth Zimmerman), 엘렌과 팀 힐리아드(Ellen and Tim Hilliard), 에밀리와 브라이언 스피어스(Emily and Bryan Spears) 모두에게 감사드린다.

돈 카슨(Don Carson) 목사, 오래전에 팀 켈러(Tim Keller)와 함께 가스펠 코얼리션(The Gospel Coalition)을 세워 주셔서 감사드린다. 그리고 그곳에서 오랜 시간 함께 사역한 콘텐츠 팀께도 감사드린다. 이 팀은 팀 켈러 목사의 신학적 비전을 평범한 그리스도인을 위한 실제적인 자료로 바꾸어 주었다.

켈러 부부의 오랜 친구인 그레이엄과 로리 하월(Graham and Laurie Howell) 부부에게 감사한다. 길을 걸으며 들려준 지혜와 격려는 정말로 귀한 것이었다. 그레이엄은 1975년에 팀 켈러의 "첫 번째 회심자"였으며, 그의 이야기를 읽어 보고 많은 격려를 받을 수 있기를 바란다[1].

마지막으로, 캐시 켈러에게 깊은 감사의 말을 전한다. 팀 켈러는 하나님의 선물이었지만, 동시에 사모님도 그분의 선물이셨다. 그는 결코 스스로 만들어진 사람이 아니었다. 그의 유산을 제대로 이해하고 기리는 일은 사모님을 존중하지 않고서는 불가능하다.

이 책에 어떤 실수나 누락된 부분이 있다면, 그 책임은 전적으로 나에게 있다. 물론 팀 켈러 목사의 삶과 사역, 그리고 유산에 대해 훨씬 더 많은 이야기를 할 수 있겠지만, 이 책이 그리스도인의 삶에 관한 그의 방대한 가르침으로 들어가는 유익한 입구가 되기를 바란다.

주

프롤로그

1. Collin Hansen, *Timothy Keller: His Intellectual and Spiritual Formation* (Grand Rapids, MI: Zondervan Reflective, 2023), 118. 《하나님의 사람, 팀 켈러》(두란노 역간). See also the acknowledgments section in Timothy Keller, *Preaching: Communicating Faith in an Age of Skepticism* (New York: Penguin, 2015), 211-12. 《팀 켈러의 설교》(두란노 역간)의 '감사의 말' 부분 참조.

2. Timothy Keller, *Walking with God through Pain and Suffering* (New York: Dutton, 2013), 323. 《팀 켈러, 고통에 답하다》(두란노 역간).

3. Tim Keller, "A Wave Came In: How an Introvert Like Tim Keller Became a Great Preacher," interviewed by Marvin Olasky, *World*, 2010년 4월 23일, https://wng.org/(팀 켈러, "파도가 밀려오다: 내성적인 팀 켈러가 어떻게 위대한 설교자가 되었나", 마빈 올라스키와의 인터뷰). 2000년 여름, 약 오십 명의 호프웰교회 교인들이 켈러 가족을 위한 재회 모임을 열었다. "제 인생에서 가장 감동적인 순간 중 하나였습니다." 팀 켈러는 훗날 이렇게 회고했다. "그분들이 하신 일은 참으로 감동이었어요. 그들은 돌아가면서 제가 여러 해 동안 했던 말들 가운데 기억에 남는 것을 하나씩 이야기해 주었죠. … 한 사람씩 돌아가며 무언가를 말해 주었는데, 젊은 시절의 제 자신이 떠오르면서 그 시절의 제 자신에게 큰 꾸짖음을 준 사건이 생각났습니다. 버지니아에 갔을 때,

그곳에 나이 많은 목사님이 계셨습니다. 저를 따로 불러 이렇게 말씀하셨어요. '한 가지만 명심하세요. 서재에 앉아 책 읽고 설교 준비만 하지 마십시오. 밖으로 나가세요. 요양원에도 가고, 교도소에도 가고, 병원에도 가고, 성도들 가정에도 가세요. 매일같이 밖으로 나가십시오. … 사람들과 이야기 나누고, 그들과 함께 있으십시오.' 제 머릿속에 이런 생각이 들었습니다. 말은 안 했지만 속으로 이렇게 생각했어요. '내가 왜 헬라어, 히브리어, 심지어 아람어까지 배웠는데? 내가 왜 이 모든 학위를 취득했는데? 나는 학자라고. 정말 대단한 설교를 쓸 거고, 사람들은 사방에서 몰려올 거야. 사람들은 내 입에서 나오는 엄청난 진주들을 얻고 싶어 안달이 날 거야. 나는 그걸 위해서 열심히 일해야 해.' … 그분은 제 생각을 정확히 꿰뚫어 보셨습니다. 이름은 케네디 스마트(Kennedy Smart) 목사님이셨습니다. 아직도 기억나는 그분의 말씀은 이랬습니다. 그분은 저를 똑바로 바라보며(절대 잊지 못할 겁니다) 이렇게 말씀하셨습니다. "자네가 이 사람들에게 무슨 말을 하든, 그들이 자네가 자신들을 사랑한다고 느끼지 못한다면 아무 의미가 없네. 그리고 자네가 그들과 함께 있지 않는다면, 자네는 그들을 사랑하지 않는 거라네." Tim Keller, "Suffering and Glory," open forum at Redeemer Presbyterian Church(팀 켈러, "고난과 영광", 리디머교회 공개포럼), 2001년 11월 11일. 별도의 표기가 없는 한, 이 책에 인용된 켈러의 모든 설교는 리디머교회에서 설교되었으며, https://gospelinlife.com/에서 열람할 수 있다.

4. Tim Keller, "Contextualization: Radical Hospitality(상황화: 급진적인 환대)," interviewed by Laurie Sauriat, *To Be Continued... with Tim Keller*, podcast('계속됩니다 … 팀 켈러와 함께', 팟캐스트), Redeemer City to City, 2024년 5월 1일, https://redeemercitytocity.com/. 이 에피소드는 2023년 3월에 녹음되었다. 다른 곳에서 팀 켈러는 다음과 같이 강조한다. "상황화는 흔히 주장되듯이 '사람들이 듣고 싶어 하는 것을 주는 것'이 아니다. 오히려 그것은 사람들이 특정 시대와 장소에서 '삶에 대해 던지는 질문에 대해', 그들이 전혀 듣고 싶어 하지 않을 수도 있는 성경의 답을, 그들이 이해할 수 있는 '언어와 형태로', 그리고 그들이 거부할지라도 느낄 수 있는 힘 있는 '호소와 논증을 통해' 주는 것이다." Timothy Keller, *Loving the City: Doing Balanced, Gospel-Centered Ministry in Your City* (Grand Rapids, MI: Zondervan, 2016), 26. 《도시를 품는 센터처치》(두란노 역간).

5. Tim Keller, "Pastoring the City: Tim Keller on Coming to Christ and Learning to Love the City," interviewed by Sophia Lee(팀 켈러, "도시목회: 그리스도께 나아와 도시를 사랑하는 법에 대한 팀 켈러의 이야기", 소피아 리와의 인터뷰), *World*, 2021년 12월 9일, https://wng.org/. 2014년 12월, 마크 데버(Mark Dever)는 팀 켈러의 삶에 대한 흥미로운 인터뷰를 진행했다. Dever, "Life, Ministry, and Books with Tim Keller – Part 1: Life," 9Marks, 2015년 2월 9일, https://www.9marks.org/를 참조하라.

6. "(그의 룸메이트인) 브루스 헨더슨(Bruce Henderson)은 1970년 4월 21일 그의 스무 번째 생일에 결정적인 순간을 기억한다. 그는 잠에서 깨어났을 때 팀 켈러가 그의 침대 발치 바닥에 조용히 앉아 그를 기다리고 있는 것을 발견했다. 브루스는 무언가가 달라졌고, 팀 켈러에게 중요한 변화가 일어났다는 것을 알았다. 그의 씨름은 끝났다. 팀 켈러는 그의 죄를 회개하고 예수를 믿었다. 그는 구원을 위해 그의 마음의 믿음과 신뢰를 오직 그리스도께 두었다." Hansen, *Timothy Keller*, 18. 《하나님의 사람, 팀 켈러》(두란노 역간).

7. Timothy Keller, *Jesus the King: Understanding the Life and Death of the Son of God* (New York: Penguin, 2016), xx. 《팀 켈러의 왕의 십자가》(두란노 역간).

8. Hansen, *Timothy Keller*, 42. 《하나님의 사람, 팀 켈러》(두란노 역간).

9. "졸업 후, 팀 켈러는 한동안 실업 상태가 될 것으로 예상했기에 그와 캐시 모두 공무원 시험을 보고 우체부로 일할 준비를 했다! 그러나 마지막 순간에 버지니아주 호프웰에 있는 웨스트호프웰교회에서 3개월 임시 목사로 팀을 초청하는 연락이 왔다. 그들은 그곳에서 9년을 머물렀다." *Redeemer Guide*, Redeemer Presbyterian Church, http://download.redeemer.com/pdf/welcome_book.pdf.

10. Hansen, *Timothy Keller*, 109-10. 《하나님의 사람, 팀 켈러》(두란노 역간).

11. Hansen, *Timothy Keller*, 121. 《하나님의 사람, 팀 켈러》(두란노 역간). 팀 켈러는 2021 년 한 인터뷰에서 이렇게 설명했다. "블루칼라 교회에서 사역하면서 설교를 명확하고 실제적으로 해야 한다는 것을 배웠습니다. … 그리고 저는 사역을 리더십 카리스마(애 초에 없었다!)나 설교 실력(초기에는 그리 좋지 않았다)에 기반해서 세우는 것이 아니라, 목회적으로 사람들을 사랑하고, 제가 잘못했을 때 회개하는 데에 기반해야 한다는 것 도 배웠습니다." Keller, "Pastoring the City(도시를 섬기는 목회)."

12. 팀 켈러는 도시를 정기적으로 방문하여 인구 통계를 분석하고, 복음이 닿지 않은 사 람들에게 다가갈 수 있도록 도와줄 사람들을 만났다. 자세한 내용은 *Redeemer Guide* 를 참조하라.

13. Hansen, *Timothy Keller*, 192. 《하나님의 사람, 팀 켈러》(두란노 역간). 새라 질스트라 (Sarah Zylstra)는 다음과 같이 쓴다. "팀 켈러는 청교도 윌리엄 거널(William Gurnall)의 《그리스도인의 전신갑주》(*The Christian in Complete Armor*)를 읽던 중 '기독교인이 된다 는 것은 군대 장교가 되는 것보다 더 큰 용기를 필요로 한다'는 거널의 주장을 발견했 다. '그때 깨달았습니다. 맞습니다, 저는 충분한 기도 생활도, 하나님의 사랑도 부족했 습니다. 하지만 궁극적으로 가지 않기로 한 건 단순히 비겁함 때문이었습니다. 그리 고 이는 하늘에서 땅으로 내려오셔서 저를 위해 십자가에 달리신 분께 충실하지 못한 거였습니다.'" Sarah Eekhoff Zylstra, "The Life and Times of Redeemer Presbyterian Church," *The Gospel Coalition*, 2017년 5월 22일, https://www.thegospelcoalition.org/.

14. 교회가 어떻게 시작되었는지에 대한 간략한 개요는 *Redeemer Guide*와 Kathy Keller, "Redeemer Begins," *Redeemer Report*, 2009년 4월, https://www.redeemer.com/를 참조하라.

15. Zylstra, "Life and Times of Redeemer Presbyterian Church." 또한 Tim Keller and Don Carson, "Keller and Carson on When They Experienced Revival," *The Gospel Coalition*, 2014년 6월 17일, https://www.thegospelcoalition.org/ 참조.

16. Collin Hansen, "The Making of Tim Keller: Overcoming Loneliness, Tim's Teenage Rebellion against Christianity, and Why He Finished Well," Carey Nieuwhof가 진행한 인터뷰, *Carey Nieuwhof Leadership Podcast*, 2023년 7월 10일, https://careynieuwhof.com/, 내용은 요약 발췌.

17. Zylstra, "Life and Times of Redeemer Presbyterian Church."

18. 나는 신앙고백적 침례 교회 정치 전통을 따르지만, 팀 켈러는 유아세례를 시행하는 장로교인이었다.

19. 이 점에 대해서는 콜린 핸슨의 통찰에 빚지고 있다(저자와의 개인적인 대화). 이러한 철학적 범주에 대해서는 John Frame and Vern Poythress, "What Is Tri-Perspectivalism?," *The Works of John Frame and Vern Poythress* (website), 2011년 11월 28일, https://frame-poythress.org/ 참조.

20. Hansen, *Timothy Keller*, 265-66. 《하나님의 사람, 팀 켈러》(두란노 역간). 팀 켈러는 여러 긍정적 영향을 나이테에 비유했다. "좋은 목회자를 나무처럼 자른다면, 그 안에는 많은 나이테가 있어야 합니다. 그 나이테들이 그 사람의 고유한 목소리를 형성하고, 하나님이 자신에게 요구하시는 바를 듣게 도와줍니다. 반면에 단 두 명의 인물이나 한두 가지 종류의 영향만 받았다면, 거의 복제물처럼 되어 버릴 겁니다." Tim Keller, Don Carson, and John Piper, "Get More Rings in Your Tree," *The Gospel Coalition*, 2014년 7월 9일, https://www.the gospelcoalition.org/.

1. 단 하나의 영웅

1. 목회의 아름다움 중 하나는 "하나님의 모든 경륜"(행 20:27)을 목회자가 삶의 전 영역에 적용할 수 있는 방식이 매우 다양하다는 점이다. 성경은 시대를 초월하여 적실성을 가지며, 끝없이 풍성하다. 따라서 오랜 사역 – 특히 강해설교에 헌신된 사역 – 은 성경이 주제 전반을 포괄하게 된다. 이 책은 목회자를 위한 책은 아니지만, 서두에서 언급할 가치가 있는 점은 팀 켈러가 강해설교에 헌신했기 때문에 다양한 주제에 대한 성경의 가르침을 깊이 이해하고 이를 명확하게 전달할 수 있었다는 것이다. 팀 켈러에 따르면, 강해설교란 "설교의 메시지를 본문에 뿌리내리게 하여 설교의 모든 요점이 본문에서 비롯되게 하고, 본문의 핵심 사상을 중심으로 다루는 것"이며, "기독교 공동체를 위한 설교의 주된 양식"이 되어야 한다. 그는 이렇게 주장한다. "이것은 성경 전체가 참되다는 당신의 확신을 가장 잘 드러내고 전달하는 방식이다. 이 방식은 성경의 특정 주제나 자신이 동의하기 편한 부분들만이 아니라, 성경의 모든 부분이 하나님의 말씀임을 믿는다는 사실을 증언한다."(Timothy Keller, *Preaching: Communicating Faith in an Age of Skepticism* (New York: Penguin, 2015), 32. 《팀 켈러의 설교》(두란노 역간)). 팀 켈러는 이어서 "강해설교는 설교자에게 일종의 모험이다"라고 말한다. "앞으로 몇 주 혹은 몇 달 동안 회중이 무엇을 듣게 될지 완전히 미리 정할 수 없다. 본문을 펼치면 누구도 예상하지 못한 질문과 답이 떠오른다. 우리는 성경을 우리의 질문에 대한 해답의 책으로 생각하는 경향이 있으며, 실제로 그렇다. 그러나 본문이 참으로 말하도록 허락하면, 우리가 올바른 질문조차 던지지 않았다는 것을 하나님께서 우리에게 보여 주신다는 것을 발견하게 될 것이다"(Keller, 36). 강해설교를 하며 범할 수 있는 흔한 실수들을 어떻게 피할 수 있는지를 포함하여, 강해설교를 설득력 있게 변호하는 훌륭한 논증

은 Keller, 29-46을 보라.

2. 이 섹션과 다음 섹션은 대부분 Matt Smethurst, *Before You Open Your Bible: Nine Heart Postures for Approaching God's Word* (Leyland, UK: 10Publishing, 2019), 69-76, "Approach Your Bible Christocentrically(그리스도 중심적으로 성경을 대하라)"에서 각색되었다.

3. 팀 켈러는 이렇게 말한다. "결국 성경을 읽는 방식은 두 가지뿐이다. 성경이 본질적으로 나에 대한 것인가, 아니면 예수님에 대한 것인가? 다시 말해, 성경이 내가 해야 할 일에 대한 것인가, 아니면 그분이 하신 일에 대한 것인가?" Keller, *Preaching*, 60. 《팀 켈러의 설교》(두란노 역간).

4. 팀 켈러는 이렇게 설명한다. "제자들은 각각의 예언자, 제사장, 왕, 기드온에서 다윗까지의 모든 구원자 이야기를 알고 있었다. 그들은 성전과 제사에 대해서도 알고 있었다. 그러나 그 모든 부분적인 이야기들을 알고 있었음에도, 예수님이 그들에게 보여 주시기 전까지는 '그' 이야기를 - 궁극적인 예언자이자 제사장이며 왕이며 구원자이시고, 마지막 성전이며 희생 제물이신 분에 대한 이야기 - 볼 수 없었다. 그들은 성경 전체가 무엇에 대한 것인지 볼 수 없었다." Keller, *Preaching*, 59. 《팀 켈러의 설교》(두란노 역간).

5. Augustine, *Questions on the Heptateuch* 2.73, Michael Cameron, *Christ Meets Me Everywhere: Augustine's Early Figurative Exegesis*, Oxford Studies in Historical Theology (New York: Oxford University Press, 2012), 248에서 재인용.

6. Benjamin B. Warfield, *Biblical Doctrines*, The Works of Benjamin B. Warfield, vol. 2 (New York: Oxford University Press, 1932; repr., Grand Rapids, MI: Baker, 2003), 141, Justin Taylor, "B. B. Warfield's Analogy for the Trinity in the Old Testament," *Between Two Worlds* (blog), The Gospel Coalition, 2017년 4월 18일, https://www.thegospelcoalition.org/에서 재인용.

7. 수년 전 나는 텍사스 덴턴에 위치한 덴턴바이블교회에서 오랫동안 사역해 온 토미 넬슨(Tommy Nelson) 목사에게서 이 분류법을 들었다. 구약이 그리스도를 예표함을 반영하는 성경구절들(요 1:45; 8:56; 12:16; 행 13:27, 29; 28:23; 고후 1:20; 벧전 1:10-12 〔눅 10:24 참조〕 등)이 있다.

8. Keller, *Preaching*, 59. 《팀 켈러의 설교》(두란노 역간). 더불어 그는 이렇게 말한다. "성경은 전체로 읽어야 합니다. 만약 당신이 소설을 썼는데, 독자들이 중간 세 장만 읽고 아마존에 서평을 올린다면 어떻겠습니까? '잠깐만요. 안 돼요. 이건 이야기입니다'라고 말할 것입니다. 성경도 서사 구조를 지닌 이야기입니다." Keller, Keller, "Questions About the Bible," Questioning Christianity, 2014년 3월 6일 강연. Redeemer Presbyterian Church.

9. Keller, Alec Motyer, *A Christian's Pocket Guide to Loving the Old Testament* (Fearn, Ross-shire, UK: Christian Focus, 2015), 서문, ix쪽.

10. Keller, Motyer, *Christian's Pocket Guide* 서문, x쪽. 팀 켈러는 이렇게 덧붙인다. "이후 얼마 지나지 않아 에드먼드 P. 클라우니(Edmund P. Clowney)가 강의한 설교에서 항상 그리스도를 전해야 한다는 내용, 구약 본문을 설교할 때조차 예외가 아니라는 주제

를 들었다. 모티어 박사로부터 받은 작은 충격과 클라우니 박사의 강의는 내가 평생 성경 본문을 설교할 때마다 그리스도와 복음을 전하려는 여정을 시작하게 한 계기였다. 어떤 의미에서 이 두 사람은 나의 설교 사역의 아버지들이다"(Keller in Motyer, x-xi). 팀 켈러에게 클라우니가 끼친 독보적인 영향에 대해서는 Collin Hansen, *Timothy Keller: His Spiritual and Intellectual Formation* (Grand Rapids, MI: Zondervan Reflective, 2023), 128-146쪽을 참조하라. 《하나님의 사람, 팀 켈러》(두란노 역간).

11. Keller, *Preaching*, 15. 팀 켈러는 이렇게 결론짓는다. "바울은 예수를 전하지 않았다면 그 본문을 설교한 것이 아니다. 단순히 본받을 모범이 아닌 구주로서 예수를 말하지 않았다면 말이다"(Keller, 16). 《팀 켈러의 설교》(두란노 역간).

12. Keller, *Preaching*, 16. 《팀 켈러의 설교》(두란노 역간).

13. 팀 켈러가 항상 '그리스도와의 연합'이라는 표현을 사용한 것은 아니지만, 이 개념은 그의 가르침 전반에 스며들어 있었다. 리디머교회가 설립된 지 1년 되었을 때 그는 이렇게 선포했다. "예수님께 참인 모든 것이 여러분에게도 참입니다"(Spiritual Gifts: Part 2," 1990년 9월 30일 설교). 거의 30년 후에도 그는 같은 기본적인 메시지를 반복했다. "우리는 단지 추상적으로 [그리스도를] 믿는 것이 아니라, 그분과 친밀한 교제를 누려야 합니다. … 여러분은 그런 친밀함을 경험하고 있습니까?"("It Is the Lord," 2017년 4월 23일 설교). 성경은 믿는 자들이 믿음을 통해 "그리스도 안에" 있고, 그분과 연합되었다는 사실을 객관적이고 지위적으로 분명히 말해 준다. 그러나 그리스도인의 경험이란, 성령의 능력을 통해 그분과의 역동적인 관계 속에서 그분이 우리를 위해 얻으신 풍성한 유익들을 실질적으로 '누리는' 것이다.

14. 물론, 이 주장은 성경이 올바르게 해석되고 적용된다는 전제를 바탕으로 한다.

15. Timothy Keller, *The Songs of Jesus: A Year of Daily Devotions in the Psalms*, with Kathy Keller (New York: Penguin, 2015), 307. 《팀 켈러의 묵상》(두란노 역간).

16. Tim Keller (@timkellernyc), "Unless you have …("트위터, 2017년 10월 9일, 오후 1시 30분, https://x.com/).

17. Keller, *Preaching*, 63-69. 《팀 켈러의 설교》(두란노 역간).

18. Keller, *Preaching*, 66. 《팀 켈러의 설교》(두란노 역간).

19. Keller, *Preaching*, 51. 《팀 켈러의 설교》(두란노 역간).

20. Keller, *Preaching*, 231. 《팀 켈러의 설교》(두란노 역간).

21. Keller, *Preaching*, 233. 《팀 켈러의 설교》(두란노 역간). 다른 곳에서 팀 켈러는 이 네 가지 흐름을 플롯의 관점에서 다음과 같이 설명한다. (1) 플롯이 시작된다. (2) 플롯이 복잡해진다. (3) 플롯이 해결된다. (4) 플롯이 마무리된다(Tim Keller, "Moralism vs. Christ-Centered Exposition," https://www.monergism.com/).

22. 팀 켈러는 이러한 신학적 확신이 바울 자신의 전략에도 영향을 주었다는 점을 강조했을 것이다. 예를 들어 고린도후서 8장에서 바울은 고린도 교인들이 풍성하게 헌금하기를 원한다. 그러나 그는 단지 감정에 호소하지 않는다(마케도니아에 굶주린 이들이 얼마나 많은지 보라!)거나, 의지에 강요하지도 않는다(내가 사도인 거 알지? 지갑 열어!). 대신 그는 8장 9절에서 은혜의 논리에 호소한다(우리 주 예수 그리스도의 은혜를 너희가 알거니와 그가 부요하신 이로서 너희를 위하여 가난하게 되심은 그의 가난함으로 말미암아 너희를 부요

하게 하려 하심이라). 풍성한 은혜가 풍성한 나눔을 낳는다.

23. 이와 같은 주제에는 하나님 나라, 언약, 약속의 땅과 유배, 하나님의 임재와 예배, 안식과 안식일, 정의와 심판, 의와 벌거벗음 등이 포함된다(Keller, *Preaching*, 73-75). 하나님 나라, 언약, 포로 됨이라는 주제에 대한 좀 더 자세한 논의는 다음을 참조하라 (Keller, *Preaching*, 73-75) 《팀 켈러의 설교》(두란노 역간). Keller, *Center Church: Doing Balanced, Gospel-Centered Ministry in Your City* (Grand Rapids, MI: Zondervan Reflective, 2012, 40-43). 《센터처치》(두란노 역간).

24. Keller, *Preaching*, 71-73. 《팀 켈러의 설교》(두란노 역간).

25. Keller, *Preaching*, 83-85. 《팀 켈러의 설교》(두란노 역간).

26. Keller, *Preaching*, 80-82. 《팀 켈러의 설교》(두란노 역간).

27. Keller, *Preaching*, 75-80. 《팀 켈러의 설교》(두란노 역간).

28. Keller, *Preaching*, 77-78. 《팀 켈러의 설교》(두란노 역간). "참되고 더 나은"이라는 표현은 팀 켈러가 리디머교회에서 한 수많은 설교에서 다양한 형태로 등장한다. 또한 다음 자료도 참조하라(Tim Keller, "What Is Gospel-Centered Ministry?," 2007년 5월 28일, The Gospel Coalition, https://www.thegospelcoalition.org/, The Gospel Coalition 창립 콘퍼런스에서 발표한 메시지). 팀 켈러는 이 점에서 장 칼뱅과 같은 사상가들과도 궤를 같이 한다. 예를 들어, *Calvin: Commentaries*, trans. and ed. Joseph Haroutunian (London: S.C.M. Press, 1958), 68-69에 수록된 John Calvin's preface to Pierre-Robert Olivétan's 1535 translation of the New Testament 을 보라. 팀 켈러는 "Preaching the Gospel Every Time,"(Reformed Theological Seminary, John Reed Miller Preaching Series, lecture 3, 2014년 11월 12일, https://rts.edu/) 강의에서 칼뱅의 이 아름다운 문장을 인용한다.

29. Keller, *Preaching*, 86-87. 《팀 켈러의 설교》(두란노 역간). 팀 켈러는 이 비유를 가르쳐 준 구약학자이자 친구인 트렘퍼 롱맨(Tremper Longman)에게 그 공을 돌린다. 그는 이 일화를 "Jesus Vindicated(예수님의 정당성 입증)," The Gospel Coalition 2013 National Conference에서 발표했으며 2017년 10월 26일에 https://www.thegospelcoalition.org/에 게시했다.

30. Keller, *Preaching*, 48쪽. 《팀 켈러의 설교》(두란노 역간). 팀 켈러는 본문에 그리스도를 단순히 '덧붙이는 것'("아, 참고로, 이 본문도 그분을 가리킵니다")이 아니라, 그리스도 안에서 그 본문이 어떻게 성취되는지를 주의 깊게 살피는 것이 중요하다고 말한다. 이러한 해석은 적용에 결정적인 차이를 만들어 낸다. 팀 켈러는 두 가지 예를 제시한다. "그리스도와 연결하지 않으면, 아브라함과 이삭의 이야기는 '하나님을 위해서라면 자신의 아들까지도 희생해야 한다'는 의미가 된다. 그리스도와 연결하지 않으면, 야곱이 천사와 씨름하는 이야기는 '하나님이 이해되지 않을 때조차, 심지어 그분이 당신을 상하게 하실 때조차 씨름하라. 결코 포기하지 말라'는 의미가 된다. 이런 '교훈 중심' 해석은 결국 우리와 우리가 해야 할 일에 초점을 맞추기 때문에 우리를 짓누르게 된다"(Keller, "Moralism vs. Christ-Centered Exposition").

31. Keller, *Shaped by the Gospel*, 141. 《복음으로 세우는 센터처치》(두란노 역간). 팀 켈러는 이 예시를 "Applying Christ: Getting to Christ"라는 강의에서 더 자세히 설명한다. 이 강의는 *Reformed Theological Seminary*에서 에드먼드 클라우니와 함께 강의

한 "Preaching Christ in a Postmodern World" 과정 중 일부이다. 강의 음원과 강의 노트는 https://www.thegospelcoalition.org/에서 확인할 수 있다.

32. Tim Keller, "Tim Keller on a Fishy Story," Matt Smethurst 인터뷰, The Gospel Coalition, 2018년 10월 3일, https://www.thegospelcoalition.org/. 또한 다음을 참조하라. Timothy Keller, Rediscovering Jonah: The Secret of God's Mercy (New York: Penguin, 2018), 237n2. 《팀 켈러의 방탕한 선지자》(두란노 역간).

33. Keller, Every Good Endeavor, 123. 《팀 켈러의 일과 영성》(두란노 역간).

34. Keller, Every Good Endeavor, 124. 《팀 켈러의 일과 영성》(두란노 역간).

35. Keller, Every Good Endeavor, 123. 《팀 켈러의 일과 영성》(두란노 역간).

36. Keller, Preaching, 89. 《팀 켈러의 설교》(두란노 역간). 다음도 참조하라. Tim Keller, "The Norms of the Kingdom, 15, (왕국의 규범, 2012년 4월 15일 설교).

37. Keller, Preaching, 90. 《팀 켈러의 설교》(두란노 역간).

38. 이 단락은 Matt Smethurst, Before You Share Your Faith: Five Ways to Be Evangelism Ready (Leyland, UK: 10Publishing, 2022), 17에서 발췌·각색한 것이다. 허가를 받아 사용함.

39. John Stott, The Cross of Christ, 20주년 기념판. (Downers Grove, IL: InterVarsity, 2006), 159. 《그리스도의 십자가》(IVP 역간). 팀 켈러가 이 인용문의 일부를 처음 사용한 것은 1990년 2월 11일 설교 "Coming to Christ: Part 2"에서였다. 그는 리디머교회 개척 초기 10년 동안 최소 세 차례 더 이 인용문을 사용했는데, "Behold, Your King Is Coming"(1991), "Cross: The Way to Forgiveness"(1994), "Self-Substitution of God"(1998)에서 확인할 수 있다.

40. Timothy Keller, Rediscovering Jonah: The Secret of God's Mercy (New York: Penguin, 2018), 156. 《팀 켈러의 방탕한 선지자》(두란노 역간).

41. Tim Keller, "The Good Shepherd," 1991년 7월 14일 설교.

42. Tim Keller, "The Sweetness of the Cross," 1991년 4월 28일 설교.

43. 팀 켈러는 설명한다. "우리가 받는 죄책감과 정죄 때문에, 의로우신 하나님은 단순히 우리의 죄를 눈감아 주실 수 없습니다. 미안해한다고 다 되는 게 아닙니다. 만일 세상 재판관이 단지 반성한다고 해서 죄인을 풀어 줬다면 우리는 결코 용납하지 않을 것입니다. 하물며 완전하신 하늘 재판관이 그러시기를 기대할 수 있겠습니까?" 팀 켈러는 이어서 모든 희생적 사랑은 어떤 의미에서 대속적이라고 설명한다. "우리에게 개인적으로 행해진 잘못을 용서할 때도, 아무 대가 없이 용서하는 것은 불가능합니다. 누군가가 우리에게 해를 끼치고, 우리의 돈이나 행복이나 명예를 앗아 간다면, 우리는 그에게 배상하게 하거나, 아니면 용서합니다. 용서란 결국 우리가 그 손해를 되돌려받지 않고 감당한다는 의미입니다. 예수 그리스도는 완전한 삶을 사셨습니다. 인류 역사상 유일하게 그렇게 사신 분입니다(히 4:15). '그분의' 생애의 끝에서 그는 축복과 수용을 받을 자격이 있었습니다. 그러나 '우리의' 인생 끝에서는, 우리 모두 죄 가운데 살기 때문에, 거절과 정죄를 받아 마땅합니다(롬 3:9-10). 그러나 때가 찼을 때, 예수님은 우리의 자리에 서서, 십자가 위에서 '우리가' 받아야 할 거절과 정죄를 받으셨습니다(벧전 3:18). 그래서 우리가 그분을 믿을 때, '그분이' 받아야 할 축복과 수용을 우리가

받게 됩니다(고후 5:21). 누군가 자기 생명을 바쳐 다른 사람을 구원하는 것보다 더 감동적인 생각은 없습니다." Timothy Keller, *Shaped by the Gospel: Doing Balanced, Gospel-Centered Ministry in Your City* (Grand Rapids, MI: Zondervan, 2016), 40-41. 《복음으로 세우는 센터처치》(두란노 역간).

44. Tim Keller, "The Disciple and the Bible," 2016년 10월 30일 설교.

45. 팀 켈러는 그의 회중에게 이렇게 권면했다. "하나님과 단둘이 시간을 보내며 교제하기 위해 대가를 지불하지 않는다면, 여러분은 하나님을 아는 것이 아닙니다. 여러분이 성경을 읽을 때, 여러분은 하나님께 듣는 것입니다"(Tim Keller, "Our Power: Spirit-Filled Living," 2014년 7월 8일 설교).

2. 죄를 파헤치다

1. Timothy Keller, *Counterfeit Gods: The Empty Promises of Money, Sex, and Power, and the Only Hope that Matters* (New York: Penguin, 2016)은 우상 숭배에 대한 팀 켈러의 가장 포괄적인 논의이다. 《팀 켈러의 내가 만든 신》(두란노 역간).

2. 이것은 팀 켈러가 사용한 표현이다. "성경적인 우상 개념은 지적, 심리적, 사회적, 문화적, 영적 범주를 통합하는 매우 정교한 사상이다"(Keller, *Counterfeit Gods*, xxi). 《팀 켈러의 내가 만든 신》(두란노 역간).

3. Tim Keller, "Receiving the Fullness: Part 1," 1992년 8월 30일 설교.

4. Tim Keller, "Enslaved to Non-Gods," 1998년 2월 22일 설교.

5. 프롤로그에서 언급했듯이, 팀 켈러는 1975년부터 1984년까지 버지니아주 호프웰(리치먼드 남쪽으로 약 25마일 떨어진 곳)에 있는 호프웰교회에서 목회했다.

6. Keller, "Enslaved to Non-Gods."

7. Martyn Lloyd-Jones, *Life in Christ: Studies in 1 John* (Wheaton, IL: Crossway, 2002), 728, 731. 팀 켈러는 "Enslaved to Non-Gods" 설교에서 이것을 바꾸어 인용했다.

8. Keller, "Enslaved to Non-Gods."

9. Tim Keller, "First of All," 1989년 10월 1일 설교.

10. Tim Keller, "Removing Idols of the Heart," 1989년 10월 22일 설교.

11. Tim Keller, "Tim Keller Reflects on David Powlison (1949-2019)," The Gospel Coalition, 2019년 6월 10일. https://www.thegospelcoalition.org/. 콜린 핸슨은 이를 다음과 같이 설명한다. "에드먼드 클라우니가 팀 켈러에게 그리스도를 찾도록 하는 본능을 주었다면, 데이비드 폴리슨은 복음을 영적 외과의사처럼 적용할 수 있는 도구를 주었다. 폴리슨의 기념비적인 글은 팀 켈러가 청교도들을 통해 배운 목회적 상담의 통찰을 결정화시켰다. 그리고 이러한 상담 방식은 문화와 마음의 우상을 드러내고자

하는 그의 설교로 이어졌다"(Collin Hansen, *Timothy Keller: His Spiritual and Intellectual Formation* (Grand Rapids, MI: Zondervan Reflective, 2023)), 144. 《하나님의 사람, 팀 켈러》(두란노 역간). 폴리슨의 글은 1991년에 발표되었으나 1995년에 재출간되었다 ("Idols of the Heart and 'Vanity Fair,' " *The Journal of Biblical Counseling* 13, no. 2, winter 1995, 35-50). 또한 http://ccef.org/ 에서도 볼 수 있다.

12. Tim Keller, "Running from God," 2001년 9월 9일 설교. 또한 "어거스틴은 기본적으로 모든 삶은 당신의 사랑을 재정렬하는 것이며, 모든 문제는 무질서한 사랑에서 비롯된다"고 말한다(Keller, "Suffering and Glory," 2013년 2월 17일 설교).

13. Timothy Keller, *Loving the City: Doing Balanced, Gospel-Centered Ministry in Your City* (Grand Rapids, MI: Zondervan, 2016), 78. 《도시를 품는 센터처치》(두란노 역간).

14. 루터는 다음과 같이 말한다. "성경은 인간을 자기 안으로 너무나도 휘어져 있어서 물질적인 것뿐 아니라 심지어 영적인 것들까지도 자신의 목적을 위해 사용하고, 모든 일에서 오직 자신만을 구한다고 묘사한다"(Martin Luther, *Luther's Works*, vol. 25, *Lectures on Romans*, ed. Jaroslav Jan Pelikan, Hilton C. Oswald, and Helmut T. Lehmann (St. Louis, MO: Concordia, 1972), 345).

15. Keller, *Counterfeit Gods*, 166. 《팀 켈러의 내가 만든 신》(두란노 역간).

16. Timothy Keller, *Shaped by the Gospel: Doing Balanced, Gospel-Centered Ministry in Your City* (Grand Rapids, MI: Zondervan, 2016), 127. 《복음으로 세우는 센터처치》(두란노 역간).

17. Keller, *Shaped by the Gospel*, 128. 《복음으로 세우는 센터처치》(두란노 역간). 우상 숭배와 사람들이 변화하는 역학 관계에 대한 자세한 내용은 Timothy Keller, *Hope in Times of Fear: The Resurrection and the Meaning of Easter* (New York: Viking, 2021), 124-28에 있는 "Resurrection and Change"와 "Mistakes About Growth and Change" 부분을 참조하라. 《팀 켈러의 부활을 입다》(두란노 역간).

18. John Calvin, *Institutes of the Christian Religion*, ed. John T. McNeill, trans. Ford Lewis Battles (Philadelphia: Westminster, 1977), 1.11.8 (108). 우상들은 일반적으로 무리를 지어 나타난다. 예를 들어, '개인적' 우상들(로맨틱한 사랑과 가족; 돈, 권력, 성취; 특정 사회적 집단에 속하고자 하는 욕구; 다른 사람들의 정서적 의존; 건강, 체력, 신체적 아름다움), 문화적 우상들(군사력, 기술력, 경제적 번영; 전통 사회의 우상들은 가족, 근면, 의무, 도덕적 미덕을 포함하는 반면, 서구 문화의 우상들은 개인의 자유, 자아 발견, 개인적 부유함과 자아 성취), 그리고 지적 우상들(다양한 이데올로기)이 있다(Keller, *Counterfeit Gods*, xxi-xxii 참조). 《팀 켈러의 내가 만든 신》(두란노 역간).

19. Tim Keller, "Walking in the Spirit," 1990년 1월 7일 설교.

20. Keller, Counterfeit Gods, 165. 《팀 켈러의 내가 만든 신》(두란노 역간).

21. Keller, *Counterfeit Gods*, 165-66. 《팀 켈러의 내가 만든 신》(두란노 역간).

22. Keller, *Counterfeit Gods*, xix. 《팀 켈러의 내가 만든 신》(두란노 역간).

23. Keller, *Counterfeit Gods*, xii-xiii. 《팀 켈러의 내가 만든 신》(두란노 역간). 팀 켈러는 다른 곳에서 이렇게 표현한다: "우상 숭배의 확실한 징후는 우리의 우상이 좌절될 때

과도한 불안, 분노, 낙담이 생기는 것이다. 우리는 좋은 것을 잃으면 슬퍼지지만, 우상을 잃으면 황폐해진다"(Keller, *Shaped by the Gospel*, 127). 《복음으로 세우는 센터처치》(두란노 역간).

24. Keller, *Counterfeit Gods*, 39. 《팀 켈러의 내가 만든 신》(두란노 역간).

25. "당신 마음의 진정한 신은 다른 것이 당신의 관심을 요구하지 않을 때 당신의 생각이 자연스럽게 향하는 대상이다"(Keller, *Counterfeit Gods*, 168). 《팀 켈러의 내가 만든 신》(두란노 역간).

26. "당신의 돈은 당신 마음의 가장 큰 사랑을 향해 가장 자연스럽게 흐른다. 사실, 우상의 특징은 당신이 그것에 너무 많은 돈을 쓰고, 계속해서 자제력을 행사해야 한다는 것이다"(Keller, *Counterfeit Gods*, 168). 《팀 켈러의 내가 만든 신》(두란노 역간).

27. "어떤 것을 간절히 구했지만 얻지 못했을 때 슬프고 실망할 수는 있다. 하지만 인생이 끝난 것은 아니다. 그런 것들은 당신을 지배하는 주인이 아니다. 그러나 무언가를 위해 열심히 기도하고 노력했는데 얻지 못했을 때, 당신이 분노로 폭발하거나 깊은 절망에 빠진다면, 그때 당신의 진짜 신을 발견한 것일 수 있다"(Keller, *Counterfeit Gods*, 169). 《팀 켈러의 내가 만든 신》(두란노 역간).

28. Keller, *Counterfeit Gods*, 169. 《팀 켈러의 내가 만든 신》(두란노 역간).

29. Tim Keller, "First of All," 1989년 10월 1일 설교. 팀 켈러는 종종 이 특정 문구를 사용했다. 예를 들어, Keller, "Only True God: His Supremacy," 1992년 9월 20일 설교.

30. Keller, *Counterfeit Gods*, 170. 《팀 켈러의 내가 만든 신》(두란노 역간).

31. Timothy Keller, *The Reason for God: Belief in an Age of Skepticism* (New York: Dutton, 2008), 166. 《팀 켈러, 하나님을 말하다》(두란노 역간). 또한 Tim Keller, "The Fire of God," 2007년 5월 20일 설교 참조.

32. Keller, *Counterfeit Gods*, 149. 《팀 켈러의 내가 만든 신》(두란노 역간).

33. "당신이 원래 하나님을 위해 만들어진 자리의 중심에 어떤 것이든 넣으려고 하면, 그것은 너무 작을 것이다. 그것은 그 안에서 덜그럭거릴 것이다"(Timothy Keller, *The Freedom of Self-Forgetfulness; The Path to True Christian Joy* (Leyland, UK: 10Publishing, 2012), 15). 《복음 안에서 발견한 참된 자유》(복있는사람 역간).

34. "우상 숭배에 관한 대부분의 책들은," 팀 켈러가 지적하듯이, "세 가지 모델 중 하나만 강조하는 경향이 있다"(Keller, *Counterfeit Gods*, 182n11). 《팀 켈러의 내가 만든 신》(두란노 역간).

35. Keller, *Counterfeit Gods*, xxiv. 《팀 켈러의 내가 만든 신》(두란노 역간).

36. Keller, *Counterfeit Gods*, xxiv. 또한 "어떤 대상이 우상으로 기능하고 있다는 징후 중 하나는 두려움이 삶의 주요 특성 중 하나가 된다는 것이다"(Keller, 98). 《팀 켈러의 내가 만든 신》(두란노 역간).

37. Keller, *Counterfeit Gods*, xxiv. 《팀 켈러의 내가 만든 신》(두란노 역간).

38. Keller, *Counterfeit Gods*, 65. 《팀 켈러의 내가 만든 신》(두란노 역간).

39. Keller, *Counterfeit Gods*, 65. 《팀 켈러의 내가 만든 신》(두란노 역간).

40. Keller, *Counterfeit Gods*, 64-65. 《팀 켈러의 내가 만든 신》(두란노 역간). 다른 곳에서

팀 켈러는 이렇게 설명한다. "모든 사람은 '이것만 얻으면 내 삶이 가치 있고 사랑받을 자격이 있다는 것을 알게 될 것이다'라고 말하는 무언가를 가지고 있다. '이것'이 권력인 사람들은 그것을 얻기 위해 다른 사람들을 불쾌하게 하는 것을 개의치 않지만, '이것'이 인정인 사람들은 그런 일을 감히 하지 않을 것이다. 우리가 예수님과 그의 구원을 대신하여 우리 마음에 두는 것이 무엇이든, 그것이 우리가 어떻게 느끼고 행동하는지를 결정할 것이다"(Keller, *Hope in Times of Fear*, 126).《팀 켈러의 부활을 입다》(두란노 역간).

41. 이 단락은 팀 켈러, *Counterfeit Gods*, 65-66을 바탕으로 재구성한 것이다.《팀 켈러의 내가 만든 신》(두란노 역간).

42. Tim Keller, "The Freedom of Service," 1994년 4월 17일 설교. 이 전략은 팀 켈러의 어떤 책에도 나타나지 않는다.

43. Tim Keller, "The Freedom of Service." 팀 켈러는 다른 곳에서 이렇게 말한다. "많은 사람들이 '심리적 문제'라고 부르는 것들은 우상 숭배의 문제일 뿐입니다. 완벽주의, 일중독, 만성적 우유부단, 타인의 삶을 통제하려는 욕구 - 이 모든 것은 좋은 것을 우상으로 만들어 그것들을 달래려 애쓰는 가운데 우리가 무너지는 결과를 낳습니다. 우상은 우리 삶을 지배합니다"(Keller, *Counterfeit Gods*, xxiii).《팀 켈러의 내가 만든 신》(두란노 역간).

44. 이 설교에서 팀 켈러는 우상을 노예 주인에 비유하지만, 나는 폐지론자의 이미지에 대해 존 스타크에게 빚을 지고 있다(Starke 〔@john_starke〕, "Idols are slave-traders⋯," Twitter, 2013년 8월 1일, 5:11 a.m., https://x.com/).

45. Keller, Loving the City, 78. "Sin as Idolatry," 전체 부분을 참조하라. 126-128.《도시를 품는 센터처치》(두란노 역간).

46. Charles Taylor, *A Secular Age* (Cambridge, MA: Belknap, 2007), 3.

47. Keller, *Loving the City*, 79.《도시를 품는 센터처치》(두란노 역간).

48. Keller, *Loving the City*, 80.《도시를 품는 센터처치》(두란노 역간). 팀 켈러는 다음과 같이 말한다. "물론 죄와 은혜에 대한 성경적 묘사가 온전하려면, 하나님의 법에 대한 우리의 반역을 인정해야 한다. 그러나 사람들이 우상 숭배와 잘못된 사랑으로 인해 자신의 죄를 깨닫게 되면, 죄의 한 결과로 하나님에 대한 우리의 적대감을 부정하고 있다는 사실을 더 쉽게 보여 줄 수 있다. 왜일까? 어떤 면에서 우상 숭배는 중독과 매우 닮았다. ⋯ 우리가 영적 우상에 사로잡히는 방식은 술이나 마약에 중독되는 방식과 매우 비슷하다. 이 사실을 이해하게 되면, 우리는 로마서 1장의 메시지를 듣고 우리가 반역 가운데 살며 하나님을 적대시하고 있다는 진리를 억누르고 있다는 사실을 받아들일 수 있게 된다. 성경이 말하는 우상 숭배 개념을 통해 죄를 설명하는 것은 포스트모던 세대에게 영적 맹목과 반역의 개념을 효과적으로 전달하는 방법이다"(Keller, 80). 팀 켈러의 상황화 접근은 대면을 회피하거나 진리를 축소하기 위한 전략이 아니다. 그는 이 점을 명확히 한다. "(대속적 속죄나 법정적 칭의와 같은) 교리를 거부한다고 해서 서구 문화를 더 잘 이해하게 되는 것은 아니다. 오히려 단순하고 오래된 복음 메시지 - 즉 우리가 모두 하나님의 진노 아래 있는 죄인들이며 회개하고 하나님께 복종해야 한다는 메시지 - 야말로 현대 문화가 숭배하는 '자기 표현과 자율성을 중시하는 개인주의' 개념을 가장 강력하게 도전하고 대면하게 한다"(Keller, *Serving a Movement:*

Doing Balanced, Gospel-Centered Ministry in Your City [Grand Rapids, MI: Zondervan, 2016], 52). 《운동에 참여하는 센터처치》(두란노 역간).

49. 우상 숭배 접근법은 또한 오직 믿음으로 말미암는 칭의의 "자연스러운 디딤돌"이다 (Keller, Loving the City, 80). 《도시를 품는 센터처치》(두란노 역간). 팀 켈러는 우리가 앞서 본 루터의 요점을 인용하는데, 첫 번째 계명(나 외에는 다른 신들을 네게 두지 말라)을 위반하는 것은 "우리의 의롭게 됨을 위해 예수님 외에 다른 것을 신뢰하는 것과 완전히 같은 것이다"(Keller, *Shaped by the Gospel*, 126). 《복음으로 세우는 센터처치》(두란노 역간).

50. Timothy Keller, *Preaching: Communicating Faith in an Age of Skepticism* (New York: Viking, 2015), 159, 160. 《팀 켈러의 설교》(두란노 역간). 그는 또 다른 곳에서 이렇게 말한다. "성경에서 마음은 단순히 감정의 중심이고 머리는 이성의 중심이라는 식으로 대조되지 않는다. 오히려 마음은 당신의 가장 깊은 신뢰와 헌신, 사랑이 자리한 곳이며, 바로 그곳에서 '모든 것이 흘러나온다' (잠 4:23). 마음이 가장 사랑하고 신뢰하는 것을, 이성은 이치에 맞다고 여기고, 감정은 바람직하다고 여기며, 의지는 실행 가능하다고 여긴다"(Timothy Keller, *God's Wisdom for Navigating Life: A Year of Daily Devotions in the Book of Proverbs*, with Kathy Keller [New York: Viking, 2017], 85). 《팀 켈러, 오늘을 사는 잠언》(두란노 역간).

51. Thomas Chalmers, *The Expulsive Power of a New Affection* (Wheaton, IL: Crossway, 2020), 34-35. 《세상 사랑을 몰아내는 새 애정의 힘》(개혁된실천사 역간)

52. Keller, *Counterfeit Gods*, 93. "우상만 뽑아내려 하면 우상은 다시 자란다. 그러나 그것들은… 하나님과의 살아 있는 만남을 통해 대체될 수 있다. … 하나님의 축복이 당신 깊은 내면에서 들려온 적이 있는가?' 너는 내가 사랑하는 자녀다, 내가 너를 기뻐한다'는 말씀이 당신에게 끝없는 기쁨과 힘의 원천이 되었는가? 성령을 통해 하나님이 이 말씀을 당신에게 하시는 것을 느낀 적이 있는가? 이것이야말로 우상 숭배에 대한 유일한 해답이다"(Keller, 155, 163-64). 《팀 켈러의 내가 만든 신》(두란노 역간).

53. Keller, *Hope in Times of Fear*, 125, 126. 《팀 켈러의 부활을 입다》(두란노 역간).

54. Keller, *Counterfeit Gods*, 174. 《팀 켈러의 내가 만든 신》(두란노 역간).

55. Tim Keller, "No Condemnation," 1995년 5월 28일 설교.

56. Tim Keller, "Self-Control: Part 1," 1990년 4월 8일 설교.

57. Tim Keller, "Counterfeit Gods: When Good Things Aren't Enough," 2010년 3월 7일 영국 케임브리지의 에덴침례교회에서 강연, https://eden-cambridge.org/. 팀 켈러는 리디머교회 초창기부터 오디오와 비디오의 비유를 사용했다(Tim Keller, "Spirit and Presence of God," 1989년 12월 10일 설교 참조).

58. Tim Keller, "The Grand Demythologizer: The Gospel and Idolatry," address delivered at the Gospel Coalition 2009 National Conference, 2017년 10월 24일 게시, https://www.thegospelcoalition.org/. 팀 켈러는 청교도 데이비드 클락슨(David Clarkson, 1622-1686)의 거의 알려지지 않은 설교를 추천한다. "지금 여러분이 제게서 듣고 있는 이 메시지보다 훨씬 더 나은 내용을 원한다면 이 설교를 보십시오." "Soul Idolatry Excludes Men Out of Heaven"에서 클락슨은 조심하지 않으면 "영혼의 우상"

이 될 수 있는 열세 가지 좋은 것들을 열거한다. 존경, 사려 깊음, 의도, 결단, 사랑, 신
뢰, 두려움, 소망, 갈망, 기쁨, 열심, 감사, 관심과 근면이다(David Clarkson, *The Works of David Clarkson*, vol. 2 [Carlisle, PA: Banner of Truth, 1988]). 클락슨은 런던에서 존 오
웬(John Owen)과 함께 사역했으며, 오웬이 1682년 사망했을 때 그의 뒤를 이어 교회의
목사가 되었다.

59. Keller, *Shaped by the Gospel*, 57.《복음으로 세우는 센터처치》(두란노 역간).

60. Keller, *Loving the City*, 74.《도시를 품는 센터처치》(두란노 역간).

61. Keller, *Loving the City*, 74.《도시를 품는 센터처치》(두란노 역간).

62. 이 용어는 대니얼 스트레인지(Daniel Strange)가 처음 사용한 것이다. 팀 켈러는 스트
레인지의 책 *Making Faith Magnetic: Five Hidden Themes Our Culture Can't Stop Talking About… And How to Connect Them to Christ* (Epsom, UK: The Good Book Company, 2021) 서문에서 전복적-성취 접근을 "포스트기독교적, 포스트모던 사회에서
훌륭한 변증학의 본질"이라고 칭한다. 팀 켈러는 다른 곳에서 성경에 대해 이렇게 설
명한다. "우상에게서 돌아서는 일은 항상 그 우상들이 만들어 내는 문화에 대한 거절
을 포함한다. 하나님은 이스라엘에게 다른 민족의 신들을 거절할 뿐 아니라 '너는 그
들의 행위를 본받지 말고'(출 23:24)라고 말씀하신다. 문화 비평 없이 우상을 도전할 방
법도 없고, 우상을 분별하고 도전하는 것 없이 문화 비평을 할 방법도 없다." 팀 켈러,
Counterfeit Gods, 167.《팀 켈러의 내가 만든 신》(두란노 역간).

63. Keller, *Hope in Times of Fear*, 60. 예수께서 성금요일에 무장해제시키고(골 2:15), 부
활절에 정복하신 "통치자들과 권세들"에는 문화적 거짓 신들도 포함된다. "사회는 군
사력과 전쟁, 물질적 번영과 안락함, 성과 로맨스, 기술과 과학, 국가 권력 등을 집단
적인 우상으로 삼는다. 문화적 차원에서 이것들은 민족주의, 자본주의, 성적 해방, 기
술관료주의, 사회주의라는 이데올로기가 된다. 이 모든 것은 우리의 삶 속에서 '권세
와 통치자'가 될 수 있다. 우리가 행복과 의미, 안전을 이들로부터 얻으려 할수록, 이
들은 우리를 더욱 노예로 만든다. 십자가는 이러한 권세들, 이 우상들로부터 원칙적으
로 우리를 자유롭게 한다. 그러나 부활은 우리가 실제로 이 자유를 누리며 살 수 있도
록 힘을 준다. 부활하신 그리스도는 성령을 보내시며, 성령은 예수님을 우리 마음에
실제로 느끼게 하여, 옛 권세들과 능력들이 우리를 붙드는 힘을 잃게 만든다"(Keller,
35).《팀 켈러의 부활을 입다》(두란노 역간).

64. Keller, "Grand Demythologizer."

65. Keller, "Enslaved to Non-Gods."

66. Keller, *Counterfeit Gods*, 149.《팀 켈러의 내가 만든 신》(두란노 역간).

67. 이 단락과 다음 단락은 Matt Smethurst, *Before You Share Your Faith: Five Ways to Be Evangelism Ready* (Leyland, UK: 10Publishing, 2022), 39-40에서 인용하였으며, 허
가를 받아 사용함.

68. Keller, *Encounters with Jesus: Unexpected Answers to Life's Biggest Questions* (New York: Viking, 2013), 37-38.《팀 켈러의 인생질문》(두란노 역간). 이것은 팀 켈러가 자주
사용하는 표현 중 하나다. 그는 1998년 3월 22일 리디머교회에서 "Changed Lives"라
는 제목의 설교에서 처음 이 말을 사용했다. 이 표현은 팀 켈러의 초기 베스트셀러들

에서도 등장한다. "예수님은 당신이 받아들이면 완전한 만족을 주시고, 당신이 그분을 실망시켜도 영원히 용서하시는 유일한 주님이다"(Keller, *The Reason for God*, 173). 《팀 켈러, 하나님을 말하다》(두란노 역간). "거짓 신들이 끼치는 파괴적인 영향으로부터 벗어나는 유일한 길은 참되신 하나님께로 돌아가는 것이다. 시내산과 십자가에서 자신을 계시하신 살아 계신 하나님은, 당신이 그분을 만나면 참되게 만족시키고, 그분을 실망시켜도 참되게 용서하시는 유일한 주님이다"(Tim Keller, *Counterfeit Gods*, xxiv). 《팀 켈러의 내가 만든 신》(두란노 역간).

69. Keller, *Encounters with Jesus*, 30. 《팀 켈러의 인생질문》(두란노 역간).

70. Keller, *Counterfeit Gods*, 152. 《팀 켈러의 내가 만든 신》(두란노 역간).

71. 성경에서 죽은 우상들로부터 돌이켜 살아 계신 하나님을 섬기는 것은 회심의 언어이다(살전 1:9 참조).

3. 세 가지 삶의 방식

1. Phillip Jensen and Tony Payne, "Two Ways to Live," https://twowaystolive.com.

2. Tim Keller, "Discussion with Tim Keller (Part 1)," interviewed by Scott Anderson, Desiring God, 2010년 12월 15일, https://www.desiringgod.org/.

3. C. S. Lewis, *God in the Dock: Essays on Theology and Ethics* (Grand Rapids, MI: Eerdmans, 1970), 101. 《피고석의 하나님》(홍성사 역간).

4. 팀 켈러는 2009년 한 콘퍼런스 강연에서 이렇게 말했다. "두 가지 방식의 길은 내가 오랫동안 설교한 방식입니다. 하나는 하나님의 방식이고, 다른 하나는 인간의 방식입니다. 당신은 하나님께 복종할 수도 있고, 자기 마음대로 살 수도 있습니다. [하지만] 지금 복음을 전할 때는 사람들에게 세 가지 방식이 있다는 것을 보여 주는 것이 더 명확하다고 생각합니다." 이어서 그는 농담조로 이렇게 말한다. "내가 책을 쓰기까지 오래 기다린 이유가 바로 이겁니다. 기다리길 정말 잘했어요. 왜냐하면 지난 10년 동안 했던 설교들 중에서 책으로 내지 않아서 정말 다행인 게 많거든요." Keller, "Preaching the Gospel," 2009 Newfrontiers Conference at Westminster Chapel in London, available at https://vimeo.com /3484464. 이러한 점은 그가 "Two Ways to Live"(1994년 4월 17일)라는 제목으로 설교했고, 18년 뒤엔 "Three Ways to Live"(2012년 6월 24일) 라는 제목으로 설교했다는 것이 보여 준다. 그는 이렇게 덧붙이며 분명히 한다. "저는 'Two Ways to Live'라는 훌륭한 호주의 복음 프레젠테이션을 비판하려는 게 아닙니다"(Keller, "Preaching the Gospel").

5. 1990년, 리디머교회가 설립된 지 1년이 채 안 되었을 때, 팀 켈러는 이렇게 설교했다. "당신이 바른 길에 있다면 생명으로 가는 중입니다. 잘못된 길에 있다면, 그 길 위에 있는 매 순간이 생명에서 더 멀어지는 것입니다. … 예수님의 말씀에 따르면 이 방 안

에 있는 모든 사람은 둘 중 하나의 길 위에 있습니다. 모두가요. 중립은 없습니다. 회색 지대도 없습니다. 우리는 산의 서로 다른 장소에 있는 게 아닙니다. 두 길이 있을 뿐입니다"(Keller, "The Straight and the Narrow," 1990년 6월 10일 설교).

6. 1993년 팀 켈러는 이렇게 말했다. "이 비유는 주님께 '주여, 주여' 하며 우리가 이 모든 일을 하지 않았습니까?라고 말하는 사람들 바로 다음에 나옵니다. 즉 정통 교리, 봉사, 가르침, 사역. 다시 말해, 이 두 사람 모두 자기의 도덕적 노력과 종교적 활동 전체(그게 바로 집이 상징하는 바입니다)를 의지하고 있습니다. 하지만 차이점은 한 사람은 그 집 전체를 반석 위, 곧 예수 그리스도 위에 세우고, 다른 사람은 모래 위에 세운다는 것입니다. 즉 다른 집은 자기 자신을 기초로 삼는다는 뜻입니다"(Keller, "Authentic Christianity," 1993년 2월 28일 설교).

7. 팀 켈러는 "산상수훈에 나오는 '두 길'은 하나님의 길과 인간의 길이 아니라 도덕주의와 기독교였다는 것을 그때 처음 깨닫기 시작했습니다"라고 회고한다. Tim Keller, 저자와의 개인 대화, 2015년 11월 12일. 루카스는 팀 켈러에게 큰 영향을 주었다. "그는 대단한 강해설교자였습니다. 정말 놀라웠죠. … 저는 그의 설교 테이프를 아마도 100개, 150개는 들었을 겁니다. 그리고 로이드 존스의 설교는 아마 200개 혹은 그 이상 들었을 겁니다. 이 두 사람은 모두 런던 도심 사람들에게 설교했던 영국 설교자입니다. 딕 루카스는 1970년대와 80년대에 그랬고, 로이드 존스는 1950년대와 60년대에 그랬죠. 저는 뉴욕이 미국 다른 지역보다 유럽에 더 가깝다고 느꼈습니다. 덜 전통적이고, 더 세속화된 도시죠. … 그래서 로이드 존스가 다르게 설교했던 걸 알 수 있었어요. 특히 저녁 예배에서 그는 항상 복음을 전했거든요. 사람들은 그 예배에 비신자 친구들을 데려갔습니다. 저는 그의 저녁 설교와 딕의 점심 설교(이 또한 전도 중심이었죠)를 들으며 생각했습니다. '그들의 설교는 내가 다가가려고 하는 종류의 사람들에게 더 잘 맞게 조율된 방식이구나.' 그리고 그 설교들이 제게 정말 큰 도움이 되었습니다"(Keller, "Discussion with Tim Keller Part 1)."

8. Timothy Keller, *The Prodigal God: Recovering the Heart of the Christian Faith* (New York: Penguin, 2008), xvii. 《팀 켈러의 탕부 하나님》(두란노 역간). 클라우니의 설교 "Sharing the Father's Welcome"은 Edmund P. Clowney, *Preaching Christ in All of Scripture* (Wheaton, IL: Crossway, 2003)에 수록되어 있다.

9. Keller, *Prodigal God*, xvii. 《팀 켈러의 탕부 하나님》(두란노 역간).

10. Keller, *Prodigal God*, xix. 《팀 켈러의 탕부 하나님》(두란노 역간).

11. Keller, *Prodigal God*, 12. 《팀 켈러의 탕부 하나님》(두란노 역간).

12. Keller, *Prodigal God*, 13. 《팀 켈러의 탕부 하나님》(두란노 역간).

13. Keller, *Prodigal God*, 9. 《팀 켈러의 탕부 하나님》(두란노 역간).

14. Keller, *Prodigal* God, 34. 또한 Tim Keller, "The Prodigal Sons," 2005년 9월 11일 설교, 그리고 "The Lord of the Sabbath," 2006년 2월 19일 설교 참조. 그는 다음과 같이 기록한다. "각각은 당신이 모든 삶을 바라보는 방식을 물들이는 렌즈처럼, 또는 모든 것에 대한 당신의 이해를 형성하는 패러다임처럼 작용한다. 각각은 개인적 의미와 가치를 찾고, 세상의 문제를 다루며, 옳고 그름을 결정하는 방식이다." Keller, *Prodigal* God, 34. 《팀 켈러의 탕부 하나님》(두란노 역간).

15. Keller, Prodigal God, 37. 《팀 켈러의 탕부 하나님》(두란노 역간).

16. Keller, *Prodigal God*, 37. 《팀 켈러의 탕부 하나님》(두란노 역간). 팀 켈러는 한 설교에서 이렇게 설명한다. "예수님은 말씀하십니다. '너희 둘 다 틀렸다. 너희 둘 다 길을 잃었다. 너희 둘 다 세상을 망치는 방식이 다를 뿐이다.' 세상의 큰형들은 세상을 둘로 나눕니다. '착한 사람들은 안에 있고, 나쁜 사람들(당신들)은 밖에 있다.' 동생들도 마찬가지입니다. 자기 발견을 추구하는 사람들 또한 세상을 둘로 나눕니다. '개방적이고 진보적인 사람들이 안에 있고, 편협하고 판단적인 사람들(당신들)은 밖에 있다.' 예수님은 어느 쪽도 아니라고 말씀하십니다. 예수님은 '겸손한 사람들이 안에 있고, 교만한 사람들이 밖에 있다'고 하십니다"(Keller, "The Prodigal Sons").

17. Keller, Prodigal God, 40. 《팀 켈러의 탕부 하나님》(두란노 역간).

18. Keller, *Prodigal God*, 48. 《팀 켈러의 탕부 하나님》(두란노 역간). 팀 켈러는 1992년 한 설교에서 이렇게 말했다. "나는 비기독교인이고 회의적이며 육신의 영향 아래 있다가 기독교 신앙으로 들어온 많은 사람들을 보았습니다. 그러나 그들의 육신은 계속해서 그들을 지배했습니다. 왜냐하면 그들은 이전에는 '비종교적인' 방식으로 하나님을 피했지만, 이제는 '종교적인' 방식으로 하나님을 피했기 때문입니다"(Tim Keller, "Alive with Christ: Part 2," 1992년 11월 8일 설교).

19. Keller, *Prodigal God*, 44. 《팀 켈러의 탕부 하나님》(두란노 역간).

20. Keller, *Prodigal God*, 45. 《팀 켈러의 탕부 하나님》(두란노 역간).

21. Keller, *Prodigal God*, 51. 《팀 켈러의 탕부 하나님》(두란노 역간).

22. Keller, *Prodigal God*, 53. 《팀 켈러의 탕부 하나님》(두란노 역간).

23. Keller, *Prodigal God*, 54. 팀 켈러는 이렇게 덧붙인다. "작은 아들은 자신이 아버지에게서 멀어졌다는 것을 알고 있었다. 하지만 큰아들은 그것을 알지 못했다. 그래서 큰아들의 잃어버림은 훨씬 더 위험하다. 큰 아들은 하나님께 나아가 자신의 상태를 치유해 달라고 구하지 않는다. 자신에게 아무 문제가 없다고 생각하기 때문이다. 이건 치명적일 수 있다. 자신이 병든 줄 알면 의사를 찾아가지만, 병든 줄 모르면 의사를 찾아가지 않는다. 그저 죽게 될 뿐이다"(Keller, 75). 《팀 켈러의 탕부 하나님》(두란노 역간).

24. Keller, *Prodigal God*, 43. 《팀 켈러의 탕부 하나님》(두란노 역간).

25. 예를 들어, "Preaching the Gospel," 2009년 Newfrontiers 콘퍼런스, 런던 Westminster Chapel, https://vimeo.com/3484464 참조. 팀 켈러는 또 다른 곳에서 우리의 동기가 얼마나 쉽게 자기기만적일 수 있는지를 다음과 같은 예화로 설명한다. "옛날에 한 정원사가 거대한 당근을 키웠다. 그는 그것을 왕에게 가져가 이렇게 말했다. '폐하, 이것은 제가 지금까지 키운, 아니 앞으로도 키울 수 있는 가장 훌륭한 당근입니다. 그래서 이 당근을 폐하께 대한 사랑과 존경의 표시로 드리고자 합니다.' 왕은 감동을 받았고 그의 진심을 알아차렸다. 그가 돌아가려 하자 왕이 말했다. '잠깐! 그대는 분명히 땅을 잘 돌보는 청지기요. 내 땅 중에 당신 밭 옆에 있는 땅이 있는데, 그 땅을 당신에게 선물로 주겠소. 마음껏 경작하시오.' 정원사는 깜짝 놀랐고, 매우 기뻐하며 집으로 돌아갔다. 그런데 왕궁에 있던 귀족 하나가 이 광경을 지켜보고 말했다. '당근 하나 주고도 저 정도의 상을 받는다면, 더 좋은 걸 바치면 어찌 될까?' 다음 날 그 귀족은 멋진 검은

말 한 마리를 끌고 왕 앞에 나아갔다. 그는 허리를 숙이며 말했다. '폐하, 저는 말 사육을 업으로 삼고 있습니다. 이 말은 제가 지금까지 길렀거나 앞으로도 기를 최고의 말입니다. 그래서 폐하께 대한 사랑과 존경의 표시로 이 말을 바치고자 합니다.' 그러나 왕은 그의 마음을 꿰뚫어 보고 이렇게 말했다. '고맙소.' 그러고는 말을 받고는 아무 말 없이 귀족을 돌려보냈다. 귀족이 당황하자 왕은 이렇게 설명했다. '정원사는 당근을 나에게 준 것이오. 하지만 그대는 말을 자기 자신에게 준 것이오.'" Timothy Keller, *The Gospel in Life Study Guide: How Grace Changes Everything* (Grand Rapids, MI: Zondervan, 2010), 17. 《복음과 삶》(두란노 역간). 이 예화는 팀 켈러가 1996년 5월 5일 리디머교회에서 처음 전한 것이며, 그는 찰스 스펄전에게서 이 이야기를 인용했다고 하지만, 원 출처를 확인할 수 없었다.

26. Keller, *Prodigal God*, 44-45. 또한 Keller, 41-42 참조.《팀 켈러의 탕부 하나님》(두란노 역간).

27. Tim Keller, Sinclair Ferguson의 The Whole Christ: Legalism, Antinomianism, and Gospel Assurance-Why the Marrow Controversy Still Matters (Wheaton, IL: Crossway, 2016) 서문, 13.《온전한 그리스도》(디모데 역간).

28. Ferguson, *Whole Christ*, 106.《온전한 그리스도》(디모데 역간).

29. Keller, Ferguson의 *Whole Christ* 서문, 13.《온전한 그리스도》(디모데 역간). 그는 또한 Ferguson의 이러한 통찰력을 Timothy Keller, *Preaching: Communicating Faith in an Age of Skepticism* (New York: Viking, 2015), 52-56에서 더 자세히 설명한다.《팀 켈러의 설교》(두란노 역간).

30. 데인 오틀런드는 이렇게 말한다. "팀 켈러가 행위에 기반한 의로움을 우리의 기본값 (default mode)이라고 언급할 때, 그는 몇몇 바리새인들에게 공통적인 무언가를 식별하는 것이 아니다. 그는 모든 인류를 괴롭히는 무언가를 식별하고 있는 것이다. 아무도 이것에서 벗어나지 못한다. 이것은 우리 모두가 헤엄치는 물이다. 이것은 우리에게 정상인 것처럼 느껴진다." Dane Ortlund in Tim Keller, *Shaped by the Gospel: Doing Balanced, Gospel-Centered Ministry in Your City* (Grand Rapids, MI: Zondervan, 2016), 153.《복음으로 세우는 센터처치》(두란노 역간).

31. 이 문단은 Matt Smethurst, Before You Share Your Faith: Five Ways to Be Evangelism Ready(Leyland, UK: 10Publishing, 2022), 83-84를 참고하여 수정되었다. 허가를 받아 사용함.

32. 2006년 Desiring God 내셔널 콘퍼런스 홍보 영상에서 팀 켈러는 이렇게 말했다. "평범한 비종교적이고 세속적이며 포스트모던적인 사람이 여러분이 사람들을 그리스도께로 부르는 것을 들을 때 - 여러분이 복음을 종교나 도덕주의와 구별하지 않는 한 - 그들은 여러분이 단지 좀 더 좋은 사람, 더 친절하고 도덕적인 사람이 되라고 말하는 것으로 이해합니다. 여러분이 복음을 종교와 구별하지 않는다면, 그들은 여러분이 그저 바리새인이 되라고 요청하는 것이라고 생각합니다. 그러므로 저는 항상 세 가지 삶의 방식을 구별하는 것이 절대적으로 중요하다고 생각합니다." 그는 또한 C. S. 루이스의 잘 알려지지 않은 에세이 "Three Kinds of Men"을 인용하며, "그 글이 제게 큰 충격을 주었고, 제 복음 설교의 핵심이 되었습니다. 단순히 두 가지 길이 아니라 세 가지 길을 대조함으로써, 비종교적이고 세속적인 사람들에게 우리가 그들을 실제로 어디로

초대하고 있는지를 정확히 알 수 있게 해야 합니다." Keller, "The Gospel, Moralism, and Irreligion," DJ Chuang, 2006년 9월 25일, YouTube 영상, https://youtube.com/. 루이스의 에세이에 대한 흥미로운 해석은 Dane Ortlund, *How Does God Change Us?* (Wheaton, IL: Crossway, 2021), 80-83.을 참조하라. 2009년 한 블로그 댓글에서 데인 오틀런드는 이렇게 관찰한다. "루이스는 삶의 세 가지 방식을 욕망을 중심으로 구성하고, 팀 켈러는 (대체로) '인정/수용'을 중심으로 구성한다. 즉 루이스는 말한다. 어떤 이들은 순종하고 싶지 않아서 하지 않는다; 어떤 이들은 순종하고 싶지 않지만 억지로 한다; 어떤 이들은 진심으로 원해서 순종한다. 팀 켈러는 말한다. 어떤 이들은 하나님의 인정을 신경 쓰지 않는다. 그래서 자기 마음대로 산다; 어떤 이들은 하나님의 인정을 받고 싶어한다. 그래서 순종한다; 어떤 이들은 이미 받아들여졌다는 것을 안다. 물론 이 두 틀은 상당히 겹친다." Ortlund, "Luther: Three Kinds of Obedience," *Strawberry-Rhubarb Theology* (blog), May 27, 2009, https://dogmadoxa.blogspot.com/.

33. John Piper, "John Piper Reflects on Tim Keller's Evangelistic Heart," The Gospel Coalition, 2023년 5월 23일, YouTube 영상, https://www.youtube.com/.

34. 팀 켈러는 이렇게 말한다. "그건 비교할 수 없습니다. 가운데 중간도 아닙니다. 그것은 완전히 다른 것입니다." Keller, "The Prodigal Sons." 《팀 켈러의 탕부 하나님》(두란노 역간).

35. Keller, *Prodigal God*, 94. 《팀 켈러의 탕부 하나님》(두란노 역간).

36. Hansen, *Timothy Keller*, 218. 《하나님의 사람, 팀 켈러》(두란노 역간). 젊은 시절, 팀 켈러는 어떤 의미에서 첫째 아들과 둘째 아들의 성향을 모두 지니고 있었다: "팀 켈러는 항상 옳은 일을 하는 맏아들이었지만, 동시에 대학에 갔을 때 그는 정말로 반항했고, 주로 [강압적인] 어머니에 대해 반항했다. 그는 옳은 일을 하고 싶은 마음과 크게 부족하게 느끼는 압박감 사이에서 갈등했다. … 일단 내가 [그가 두 아들의 성향을 모두 보여 주었다는 것을] 알게 되었을 때, 갑자기 팀 켈러의 핵심 메시지인 은혜의 변화시키는 힘 - 우리 삶의 모든 것을 바꾸는 하나님의 이 선물 - 이 훨씬 더 이해가 되었다." Hansen, "Collin Hansen on The Making of Tim Keller, Overcoming Loneliness, Tim's Teenage Rebel- lion, How He Finished Well, and Why He Wanted People to Know About His Weaknesses," *The Carey Nieuwhof Leadership Podcast*, 2023년 6월 11일, https://care ynieuwhof.com/.

그의 책에서 핸슨은 또한 팀의 실제 (유일한) 동생 빌리에 관한 감동적인 이야기를 공유한다. 빌리는 게이였으며 1998년에 에이즈 합병증으로 사망했다: "[여러 해 동안] 그들이 [빌리와 그의 파트너를] 방문했을 때, 팀과 캐시는 그에게 복음에 대해 이야기했다. … 팀은 은혜와 그들의 어린 시절의 율법주의 사이의 차이를 강조하려고 노력했다. … [결국] 빌리가 [1997년] 12월에 호스피스에 입원했을 때, 그는 팀에게 말했다. '나의 기독교 가족은 내가 영원에 들어갈 때 나와 함께 가지 않을 것이고, 내 게이 친구들도 마찬가지야. 그래서 나는 이 삶의 저편에 무엇이 있는지 알아내야 해.' … [빌리는] 그리스도인이 된다는 것이 자신의 삶을 정돈하고 스스로를 의롭게 만드는 것을 의미한다고 생각했다. 그러나 팀은 고린도후서 5장 21절을 가리켰다: '하나님이 죄를 알지도 못하신 이를 우리를 대신하여 죄로 삼으신 것은 우리로 하여금 그 안에서 하나님의 의가 되게 하려 하심이라.' 마침내 빌리는 하나님의 사랑을 느꼈다. 변화는 즉시 눈에 띄었다. 그는 심지어 자신의 변호사에게 전화해서 〔게이 단체에 기부하기로 표시된〕 그의 돈을 대신 〔지역 사역〕 단체에 주라고 했다. … 모든 소망이 사라진 것처럼 보였을 때, 하나님은 이 탕자를 집으로 맞아주셨다." Hansen, *Timothy Keller*, 218-20. 《하나님의 사람, 팀 켈러》(두란노 역간).

37. Keller, *Prodigal God*, xx. 《팀 켈러의 내가 만든 신》(두란노 역간).

38. Keller, *Prodigal God*, 136. 《팀 켈러의 내가 만든 신》(두란노 역간). 팀 켈러는 이 이 야기를 처음으로 "Rejecting the Real Jesus" 1996년 9월 22일 설교에서 나눴다.

39. Kenneth Macleod, "David Dickson's Sweet Peace," *The Free Presbyterian Magazine* 121, no. 5 (May 2016): 130. https://media.fpchurch.org.uk/2016/05/FPM-2016-05. pdf 에서 이용가능

4. 목적이 있는 우정

1. 미국 공중위생국장 비벡 H. 머시(Vivek H. Murthy)의 에세이 "Work and the Loneliness Epidemic," *Harvard Business Review*, 2017년 9월 26일, hbr.org 참조. 외로움은 사망률에 있어서 하루에 담배 열다섯 개비를 피우는 것과 같은 영향을 미친다. 이에 대한 보다 최근 자료는 Murthy, "Our Epidemic of Loneliness and Isolation: The U.S. Surgeon General's 2023 Advisory on the Healing Effects of Social Connection and Community," *Public Health Services*, www.hhs.gov/sites/default/files/surgeon-general-social-connection-advisory.pdf를 참조하라. 미국 성인 2만 명을 대상으로 한 설문조사에 따르면 Z세대(18세에서 22세 성인)는 가장 외로운 세대로 나타났다("New Cigna Study Reveals Loneliness at Epidemic Levels in America," *MultiVu* 〔website〕, 2018년 5월 1일, www.multivu.com/players/English/8294451-cigna-us-loneliness-survey 참조).

2. Collin Hansen, Timothy Keller: His Intellectual and Spiritual Formation (Grand Rapids, MI: Zondervan Reflective, 2023), 41-51, 4장 "Kathy the Valiant" 참조. 《하나님의 사람, 팀 켈러》(두란노 역간). 성경 본문을 제외하고, 팀 켈러의 설교에서 우정에 관한 책 가운데 가장 빈번히 인용된 책은 루이스의 *The Four Loves* (1960)였다. 1997년 회의론자들을 위한 강연에서 팀 켈러는 이렇게 농담했다. "제가 C. S. 루이스를 너무 자주 인용하니까, 여러분은 이렇게 말합니다. 'C. S. 루이스가 열두 제자 중 한 명인가요?' 그런데 저는 〔우정에 대해〕 오랫동안 진지하게 고찰한 사람을 루이스 외에는 거의 찾을 수 없었습니다"(Keller, "Friends - What Good Are They?" 리디머교회 열린 포럼, 1997년 4월 27일 설교). 루이스는 *The Four Loves*에서 philos(친구와의 사랑)의 역동성을 storge(가족 간의 사랑) 및 eros(연인 간의 사랑)와의 대조 속에서 탐구한다(Lewis, *The Four Loves* 〔1960; repr., Norwalk, CT: Easton, 1988〕 참조). 《네 가지 사랑》(홍성사 역간).

3. 삼위 하나님의 '사귐의' 측면을 강조하다가 그분의 하나 됨을 소홀히 하면, 신학적 오류

(심지어 이단적 요소)까지 스며들 수 있다. 그러므로 이 주제를 다룰 때는 특별히 주의가 필요하다. 그럼에도 불구하고 예수님 자신은 예를 들어 요한복음 17장 20-23절에서 그렇게 하신다.

4. Tim Keller, "You Are My Friends," 1992년 1월 19일 설교.

5. "우리는 인간의 사랑의 관계만이 만족시킬 수 있는 하나님이 창조하신 필요를 가지고 있다. 심지어 아담조차 방해받지 않고 하나님과 관계를 누렸으며 낙원에 거주했음에 도 불구하고, 이 필요가 완전히 채워지지 않았다. 그러므로 외로움은 죄가 아니며, 이 는 두 가지를 의미한다. 첫째, 결혼이 반드시 필요한 것은 아니지만(바울과 예수님), 번 영하는 인간의 삶을 위해서는 훌륭한 우정이 반드시 필요하다. 둘째, 하나님이 하와 를 아담에게 데려오실 때, 그녀는 단순한 성적 혹은 생계를 위한 동반자가 아니라, 아 담이 갈망하던 친구였음이 분명하게 드러난다"(Timothy Keller and Kathy Keller, *The Meaning of Marriage: A Couple's Devotional* [New York: Viking, 2019], 2). 《팀 켈러, 결혼 의 의미》(두란노 역간).

6. 팀 켈러는 이 예화를 1992년, 1997년, 2000년, 2008년, 2010년, 2015년에 리디머에서 나누었다. 여기서 사용한 버전은 1992년 설교 "You Are My Friends"에서 명확성을 위해 약간 편집하여 각색한 것이다.

7. Lewis, *The Four Loves*, 58. 팀 켈러는 이 인용문을 두 차례의 설교에서 공유했다. "Friends - What Good Are They?"(1997), "Friendship"(2005). 루이스는 또 이렇게 말 한다. "우정은 철학이나 예술처럼 필수적인 것은 아니다. … 그것은 생존에 직접적으 로 필요한 것은 아니지만, 생존 자체에 가치를 부여하는 것들 중 하나다"(Lewis, *The Four Loves*, 71). 이 장 전체에 걸쳐 루이스의 인용문에서, 나는 오늘날의 일반적인 사 용법을 반영하기 위해 구두점을 약간 현대화했다. 나는 루이스를 인용하는데, 그렇지 않으면 팀 켈러의 우정에 관한 가르침을 파악하는 것이 불가능하기 때문이다. 《네 가 지 사랑》(홍성사 역간).

8. Tim Keller, "Spiritual Friendship," 2008년 6월 1일 설교.

9. Lewis, *The Four Loves*, xx. 루이스는 이어서 이렇게 말한다. "우리가 어떤 친구를 더 많은 이들과 나눌수록, 그 친구는 우리 각자에게 덜해지는 것이 아니라 오히려 더해 진다. 이 점에서 우정은 천국 자체의 '유사성에 의한 친밀함'이라는 영광스러운 모습 을 드러낸다. 천국의 수많은 성도들(그 수를 셀 수 없을 만큼 많은 이들)이 하나님을 누리 는 기쁨을 서로 더욱 풍성하게 만들어 주는 것처럼 말이다. 각 영혼은 자신만의 방식 으로 하나님을 보고, 그 독특한 시선을 다른 모든 이에게 나누어 준다. 한 오래된 저자 는 이 점에서 이사야 환상에 나타난 스랍들이 서로에게 '거룩하다, 거룩하다, 거룩하 다'(사 6:3)라고 외친다고 말한다. 우리가 하늘의 떡을 함께 나눌수록, 우리 모두는 더 많이 갖게 될 것이다"(*The Four Loves*, 61-62). 팀 켈러는 이 이야기를 처음으로 1996년 5월 19일 설교 "Heaven, a World of Love"에서 소개했다. 《네 가지 사랑》(홍성사 역간).

10. Lewis, *The Four Loves*, 61. 《네 가지 사랑》(홍성사 역간).

11. Tim Keller, "It Is the Lord," 2017년 4월 23일 설교. 다음은 훗날 리디머가 될 교회를 위한 내부 안내 책자에서 발췌한 내용이다. "다양성 속의 하나 됨을 보여 주기 위해 성 경은 지역 교회들이 서로를 위해 관심을 가지고 연결될 것을 요구합니다. 강한 자는 약한 자를 붙들고, 평안한 자는 고통받는 자를 돕고, 활기찬 자는 지루한 자에게 새로

운 활력을 불어넣으며, 모두가 함께 예수 그리스도의 충만함에 이르도록 하기 위함입니다. 하나님은 우리에게 뉴욕시 전역에 이러한 교회 네트워크를 세우라는 비전을 주셨습니다"(Redeemer Presbyterian Church, 1989년 브로서, 온라인에서는 열람 불가).

12. Keller, "It Is the Lord." 의미 있는 교회 공동체의 일원이 되는 것은 예수 그리스도를 따르는 이들에게 필수적인 것이며 선택 사항이 아니다. 팀 켈러는 "당신은 교회 회원이 되어야 합니다"라고 권면했다. "만약 당신이 '성경 어디에 교회 회원이 되라고 말합니까?' 묻는다면, 성경 곳곳에 있습니다. 회원이 된다는 것은 언약을 맺는다는 뜻입니다. 공개적으로 약속하는 것이지요. 스스로 책임을 지게 만드는 겁니다"(Keller, "House of God: Part 1," 1993년 4월 18일 설교). 팀 켈러는 다른 곳에서 이렇게 말했다. "우리는 인류 역사상 가장 개인주의적인 사회에 살고 있습니다. 누구도 자기 삶에 간섭받고 싶어하지 않지요. 그런데 성경은 당신의 목자가 되어 줄 사람을 찾아야 한다고 말합니다. 스스로 자격을 부여해서는 안 됩니다"(Keller, "The Gospel Ministry," 2013년 5월 19일 설교). 팀 켈러는 강조했다. "제자가 된다는 것은 성경을 배우고, 기도를 배우고, 다른 제자들과 함께 살아가며, 책임을 지는 것입니다. 단지 교회에 참석만 하고, 성경을 진지하게 배우지도 않고, 그 어떤 책임 있는 공동체 속에 있지도 않다면… 당신은 진짜 제자가 아닙니다"(Keller, "The Great Promise: Rest for Your Soul," 2014년 9월 14일 설교).

13. Keller, "A Movement," 2016년 4월 24일 설교.

14. Keller, "A Movement."

15. Tim Keller (@timkellernyc), "@josephrdeighton Yes, but you are not…"(Twitter, 2014년 7월 28일, 오후 1시 27분, https://x.com/). 히브리서 13장 17절은 이렇게 말한다. "너희를 인도하는 자들에게 순종하고 복종하라 그들은 너희 영혼을 위하여 경성하기를 자신들이 청산할 자인 것 같이 하느니라 그들로 하여금 즐거움으로 이것을 하게 하고 근심으로 하게 하지 말라 그렇지 않으면 너희에게 유익이 없느니라."

16. 성숙한 그리스도인은 "다른 신자들에게 책임을 집니다. 그들은 단지 소비자처럼 교회를 다니는 것이 아니라, 언약을 맺고 '저는 책임이 있습니다. … 저는 여기에 책임이 있습니다'라고 말합니다. 다시 말해, 그들은 교회에 가입합니다. … 여러분은 복음을 이해하십니까? 그것이 바로 복음이 함의하는 바 중 하나입니다"(Tim Keller, "A Covenant Relationship," 2007년 9월 9일 설교).

17. Tim Keller, "Born into Community," 2001년 2월 25일 설교.

18. Tim Keller, "The Witness of the Kingdom," 2012년 4월 22일 설교. "산 위에 세운 동네"(마 5:14)의 이미지는 그리스도의 가장 유명한 설교 가운데 등장하며, 팀 켈러는 그리스도의 백성들의 대안 문화적 정체성을 강조하기 위해 자주 이 설교를 인용했다. "산상수훈이 정말로 다루는 것은 … 이 땅에 임한 하나님 나라입니다. 다시 말해, 산상수훈은 대안적 공동체에 대해 이야기하고 있습니다. 세상의 권력, 성공, 명성, 인정, 외모의 가치가 아니라 하나님 나라의 희생과 섬김의 가치에 의해 다스려지는 공동체가 어떤 모습일지에 대해 이야기하고 있습니다"(Keller, "Love in the Neighborhood," 1999년 4월 11일 설교).

19. Tim Keller, "Peace of the King," 1989년 8월 20일 설교.

20. Tim Keller, "Love for the City," 1998년 3월 8일 설교. "하나님의 은혜를 경험한 사

람들의 공동체는 그 미래 도시의 맛보기입니다"라고 팀 켈러는 다른 곳에서 설명한다. "우리는 한 도시의 시민이지만, 우리는 또 다른 도시의 거주자입니다. 우리는 장차 올 도시의 시민이지만, 우리는 현재 있는 도시의 거주자입니다. 거기에 긴장이 있습니다. 우리는 거류민입니다"(Keller, "City of God," 2005년 5월 1일 설교).

21. Tim Keller, "The Upper Room," 2003년 4월 6일 설교, 그리고 "Community," 2005년 10월 9일 설교.

22. Tim Keller, "The Garden-City of God," 2009년 4월 26일 설교.

23. Tim Keller, "The Community of Jesus," 2003년 1월 19일 설교.

24. Tim Keller, "The Lord Praying for Holiness," 1999년 8월 22일 설교. 그는 다른 곳에서 이렇게 말한다. "당신 혼자서는 도시가 될 수 없습니다. 미안하지만 안 됩니다. … [하지만] 세상이 교회 안을 들여다보았을 때, 밖에서는 함께할 수 없는 사람들이 함께하고, 밖에서는 서로 싸우는 사람들이 서로를 사랑하고 … 사람들이 성, 돈, 권력을 삶을 살리는 전혀 다른 방식으로 사용하는 모습을 본다면, 그들은 [하나님이] 누구신지 알게 될 것입니다. … 여러분은 오직 함께 있을 때만 세상의 빛입니다"(Keller, "The New City," 2002년 10월 27일 설교). 또한 Timothy Keller, *Center Church: Doing Balanced, Gospel-Centered Ministry in Your City* (Grand Rapids, MI: Zondervan Reflective, 2012), 171, 311 참조. 《센터처치》(두란노 역간). 다른 설교에서 그는 이렇게 설명한다. "기독교가 가져온 것은 단순한 영적 운동이 아니라 완전히 새로운 문화, 대안 문화, 인간 사회를 이루는 대안적인 방식이었습니다. 그 안을 들여다보는 모든 이들에게, 특히 권력의 최상층이 아닌 사람들에게는 그 대안 문화가 지배적인 문화보다 훨씬 더 매력적으로 보였습니다"(Keller, "You-Have No Power," 2008년 2월 24일 설교).

25. Keller는 이렇게 설교한다. "기독교인이 어떤 도시에 살든, 당신은 이웃들과 아프도록 다르게 살게 될 것입니다. 갈등과 긴장이 따를 것입니다. 당신이 믿는 것과 그 도시가 믿는 것 사이에 깊은 불일치가 있을 것입니다. 당신이 사는 도시가 어떤 도시이든 상관없습니다. … 어느 곳에 살든 결국 모든 문화는 [기독교의 신앙]을 보고 또 우리가 행하는 어떤 것들을 보고, 이렇게 말할 겁니다. '망신스럽다. 나는 문화적으로 모욕감을 느낀다. 성경이 말하는 것들은 수치스럽다.' 이 땅에는 우리가 거할 영원한 도성이 없습니다"(Keller, "City of God").

26. Keller, "Marriage as Priority and Friendship," 1991년 9월 8일 설교. 그는 또 이렇게 말한 바 있다. "우정이란, 두 사람이 서로에게 사랑 안에서 진리를 말하며 같은 지평선을 향해 함께 여행할 때 발전하는 깊은 하나 됨입니다"(Timothy Keller, *The Meaning of Marriage: Facing the Complexities of Commitment with the Wisdom of God*, with Kathy Keller (New York: Dutton, 2011), 116-117). 《팀 켈러, 결혼을 말하다》(두란노 역간).

27. Keller가 리디머교회에서 우정에 대해 처음 본격적으로 가르친 것은 1991년 결혼 시리즈 설교에서였다. 이 내용의 많은 부분이 *Meaning of Marriage: Facing the Complexities*에 포함되어 있지만, 그 설교들은 여전히 들을 가치가 있다. 그는 "친구란 당신을 받아들이고 당신을 저버리지 않는 존재"라는 표현을 여러 해에 걸쳐 다양한 설교에서 사용했다. 1992년("You Are My Friends"), 1996년("David and Jonathan"), 1997년("Friends – What Good Are They?"), 2000년("Eating with Jesus", "God Our Friend"), 2002년("Befriending Grace"), 2004년("The Friends"), 2005년("Friendship"), 2008년("Spiritual

Friendship"), 2010년("Kindness"), 2013년("Finishing Well"), 2015년("David's Friend").

28. Tim Keller, "David's Friend," 2015년 5월 17일 설교.

29. Lewis, *The Four Loves*, 65. 《네 가지 사랑》(홍성사 역간).

30. Lewis, *The Four Loves*, 66-67. 《네 가지 사랑》(홍성사 역간).

31. 다음은 루이스의 인용문이다. "연인은 항상 사랑에 대해 서로 이야기하지만, 친구는 거의 우정에 대해 말하지 않는다. 연인은 보통 마주 보고 서로에게 몰두하지만, 친구는 나란히 앉아 어떤 공통 관심사에 몰두한다." Lewis, *The Four Loves*, 61. Keller는 이 구절을 여러 설교에서 인용했으며, 그 시작은 "Marriage as Priority and Friendship"(1991년)과 "Making Peace"(1992년)이다. 《네 가지 사랑》(홍성사 역간).

32. Timothy Keller, *God's Wisdom for Navigating Life: A Year of Daily Devotions in the Book of Proverbs*, with Kathy Keller (New York: Viking, 2017), 166. 이것은 섬세함과 눈치 있는 태도를 요구한다. 다른 곳에서 켈러 부부는 잠언에 나오는 일련의 경고들을 이렇게 설명한다. "왜 어떤 사람은 다른 사람들이 막 일어났을 때 부적절하게 지나치게 반갑게 인사할까요(27:14)? 왜 그들은 부적절한 유머를 사용하거나(26:19) '마음이 무거운' 사람에게 가벼운 말투로 말할까요(25:20)? 그것은 그들이 감정적으로 단절되어 있고 그래서 서툴기 때문입니다. 그들은 상대방의 내면적 지형을 충분히 알지 못해서 무엇이 아프게 하고 무엇이 위로가 되는지, 무엇이 영감을 주고 무엇이 지루하게 하는지, 무엇이 자극하고 무엇이 거슬리는지를 모릅니다"(Keller, 167). 《팀 켈러, 오늘을 사는 잠언》(두란노 역간).

33. Keller, *God's Wisdom for Navigating Life*, 166. 《팀 켈러, 오늘을 사는 잠언》(두란노 역간). 한 설교에서 팀 켈러는 이렇게 설명한다. "당신은 누구에게 당신 자신을 향해 경종의 호루라기를 불 수 있도록 허락해 주었습니까? 당신은 누구에게 당신은 모든 것에 대해 정기적으로 자신을 열어 보이고 있습니까? 당신의 기도 생활에 대해? 돈을 어떻게 쓰는지에 대해? 성적인 삶에 대해? 생각의 영역에 대해? … 교회에서 모두에게 인사하고 포옹하고 키스하는 식의 피상적인 교제는 충분하지 않습니다"(Keller, "The New Community," 1999년 5월 16일 설교). 더욱이 "이 현대의 개인주의적 서구 문화에서," 팀 켈러는 다음 해에 이렇게 말했다. "우리는 책임을 싫어합니다. 우리는 사생활을 지키려 합니다. 우리는 뭔가에 얽이는 것도 싫어합니다. … (하지만) 당신은 당신을 자주, 매일 또는 정기적으로 보며 당신의 진짜 모습을 목격하는 사람들을 반드시 두어야 합니다. 그리고 당신은 이 사람들에게 당신에게 무엇이 잘못되었는지를 말할 권한을 주었습니다. … 공동체 밖에서는 당신이 누구인지 (진정으로) 알 수 없습니다"(Keller, "Made for Relationship," 2000년 10월 29일 설교).

34. Keller, *God's Wisdom for Navigating Life*, 168. 《팀 켈러, 오늘을 사는 잠언》(두란노 역간).

35. Keller, "Friendship." 그는 다른 곳에서 이렇게 쓴다. "복음은 이것입니다. 우리는 우리가 감히 생각했던 것보다 훨씬 더 죄 많고 결함이 있는 존재이지만, 동시에 예수 그리스도 안에서 우리가 감히 상상했던 것보다 더 사랑받고 받아들여진 존재입니다. 이것이 우리를 진정으로 변화시킬 수 있는 유일한 관계입니다. 진리 없는 사랑은 감상주의에 불과하여 우리를 지지하고 위로해 줄 수는 있지만, 우리의 결함에 대한 부인을 지속시킵니다. 사랑 없는 진리는 가혹하여 정보를 줄 수는 있지만 우리가 진심으로 들

을 수는 없게 만듭니다. 그러나 그리스도 안에서 구원하시는 하나님의 사랑은 우리가 누구인지에 대한 급진적인 진실성과 동시에 우리를 향한 급진적이고 무조건적인 헌신을 모두 가지고 있습니다"(Keller, *Meaning of Marriage: Facing the Complexities*, 48). 그리고 이렇게 덧붙인다. "사랑받되 알려지지 않는 것은 위안이 되지만 피상적입니다. 알려지되 사랑받지 못하는 것은 우리가 가장 두려워하는 일입니다. 그러나 완전히 알려지고 진정으로 사랑받는 것은, 글쎄요, 하나님께 사랑받는 것과 많이 닮아 있습니다. 그것이 우리에게 가장 필요한 것입니다. 그것은 우리를 위선에서 해방시키고, 자기의에서 겸손하게 하며, 인생이 던질 수 있는 어떤 어려움도 견딜 수 있도록 우리를 강하게 만듭니다"(Keller, 95). 《팀 켈러, 결혼을 말하다》(두란노 역간).

36. Timothy Keller, *Every Good Endeavor: Connecting Your Work to God's Work*, with Katherine Leary Alsdorf (New York: Penguin, 2012), 256. 《팀 켈러의 일과 영성》(두란노 역간). 팀 켈러는 말한다. 우리가 사람을 하나님보다 더 두려워할 때 우리는 책임을 회피하게 된다. 하지만 우리가 특정한 우정보다도 하나님을 더 두려워하고 사랑할 때 우리는 진리를 사랑으로 말할 자유를 얻게 된다. 그는 이 개념을 "David and Jonathan", 1996년 5월 26일 설교에서 다룬다. 또한 그는 '사냥 면허(hunting license)'라는 개념을 여러 설교에서 설명했다. 예를 들어 "The Friends"(2004년 2월 8일), "Members of One Another"(2005년 5월 8일), "With Jesus"(2006년 2월 26일), "David and Bathsheba"(2009년 8월 23일), "Our Power: Spirit-Filled Living"(2014년 6월 8일), "Saul's Rejection"(2015년 4월 19일).

37. Tim Keller (@timkellernyc), "@JeffersonBethke You are the generation… ," Twitter, 2013년 7월 29일 오후 1:55, https://x.com/.

38. 팀 켈러는 이렇게 말한다. "당신은 독립성을 우상으로 삼았고, 〔그래서〕 어떤 것에도 헌신할 수 없게 되었습니다." Keller, "Active Discipline," 1990년 1월 14일 설교. 또한 그는 이렇게 덧붙인다. "사랑과 완전한 독립성을 동시에 가질 수는 없습니다. 사랑하는 친구 여러분, 여러분의 자율성은 여러분의 자유를 파괴하고 있습니다." Keller, "Church: Building Blocks," 1993년 4월 4일 설교. 자율성이 사랑에 미치는 해로운 영향은 팀 켈러의 가르침의 주요 주제였다.

39. 팀 켈러는 이렇게 말한다. "〔잠언 18장 24절〕은 친구가 형제보다 더 나을 수 있다고 말한다. 우리 시대와 비교할 수 없이 가족 중심이었던 고대 문화에서 이는 매우 놀라운 주장이다." Keller, *God's Wisdom for Navigating Life*, 164. 《팀 켈러, 오늘을 사는 잠언》(두란노 역간).

40. Keller, "Friendship." 인용문은 이해를 돕기 위해 약간 다듬어졌다. 켈러 부부는 다른 곳에서 이렇게 말한다. "〔잠언 19장 6절에서 7절〕은 대부분의 인간관계가 거래적이라는 고통스러운 진실을 상기시킵니다. 즉 사람들은 경제적, 사회적, 정서적 유익을 얻기 위해 관계를 맺습니다. … 〔하지만 진정한〕 친구는 어려울 때, 그들에게 줄 것이 거의 없을 때에도 곁에 있을 것입니다. 친구에게 당신은 어떤 목적을 위한 수단이 아니라 당신 자체로 소중합니다. 그리고 일관성은 곧 서로에게 자신을 내어 주는 것을 수반합니다. … 그러나 이것은 가장 좋은 우정이 시간이 걸린다는 뜻이며, 우리 모두의 시간은 한정되어 있다는 뜻이기도 합니다. 이론상으로는 많은 친구를 사귈 수 있을 것 같지만, 잠언 20장 6절은 현실적입니다. 좋은 친구는 쉽게 구할 수도 없으며, 많이 가질 수

도 없습니다. 이미 있는 친구들에게 더 많은 시간을 들이십시오."(Keller, *God's Wisdom for Navigating Life*, 165). 《팀 켈러, 오늘을 사는 잠언》(두란노 역간).

41. 헌정사는 이렇게 적혀 있다. "사십 년 동안 함께 한 우리의 친구들에게: 우리의 여정은 서로 다른 곳으로 이어졌지만 결코 서로로부터 멀어진 적은 없었습니다. … 그리고 첫사랑으로부터도 말입니다. Doug and Adele Calhoun, Wayne and Jane Frazier, David and Louise Midwood, Gary and Gayle Somers, Jim and Cindy Widmer." Keller, *Meaning of Marriage: Facing the Complexities*; 《팀 켈러, 결혼을 말하다》(두란노 역간). 이 친구 공동체의 기원에 대해서는 핸슨, *Timothy Keller*, 83-84를 참조하라. 《하나님의 사람, 팀 켈러》(두란노 역간).

42. 핸슨, *Timothy Keller*, 84. 《하나님의 사람, 팀 켈러》(두란노 역간). 그레이엄과 로리 하월은 켈러 부부와 수십 년에 걸친 또 하나의 우정을 대표한다. 1975년, 거친 노동계층 중심의 배경에서 복음을 듣고 회심한 그레이엄은 팀 켈러의 목회 사역에서 "첫 번째 회심자"였다. 그의 간증은 깊은 영적 도전을 준다. Graham Howell, "How God Is Making Me into Who I'm Meant to Be," *Gospel in Life*, 2020년 봄, https://gospelinlife.com/. 35년이 넘는 우정을 함께한 그들은 매해 여름 휴가도 함께 보냈으며, 그레이엄은 2023년 8월 15일 뉴욕에서 있었던 팀 켈러의 추모예배에서 감동적인 추모사를 전했다. 해당 영상은 https://timothykeller.com/에서 볼 수 있다.

43. Tim Keller, "Befriending Grace," 2002년 1월 27일 설교.

44. Keller는 이렇게 설명한다. "예수 그리스도는 결국 복음이란 급진적인 우정임을 보여 줍니다." Keller, "Spiritual Harvest," 1991년 2월 3일 설교.

45. Keller, "Spiritual Friendship."

46. Tim Keller, "Kindness," 2010년 5월 9일 설교. 켈러 부부는 잠언 묵상집에서 이렇게 짧은 기도를 전한다. "주 예수님, 주님은 예루살렘으로 죽으러 가시겠다고 결심하셨습니다. 그곳에 도착하셨을 때 모든 지옥이 당신에게 쏟아졌지만, 주님은 물러서지 않으시고 끝까지 그 자리를 지키셨습니다. 모두 저를 위해서였습니다. 그렇다면 제가 어떻게 제 친구들이 필요할 때 그 곁을 지키지 않을 수 있겠습니까? 주님께서 제게 그러하셨듯이, 제가 다른 이들을 위한 훌륭한 친구가 되게 해주십시오. 아멘"(Keller, *God's Wisdom for Navigating Life*, 165). 《팀 켈러, 오늘을 사는 잠언》(두란노 역간).

47. Keller, *Meaning of Marriage: A Couples Devotional*, 233. 《팀 켈러, 결혼의 의미》(두란노 역간).

48. 즉 무적의 힘은 아니다. 타락한 세상에서 자연적인 장벽들은 널리 퍼져 있다. 그러나 그것은 복음이 그 장벽들보다 약하기 때문이 아니다.

49. Keller, *Meaning of Marriage: Facing the Complexities*, 114. 《팀 켈러, 결혼을 말하다》(두란노 역간).

50. Keller, *Meaning of Marriage: Facing the Complexities*, 115. 《팀 켈러, 결혼을 말하다》(두란노 역간).

51. Keller, *Meaning of Marriage: Facing the Complexities*, 121-22. 또한 "그리스도에 대한 공통된 믿음 외에는 아무것도 공유하지 않는 두 그리스도인이라 할지라도, 새 창조를 향한 여정에서 서로를 도우며 함께 세상에서 사역할 수 있는 강한 우정을 가질

수 있다." Keller, 114-15. 《팀 켈러, 결혼을 말하다》(두란노 역간).

52. Keller, *God's Wisdom for Navigating Life*, 164 . 《팀 켈러, 결혼을 말하다》(두란노 역간). 산만함과 빈번한 이동이 만연한 이 시대에, 우정은 "우리가 만들어 갈 시간조차 갖기 전에 사라져 버립니다." 우리는 단지 "우리의 마음이 필요로 하는 모든 친구를 가지고 있지 않습니다". Keller, "Friendship."

53. C. S. Lewis, *The Weight of Glory and Other Addresses*, rev. ed. (1941; repr., New York: HarperCollins, 1980), 151. 《영광의 무게》(홍성사 역간).

5. 믿음이 일터로 갈 때

1. Tim Keller, "Why Tim Keller Wants You to Stay in That Job You Hate," Andy Crouch 인터뷰, *Christianity Today*, 2013년 4월 22일, https://www christianitytoday. com/. 인용문은 명확성을 위해 약간 편집되었다. 또한 팀 켈러는 배우 일화를 2000년 4월 30일 설교한 "The Dream of the Kingdom"에서, 그리고 2006년 Desiring God 전국 콘퍼런스의 패널 토론에서 언급한다(John Piper, Mark Driscoll, Tim Keller, Justin Taylor, "A Conversation with the Pastors," 2006년 9월 29일, https://www desiringgod. org/ 참조).

2. Timothy Keller, *Shaped by the Gospel: Doing Balanced, Gospel-Centered Ministry in Your City* (Grand Rapids, MI: Zondervan, 2016), 34-43, chart on 36. 《복음으로 세우는 센터처치》(두란노 역간). 팀 켈러는 다른 곳에서 다음과 같이 쓴다. "복음 [서사]에 대한 이해가 없이는 우리는 순진하게 이상주의적이거나 냉소적으로 환멸을 느끼게 될 것이다. 우리는 우리가 처한 혼란을 설명하기에는 충분히 나쁘지 않은 무언가를 악마화하거나, 우리를 이 상황에서 구출해 내기에는 충분히 강력하지 않은 무언가를 우상화하게 될 것이다. 결국 이것이 모든 다른 세계관이 하는 일이다"(Timothy Keller, *Every Good Endeavor: Connecting Your Work to God's Work*, with Katherine Leary Alsdorf [New York: Penguin, 2012], 161). 이어서 그는 몇 가지 직업 분야에 대한 성경적 함의를 개략적으로 설명한다: 비즈니스(164-68), 저널리즘(169-70), 고등 교육(171-73), 예술(173-75), 그리고 의료(175-80). 《팀 켈러의 일과 영성》(두란노 역간).

3. 팀 켈러는 "성경은 일이 얼마나 중요하고 근본적인지를 보여 주듯, 무언가에 대해 말하기 시작하자마자 곧바로 일에 대해 말하기 시작한다"고 말한다(Keller, *Every Good Endeavor*, 19). 《팀 켈러의 일과 영성》(두란노 역간).

4. Keller, *Every Good Endeavor*, 22. 《팀 켈러의 일과 영성》(두란노 역간).

5. 팀 켈러는 일에 대한 승리주의적 관점에 거의 인내심을 보이지 않았다. "(우리는) 한 가지 확실한 사실을 받아들여야 한다. 역사 마지막에 있을 '그리스도의 날'(빌 1:6; 3:12)까지는 … 어떤 것도 완전히 바로잡히지 않을 것이다. 그때까지 모든 피조물은 '신음하며'(롬 8:22), 쇠퇴와 연약함 가운데 놓여 있다. 그러므로 일은 오직 하늘이 땅과 다

시 연합되고 우리가 '참된 본향'에 이를 때에야 '온전히' 바로잡힐 것이다. 일을 완전히 구속할 수 있다고 말하는 것은 때로는 순진함이요, 때로는 교만이다"(Keller, *Every Good Endeavor*, 150-151). 《팀 켈러의 일과 영성》(두란노 역간).

6. Isaac Watts (1674-1748), "Joy to the World"(1719), Hymnary. org.

7. Keller, *Every Good Endeavor*, 58. 《팀 켈러의 일과 영성》(두란노 역간). 그는 또 이렇게 말한다. "그리스 사상가들은 특히 육체노동과 같은 보통의 일을 인간을 동물 수준으로 격하시키는 것으로 보았지만, 성경은 모든 일을 인간을 동물과 구별되게 하며 존엄의 자리로 높이는 것으로 본다. 구약 학자인 빅터 해밀턴(Victor Hamilton)은, 이집트나 메소포타미아 같은 주변 문화에서는 왕이나 왕족이 '하나님의 형상'이라 불릴 수 있었지만, 수로를 파는 인부나 지구라트를 짓는 석공에게는 그러한 고귀한 용어가 사용되지 않았다고 지적한다. … [그러나 창세기 1장은] 단순히 '인간'을 묘사하는 데 왕실 언어를 사용한다. 하나님의 눈에 모든 인류는 왕족이다. 성경은 이스라엘 주변 민족들이 가진 왕권 중심적이며 배타적인 개념들을 민주화시킨다"(Keller, *Every Good Endeavor*, 36). 팀 켈러는 V. P. Hamilton, *The Book of Genesis: Chapters 1–17* (Grand Rapids, MI: Eerdmans, 1990), 135를 인용한다. 《NICOT 창세기. 1》(부흥과개혁사 역간).

8. 이 점에서 당연히 우리는 비신자의 많은 기여에 대해 감사해야 한다. 문화는 "찬란한 진리, 훼손된 반쪽 진리, 진리에 대한 노골적인 저항"이 뒤섞인 복잡한 칵테일이기 때문에, 우리의 직장 속에서도 하나님의 일반 은총이 비추는 실제적인 어두움과 빛을 함께 보게 될 것이다(Keller, *Every Good Endeavor*, 198). 또한 그는 이렇게 말한다. "죄의 교리는, 믿는 자들도 우리가 가진 세계관이 말해 주는 바만큼 선하지 않다는 것을 뜻한다. 마찬가지로 일반 은총의 교리는, 믿지 않는 자들도 그들의 잘못된 세계관이 암시하는 것만큼 타락하지 않았다는 것을 뜻한다. … 결국 복음과 성경의 문화 참여 가르침을 이해하는 것은, 그리스도인들로 하여금 동료와 이웃의 일 가운데 역사하시는 하나님의 손길에 대해 가장 깊이 감사할 수 있도록 만든다"(Keller, 195, 197). 그는 또 이렇게 제안한다. "성경 교리를 이해하는 그리스도인이라면 비그리스도인의 일을 가장 잘 이해하고 감사할 수 있는 사람이 되어야 한다. 우리는 오직 은혜로 구원받았다는 것을 알기 때문에, 우리가 꼭 더 나은 아버지나 어머니, 더 나은 예술가나 사업가라고 말할 수 없다. 복음으로 훈련된 우리의 눈은 하나님이 창조하시고 부르신 사람들의 삶을 통해 - 소의 젖을 짜는 단순한 행위에서부터 가장 찬란한 예술적, 역사적 업적에 이르기까지 - 세상이 하나님의 영광으로 타오르고 있음을 볼 수 있다"(Keller, 64). 《팀 켈러의 일과 영성》(두란노 역간).

9. Keller, *Every Good Endeavor*, 61. 루터의 인용문은 Martin Luther, *Luther's Works*, vol. 21, *Sermon on the Mount and the Magnificat*, ed. J. Pelikan (St. Louis, MO: Concordia, 1958), 237을 참조해 재구성한 것이다. 시편 147편에 따르면 하나님은 "네 성문 빗장을 견고하게 하시고"(147:13), "네 경내에 평안을 주신다"(147:14). 다시 말해, 하나님은 입법자, 법 집행자, 군인, 정부와 정치 분야에 종사하는 이들을 '통하여' 도시에 안전과 안정을 제공하신다. 《팀 켈러의 일과 영성》(두란노 역간).

10. Tim Keller, "Feeling His Pleasure," 1989년 10월 22일 설교. 팀 켈러는 이렇게 설명한다. "그리스·로마 세계의 노예 제도는 아프리카 노예무역 이후 발전한 신대륙의 노예 제도와는 달랐다. 바울 시대의 노예 제도는 인종에 기반하지 않았고 평생 지속되는

경우도 드물었다. 오늘날 우리가 말하는 계약 노동에 더 가까웠다. 그러나 우리의 목적상… 이렇게 생각해 보라. 만일 '노예 주인들'에게 교만과 두려움으로 노예들 대하지 말라고 했다면, 오늘날 고용주에게는 더욱 그러하지 않겠는가? 그리고 만일 '노예들'에게 그들의 일에서 만족과 의미를 찾을 수 있다고 말했다면, 오늘날 일하는 사람들에게는 더욱 그러하지 않겠는가?"(Keller, *Every Good Endeavor*, 219).《팀 켈러의 일과 영성》(두란노 역간).

11. Keller, *Every Good Endeavor*, 37.《팀 켈러의 일과 영성》(두란노 역간).

12. Sebastian Trager and Greg Gilbert, *The Gospel at Work: How the Gospel Gives New Purpose and Meaning to Our Jobs*, rev. ed. (Grand Rapids, MI: Zondervan, 2018), 18.

13. Keller, "Feeling His Pleasure."

14. Keller, "Feeling His Pleasure."

15. Tim Keller, "When the Gospel Invades Your Office: Tim Keller on Faith and Work," Matt Smethurst와의 인터뷰, The Gospel Coalition, 2012년 11월 12일, https://www.thegospelcoalition.org/에서 인용. 또한 Iain H. Murray, *David Martyn Lloyd-Jones: The Fight of Faith, 1939–1981* (Carlisle, PA: Banner of Truth), 335 참조.

16. Keller, *Every Good Endeavor*, 108-109.《팀 켈러의 일과 영성》(두란노 역간). 그는 이어서 말한다. "기독교인들은 판매와 마케팅을 할 때, 제품이 고객의 '삶에 가치를 더한다'는 점을 보여 주어야 한다는 데 동의한다. 그러나 그렇다고 해서 그것이 그들에게 '삶을 줄 수 있다'는 의미는 아니다. 기독교인들은 인간의 복지에 대한 더 깊은 이해를 가지고 있기 때문에, 우리는 종종 우리 문화의 기업 우상이라는 강한 흐름을 거슬러 헤엄쳐야 한다"(Keller, 148). 다른 곳에서 팀 켈러는 복음이 우리의 일 속에서 '바라보는 대상'이라기보다 '안경처럼 통해 바라보는 것'이라고 말한다. 이러한 안경이 일에 대한 지혜로운 통찰을 어떻게 줄 수 있는지에 대해서는 Keller, *Every Good Endeavor*, 82-83, 그리고 *Center Church: Doing Balanced, Gospel-Centered Ministry in Your City* (Grand Rapids, MI: Zondervan, 2012), 332를 참조하라.《센터처치》(두란노 역간).

17. Keller, *Every Good Endeavor*, 57.《팀 켈러의 일과 영성》(두란노 역간).

18. Keller, *Every Good Endeavor*, 57-58. 팀 켈러는 오늘날 많은 젊은이들이 "직업 선택의 과정을 자신의 재능과 열정을 세상에 기여하는 문제라기보다 정체성을 드러내는 표시로 여긴다"고 말한다(Keller, 102). 또 다른 곳에서는 이렇게 경고한다. "고대 수도사들이 종교적 행위로 구원을 추구했다면, 현대인들은 경력 성공을 통해 자존감과 자기 가치라는 일종의 구원을 추구한다. 이는 우리로 하여금 오직 높은 연봉과 지위를 제공하는 직업만을 추구하게 만들고, 그러한 직업을 왜곡된 방식으로 '숭배'하게 만든다. 그러나 복음은 우리에게 스스로를 입증하고 정체성을 확보해야 한다는 끊임없는 압박으로부터 자유를 준다. 왜냐하면 우리는 이미 입증되었고, 안전하기 때문이다. 복음은 또한 하찮아 보이는 노동에 대해 우월감을 가지는 마음에서, 혹은 더 높아 보이는 일에 대해 가지는 시기심에서도 우리를 자유롭게 한다. 이제 모든 일은 우리를 값없이 구원하신 하나님을 사랑하는 방법이 되고, 나아가 이웃을 사랑하는 방법이 된다. … 우리는 "이미 그리스도 안에서" 다른 사람들이 일을 통해 얻으려는 것들 – 구원, 자기 가치, 깨끗한 양심, 평화 – 을 "가지고 있기" 때문에, 이제 우리는 단순히 하나

님과 이웃을 사랑하기 위해 일할 수 있다"(Keller, 63-64). 《팀 켈러의 일과 영성》(두란노 역간).

19. Tim Keller, "Vocation: Discerning Your Calling," Redeemer City to City white paper, 2007. 팀 켈러가 처음으로 리디머교회 1990년 설교("Discovering Your Spiritual Gifts: Part 3")에서 소개한 이 세 가지 '소명의 요소'는 존 뉴턴의 범주들에 느슨하게 기초하고 있다. John Newton, *The Works of John Newton*, vol. 2 (London: Hamilton, Adams, 1808), 44-48 참조.

20. 2013년 패널 토론에서 팀 켈러는 일에 관한 개혁주의 전통과 루터 전통을 언급하며 (다소 일반화하였음을 인정하면서) 이렇게 요약했다. 많은 개혁주의 사상가들은 "내면을 들여다보고, 자신이 잘하는 것을 찾아 그것을 하라"고 말하는 반면, 많은 루터파 사상가들은 "외부를 바라보고, 필요를 보고, 그것을 채워라"고 말해 왔다. 팀 켈러의 요약: "여러분은 필요에서 시작하여 능력으로 갈 수도 있고, 능력에서 시작하여 필요로 갈 수도 있습니다. 이 둘은 모두 소명을 찾는 방식입니다"(Tim Keller 외, "Redefining Work: Panel Discussion," *The Gospel Coalition*, 2014년 3월 24일, YouTube 영상, https://www.youtube.com/).

21. Keller 외, "Redefining Work."

22. Keller, *Every Good Endeavor*, 86-87. 《팀 켈러의 일과 영성》(두란노 역간). 이 인용은 Sebastian Thrun과의 인터뷰에서 발췌된 것이다. Andy Kessler, "Sebastian Thrun: What's Next for Silicon Valley?" *The Wall Street Journal*, 2012년 6월 15일, https://www.wsj.com/.

23. *Chariots of Fire*, Hugh Hudson 감독 (Warner Brothers Pictures, 1981). 팀 켈러는 이 예화를 여러 차례 설교에서 사용하였다. 1989년("Feeling His Pleasure"), 1991년("Work Wholeheartedly"), 1994년("Cross: The Way to Know Yourself"), 1996년("Work"), 2006년 ("The Lord of the Sabbath"와 "Mortification through Joy"), 그리고 2015년("A New Sabbath").

24. Tim Keller, "The Lord of the Sabbath," 2006년 2월 19일 설교.

25. Keller, *Every Good Endeavor*, 247. 《팀 켈러의 일과 영성》(두란노 역간). 또한 Tim Keller, "A New Sabbath," 2015년 2월 8일 설교 참조.

26. Keller, *Every Good Endeavor*, 247. 《팀 켈러의 일과 영성》(두란노 역간).

27. Keller, *Every Good Endeavor*, 70. 《팀 켈러의 일과 영성》(두란노 역간).

28. Tim Keller, "Faith and Work," 2016년 4월 10일 설교. 또한 팀 켈러는 이 예화를 "Temptation"(2003년 6월 15일), "If I Perish, I Perish"(2007년 4월 22일), *Every Good Endeavor*, 《팀 켈러의 일과 영성》(두란노 역간). 115쪽에서도 공유했다. 이 예화는 Dick Lucas의 설교 "Genesis 44-45: No Way but Down to Egypt"(1989년 7월 26일, London St. Helens Bishopsgate)에서 가져온 것으로, https://www.st-helens.org.uk/resources/talk/3328/audio에서 들을 수 있다(이 버전은 팀 켈러의 각색을 기반으로 명확성을 위해 약간 편집되었다). 팀 켈러는 다음과 같은 균형 잡힌 입장을 제시한다. "우리는 … 문화에 대해 철수하거나 무관심하라고 조언하는 일에 대한 접근 방식을 거부해야 한다. 이런 유형의 교회에서는, 교인들이 … 십일조를 내고, 더 헌신된 그리스도인들이 하나님을 직접 기쁘시게 하기 위해 사역을 감당하도록 내버려둔다. 그 결과, '세속

적인' 일에 대한 지원이나 인정은 거의 없거나 전무하다. 반대로, 사회 정의나 문화 참여를 강조하면서도 회개, 회심, 거룩함으로의 부르심을 등한시하는 접근 방식 또한 거부해야 한다"(Keller, *Serving a Movement: Doing Balanced, Gospel-Centered Ministry in Your City* [Grand Rapids, MI: Zondervan, 2016], 162). 《운동에 참여하는 센터처치》(두란노 역간).

29. Keller, *Every Good Endeavor*, 47. 《팀 켈러의 일과 영성》(두란노 역간).

30. Keller, *Every Good Endeavor*, 67. 또한 "루터의 주장처럼 모든 일이 객관적으로 타인에게 가치 있는 것이지만, 자신이 하는 일을 이웃을 사랑하기 위한 소명으로 의식하고 이해하지 않는다면 주관적으로 만족스럽지는 않을 것이다. … 그렇게 할 때, 하나님의 영광이 어떤 일이든지, 정원을 가꾸는 것처럼 평범한 일이든, 은행의 글로벌 트레이딩 무대에서 일하는 것처럼 고도로 전문적인 일이든 그 일을 통해 빛나게 된다는 것을 확신할 수 있다. … 우리의 일상적인 일은 결국 우리를 부르시고 그 일을 감당할 능력을 주신 하나님께 드리는 예배의 행위다. 그 일이 무엇이든지 간에 말이다"(Keller, 70, 71). 《팀 켈러의 일과 영성》(두란노 역간).

31. Keller, *Every Good Endeavor*, 87. 팀 켈러는 2012년에 쓴 개인적인 고백에서 이렇게 말했다. "나는 종종 내가 세상에서 가장 좋은 직업을 갖고 있다고 느낀다. 나는 내가 사랑하는 일을 하고 있다. 우리는 우리의 교회 사역에서 내가 한평생 볼 것이라고 기대했던 것 이상으로 많은 열매를 보았다. 하지만 나는 수많은 가시와 엉겅퀴를 경험하고 있다. 어느 시기에는 갑상선암 진단을 받고 가장 기본적인 업무 외에는 모두 멈춰야 했다. 아내의 의료 응급 상황으로 여행 계획이 무산되거나 새로운 프로젝트에 집중하지 못한 적도 있었다. 어떤 때에는 동역자들이 내 비전이 나의 리더십 역량이나 그들의 실행 가능성을 넘어서고 있다고 항의한 적도 있었다. 교회의 중요한 리더들이 내가 막 그들에게 사역을 위임하려던 찰나에 도시를 떠나기도 했다. 나는 하나님이 내게 일의 본래 모습을 엿보게 해주신 것을 감사하게 생각한다. 그러나 매일같이 나는 하나님이 이번 시즌 동안 내게 맡기신 세상 한 구석에서 가시와 엉겅퀴가 미치도록 침범해 오는 현실을 자각하며 살아간다"(Keller, 85). 《팀 켈러의 일과 영성》(두란노 역간).

32. Tim Keller et al., "Rethinking Work: Panel Discussion," The Gospel Coalition, 2014년 5월 24일, You Tube 비디오, https://www.youtube.com/. 또는 팀 켈러는 한 설교에서 이렇게 말한다. "솔직히 말해서, '와서 우리와 함께 세상을 변화시킵시다'라고 써 놓은 웹사이트들에는 지쳤습니다"(Keller, "Holy Father," 2017년 5월 7일 설교).

33. Keller, *Every Good Endeavor*, 187-188. 《팀 켈러의 일과 영성》(두란노 역간). 2006년 한 설교에서 팀 켈러는 이렇게 말했다. "세속적인 뉴요커들이 가난한 사람들이 얼마나 기독교적인지를 보면 - 작은 교회들, 할렐루야 소리, 어린 양의 피, 거듭남을 보면서 - 그들은 눈을 굴립니다. 그들은 '그들은 우리처럼 교육받지 못했잖아'라고 말합니다. 이것은 온정주의적인 태도이며, 어떤 면에서는 인종차별적입니다. 당신과 나와 같은 전문직에 있는 뉴요커들이 복음을 받아들이고 하나님 나라 원리를 삶에 받아들인다면, 그것은 우리 마음속의 엘리트 의식을 송두리째 뽑아내야 한다. 물론 우리는 믿는 가난한 자들과 함께해야 하지만, 가난한 사람들은 우리가 그들에게 줄 수 있는 것만큼 우리에게 줄 수 있는 것이 많습니다. 그들은 고난에 대해 더 많이 알고, 기도에 대해 더 많이 알고, 많은 것들을 더 많이 압니다. 엘리트 의식, 온정주의적 정신은 없

어저야 합니다. 그들은 우리의 형제요 자매입니다. 그들은 우리에게 많은 것을 가르쳐 줄 수 있습니다. 당신이 생각하는 것과는 달리, 아마 그들이 우리를 필요로 하는 것보다 우리가 그들을 더 필요로 할지도 모릅니다"(Keller, "The Openness of the Kingdom," 2006년 3월 19일 설교).

34. Tim Keller, "Faith and Work," 2015년 4월 10일 설교.

35. Keller, *Every Good Endeavor*, 227. 《팀 켈러의 일과 영성》(두란노 역간). 팀 켈러는 직장에서 복음을 전하기 위해 평신도가 실천할 수 있는 열 가지 방법을 다음과 같이 제안한다. (1) 당신이 그리스도인이라는 사실을 주변 사람들에게 알리라. (2) 친구에게 그들의 신앙에 대해 물어보고, 그저 경청하라. (3) 친구의 문제를 들어주고, 그들을 위해 기도해도 될지 물어보라. (4) 당신 자신의 문제를 솔직하게 나누고, 그 문제를 신앙이 어떻게 도왔는지 말하라. (5) 그들에게 책을 한 권 건네주라. (6) 당신의 회심 이야기를 나누라. (7) 질문과 반론에 대답하라. (8) 교회 행사에 초대하라. (9) 그들과 함께 성경을 읽자고 제안하라. (10) 복음을 탐구하는 모임에 함께 가자고 하라. 우리는 흔히 8번에서 10번으로 바로 뛰어들지만, 팀 켈러는 대부분의 사람들과는 1번부터 4번으로 시작해야 한다고 말한다(심지어 5번부터 10번으로 넘어가기 전에 이 1~4단계를 여러 번 반복해야 할 수도 있다). Keller, "A Church with an Evangelistic Dynamic," Leader Talk, 2010년 9월 27일 리디머교회에서 전한 강의.

36. Keller, *Every Good Endeavor*, 224. 《팀 켈러의 일과 영성》(두란노 역간).

37. Keller, *Every Good Endeavor*, 209. 《팀 켈러의 일과 영성》(두란노 역간).

38. Keller, *Every Good Endeavor*, 218. 《팀 켈러의 일과 영성》(두란노 역간).

39. Keller, *Every Good Endeavor*, 224-25. 《팀 켈러의 일과 영성》(두란노 역간).

40. Keller, *Every Good Endeavor*, 236. 《팀 켈러의 일과 영성》(두란노 역간). 하버드 로스쿨 입학을 앞둔 야망 넘치는 무신론자였던 벤 살바토레(Ben Salvatore)는 팀 켈러의 가르침을 통해 회심했다. "기독교에 대해 탐구하던 친구이자 동료가 팀 켈러의 우상 숭배에 관한 설교를 내게 보냈다. 그 설교는 마치 유도 미사일처럼, 우리 마음속에 하나님 모양의 공허함을 채우기 위해 돈과 명예, 권력을 좇아 쉼 없이 달리는 맨해튼 사람들의 마음 한가운데를 정조준하고 있었다. … 십자가 위에서 그리스도의 사역이 그렇게 설명되는 것을 들었을 때 – 내 안에 갑작스럽게 밀려든, 세상의 그 어떤 성취도 나의 야망을 결코 만족시킬 수 없다는 확신과 함께 – 나는 즉시 무릎을 꿇었다. 지금 나는 맨해튼의 고강도 소송 전문 로펌에서 일하고 있다. 일은 어렵고 스트레스도 많지만, 그것이 나를 짓누르거나 집어삼키지는 않는다. 나는 탁월한 일을 하고, 상사와 고객을 열정으로 섬길 수 있다. 왜냐하면 나는 더 깊고 교묘한 압력 – 곧 내 동료들에게, 더 나아가 하나님께 나 자신을 정당화해야 한다는 압력 – 으로부터 자유롭기 때문이다. 팀 켈러 목사님이 '영혼을 위한 렘수면'이라고 불렀던, 십자가에서 이루신 그리스도의 사역이 나에게 깊은 안식을 제공해 준다. 나는 그분 없이 이 일을 감당했다면 내가 얼마나 더 불안하고, 지치고, 조급했을지를 상상하기도 두렵다"(Ben Salvatore, "My Life Is in His Hands," *Gospel in Life*, 2023년 봄, https://gospelinlife.com/).

41. Keller, "When the Gospel Invades Your Office."

42. 팀 켈러는 맨해튼에서 전한 초기 설교 중 하나인 "Entering His Rest," 1989년 11월 5

일 설교에서 이 이미지를 처음 소개했다.

43. 팀 켈러에 따르면, 복음은 우리의 일에 최소한 네 가지 방식으로 영향을 준다. (1) 일에 대한 우리의 '동기'를 변화시키며, (2) 일에 대한 '개념'을 바꾸고, (3) 직장에서의 높은 '윤리 기준'을 제공하며, (4) 우리 직업의 '수행 방식' 자체를 다시 생각하게 만든다. 각 항목에 대한 간단한 설명은 Keller, *Serving a Movement*, 161-162를 참조하라. 《운동에 참여하는 센터처치》(두란노 역간). 팀 켈러는 샘퍼드대학교(Samford University) 학생들을 위한 훌륭한 강연에서 기독교 신앙이 일에 변화를 주는 다섯 가지 방식을 다음과 같이 소개했다. (1) 신앙은 '정체성'을 주며, 이것이 없으면 일이 우리를 삼켜 버릴 것이다. (2) 신앙은 모든 일의 '존엄성'에 대한 개념을 주며, 이것이 없으면 일이 지루해질 것이다. (3) 신앙은 '도덕적 나침반'을 주며, 이것이 없으면 일이 우리를 부패시킬 수 있다. (4) 신앙은 '세계관과 인생관'을 주며, 이것이 없으면 일이 우리를 노예로 만든다. (5) 신앙은 '소망'을 주며, 이것이 없으면 일이 우리를 좌절하게 만들 것이다(Keller, "Every Good Endeavor: Connecting Your Work to God's Work," 샘퍼드 대학교 강연, 2017년 1월 17일 게시, https://www.samford.edu/). 팀 켈러는 유사한 내용을 Keller, "Redefining Work," The Gospel Coalition 2013 Faith at Work Conference 강연, 2013년 8월 1일 게시, https://www.thegospelcoalition.org/ 에서도 제시했다.

44. 이 이야기는 J. R. R. Tolkien, *Tree and Leaf*, "Mythopoeia," and "*The Homecoming of Beorhtnoth*"(Harper-Collins, 2001), 그리고 J. R. R. Tolkien, *The* Tolkien Reader (Del Rey, 198b)에서 볼 수 있다.

45. Keller, *Every Good Endeavor*, 14. 《팀 켈러의 일과 영성》(두란노 역간).

46. Keller, *Every Good Endeavor*, 15. 《팀 켈러의 일과 영성》(두란노 역간). 비슷한 교훈은 팀 켈러가 자주 인용하는 바베트의 만찬 이야기에서도 찾을 수 있다. (Susannah Black Roberts, "Tim Keller: New York's Pastor," *Plough Quarterly*, 2024년 5월 15일, https://www.plough.com/). 1993년 특별 행사에서 팀 켈러는 예술가들을 대상으로 하나님의 형상대로 지음받았다는 것이 가지는 합리적이고 인격적이며 영원하고 창조적인 측면에 대해 강연했다. 이 10분짜리 강연은 3분 10초부터 시작되며, 현재까지 인터넷에서 확인할 수 있는 팀 켈러의 가장 오래된 설교 영상이다("Timothy Keller, NY Times Bestselling Author & Speaker: Why Do We Need Artists?," Navigating Hollywood, 2023년 7월 10일, YouTube 영상, https://www.youtube.com/).

47. 이 통계는 산업 및 조직 심리학자 앤드류 네이버(Andrew Naber)의 연구에 기반한다("One third of your life is spent at work," Gettysburg College, https://www.gettysburg.edu/. 참조).

48. 팀 켈러는 이렇게 지적한다. "교회에서 제공되는 영적 양육 대부분은 매우 일반적이며 개인적 차원의 문제에만 초점을 맞춘다. 하지만 우리는 대부분의 시간을 직장에서 보내며, 그곳에서 우리가 매일 직면하는 문제들을 다른 그리스도인들이 어떻게 다루었는지 들어야 한다. 어떤 직업은 너무나 고되기 때문에, 만약 신자들이 구체적인 격려와 지원을 받지 못한다면 결국 그 일을 포기하게 된다." Keller, *Serving a Movement*, 163. 《운동에 참여하는 센터처치》(두란노 역간). 2013년 인터뷰에서 앤디 크라우치(Andy Crouch)가 팀 켈러에게 "사람들의 대화가 늘 일 중심으로 흘러가는 도시에서, 어떻게 목회자로서 사람들을 잘 돌보는 법을 배웠는가?"라고 묻자, 팀 켈러

는 두 가지 목회적 실천을 소개했다. "한 시기에 나는 교인들의 직장에 직접 방문하곤 했다. 사무실에서 점심을 함께 먹거나 잠시 들러 보는 방식이었다. 보통 이런 방문은 20-30분 정도의 짧은 시간이었지만, 이를 통해 그들이 어떤 환경에서 일하며 무슨 문제를 겪고 있는지 많은 것을 배울 수 있었다. 또는 같은 분야에서 일하는 교인들을 모아 그들이 신앙과 일 사이의 통합에 대해 어떤 질문이나 고민이 있는지 함께 나누고, 성경적 신학과 목회적 지혜로 그것에 답하도록 도울 수 있다"(Keller, "Why Tim Keller Wants You to Stay in That Job You Hate").

49. Tim Keller, "Tim Keller on Work and Fulfillment," NBC의 Morning Joe 인터뷰, 2012년 12월 10일, crapgametx, YouTube 영상, https://www.youtube.com/.

50. 예를 들어, Tim Keller, "An Identity That Doesn't Crush You or Others," *Questioning Christianity*, 2014년 2월 13일 리디머 장로교회 강연. 또는 Keller, "Mission" 및 "Faith and Work" 참조.

6. 정의를 행하고 자비를 사랑하라

1. Harper Lee, *To Kill a Mockingbird* (1960; repr., New York: Harper Collins, 2002), 233. 《앵무새 죽이기》(열린책들 역간).

2. Lee, *To Kill a Mockingbird*, 252. 《앵무새 죽이기》(열린책들 역간).

3. 팀 켈러는 이렇게 솔직하게 성찰한다. "나는 목사로서, 교회에 젊은 성인들이 많기 때문에 이들이 사회 정의에 관심이 있다는 사실을 잘 알고 있다. 그러나 동시에, 그들의 사회적 관심이 개인적인 삶에는 영향을 미치지 않는 경우를 자주 본다. 그 관심은 그들이 자신에게 돈을 어떻게 쓰는지, 어떤 방식으로 경력을 쌓는지, 어떤 동네에서 살며, 누구와 친구가 되는지를 바꾸지 않는다. … 이들은 젊은 세대의 문화 속에서 사회 정의에 대한 감성적 공감을 배웠지만, 동시에 자기 부정과 만족의 지연을 무너뜨리는 소비주의도 흡수했다. 서구의 대중적인 청년 문화는 우리가 가난하고 소외된 이들을 위해 실제적인 변화를 일으키는 데 필요한 폭넓은 삶의 변화를 만들어 낼 수 없다." Timothy Keller, *Generous Justice: How God's Grace Makes Us Just* (New York: Penguin, 2010), xiv-xv. 《팀 켈러의 정의란 무엇인가》(두란노 역간).

4. Keller, *Generous Justice*, xviii-xix. 《팀 켈러의 정의란 무엇인가》(두란노 역간).

5. Keller, *Generous Justice*, xix. 《팀 켈러의 정의란 무엇인가》(두란노 역간).

6. 핸슨, *Timothy Keller: His Spiritual and Intellectual Formation* (Grand Rapids, MI: Zondervan Reflective, 2023), 120. 《하나님의 사람, 팀 켈러》(두란노 역간).

7. Keller, *Generous Justice*, xxii. 《팀 켈러의 정의란 무엇인가》(두란노 역간).

8. 둘 다 사역을 위한 실천적인 지침서들이다. Timothy J. Keller, *Resources for Deacons: Love Expressed through Mercy Ministries* (Lawrenceville, GA: PCA

Committee on Discipleship Ministries, 1985). 《팀 켈러, 집사를 말하다》(두란노 역간). 및 Keller, *Ministries of Mercy: The Call of the Jericho Road*, 3rd ed. (1989; repr., Phillipsburg, NJ: P&R, 2015). 《여리고 가는 길》(비아토르 역간) 리디머교회를 개척하기 10년 전, 팀 켈러는 이렇게 말했다. "긍휼은 그리스도인의 사명일 뿐 아니라, 그리스도인의 특징입니다"(Tim Keller, "Organizing Deacons for Service," 1979년 National Presbyterian and Reformed Congress에서 전한 연설, MP3 오디오, 12:50, http://medial.wts. edu/media/audio/np140_copyright.mp3).

9. 이 사역 단체 Harvest는 이후 Harvest USA라는 독립적인 501(c)(3) 기관이 되었다(John Freeman, "Harvest USA: The Early Years," 2019년 8월 22일, https://harvestusa.org/ 참조). 캐시의 회고에 따르면, "1984년 팀과 나는 이들의 창립 1주년 기념 만찬에 참석하면서 서로에게 아무것도 자원하지 않겠다고 약속했어요. 그럴 시간이 없었거든요. 그런데 결국 우리는 5년간 이사회에서 일했고 지금까지 재정적으로 후원하고 있어요"(Kathy Keller, 저자와의 개인적 대화).

10. *Ministries of Mercy*는 "먼저 사회적 양심을 가졌던 캐시에게" 헌정되었다. 《여리고 가는 길》(비아토르 역간).

11. 사라 질스트라(Sarah Zylstra)는 이렇게 쓴다. "[팀이] 이사할 생각을 아내 캐시에게 말하자, 캐시는 웃었다. '이 세상 제일 산만한 세 아들(평균 이하의 양육과 내재된 죄의 피해자들)을 대도시 한복판으로 데려가자고? … 그들이 30대 중반쯤에나 들을 것이라고 기대했던 다양한 죄에 노출시키겠다고?' 내가 '이 장면의 뭐가 문제인지'라는 질문에 떠올린 답의 리스트는 끝이 없었다. … 1990년 무렵의 뉴욕은 가족을 키우기에 이상적인 장소가 아니었다. 리디머교회의 첫해에 해당하는 시기, 뉴욕시의 살인 사건 수는 2,245건으로 정점을 찍었고, 이는 미국 전역의 폭력 증가와 맞물려 있었다. 크랙 코카인이 거리로 넘쳐흐르던 시절이었다. … "1989년의 어느 평범한 날, 뉴욕 시민들은 강간 9건, 살인 5건, 강도 255건, 중범 폭행 194건을 신고했다"고 뉴욕 데일리 뉴스는 보도했다. 캐롤 클라인 크네히트(Carole Kleinknecht)는 교회 첫해 동안 헌금을 계산하며, 예배 시간 사이에 종이 도시락 봉지에 넣어 주방 뒤쪽 난방 통로에 숨겨 두곤 했다. … 1980년, 맨해튼의 인구는 100년 만에 가장 낮은 수치인 140만 명까지 떨어졌다. 그로부터 10년 후, 뉴욕 전역의 아파트 임대료는 제2차 세계대전 이후 처음으로 하락세를 보였다. 때로는 20퍼센트까지 떨어지기도 했다. 팀 켈러는 리디머교회 영상에서 이렇게 말했다. '뉴욕에서 교회를 개척한다는 건 제 재능과 능력을 넘어서는 일이었습니다. 사실, 제가 아는 어떤 사람의 재능이나 능력으로도 불가능한 일이었죠. 그래서 하나님이 이 일을 하신다면, 목사의 능력을 통해서가 아니라 … 하나님을 사랑하고 의지하는 사람을 통해서 하실 거라 생각했습니다'"(Sarah Eekhoff Zylstra, "The Life and Times of Redeemer Presbyterian Church," The Gospel Coalition, 2017년 5월 22일, https://www. thegospelcoalition.org/).

12. Keller, *Generous Justice*, xxiii-xxiv. 《팀 켈러의 정의란 무엇인가》(두란노 역간).

13. Keller, *Generous Justice*, xxiv. 《팀 켈러의 정의란 무엇인가》(두란노 역간). 팀 켈러는 "그는 스스로 그것을 깨달았다. 그가 바리새주의, 곧 영적 자기 의를 잃었을 때 그 안에 있던 인종차별도 잃었다"고 회상한다. Keller, xxiv. 또한 핸슨, *Timothy Keller*, 112-13 참조. 《하나님의 사람, 팀 켈러》(두란노 역간). 1977년 호프웰에서 행한 설교에

서 팀 켈러는 "강해설교의 아름다움 중 하나는 평소라면 피하고 싶은 본문과 씨름하도록 만든다는 점입니다"라고 말했다(Keller, "Two Adams," 1977년 7월 27일 호프웰교회 설교).

14. "Generous Justice (Lecture)," The Gospel Coalition 2011 전국 콘퍼런스 이후 열린 Christ+City 행사에서 강연, 2011년 4월 15일 공개, https://www.thegospelcoalition.org/.

15. Keller, *Generous Justice*, 102. 《팀 켈러의 정의란 무엇인가》(두란노 역간). 또한 Keller, "Generous Justice (Lecture)" 참조. 팀 켈러는 중산층적인 정신을 "제대로 된"(right side up, 하나님 나라의 특징인 upside down과 반대되는 성질 - 역자주). 왕국의 특징으로 설명하며 이렇게 말한다. "'나는 열심히 일했고, 최선을 다했고, 내 의무를 다했어. 그러니 하나님은 적어도 나에게 뭔가를 보상하셔야 해. 나쁜 일이 내게 일어나도록 내버려두시면 안 돼.' 만약 이런 마음을 가지고 있다면, 여러분은 예수님을 단지 본보기로만 볼 수 있을 뿐이지, 대속자로는 절대 보지 못할 것입니다"(Tim Keller, "The Upside-Down Kingdom," 1999년 3월 21일 설교).

16. Keller, *Generous Justice*, 103-4. 《팀 켈러의 정의란 무엇인가》(두란노 역간).

17. Keller, "Generous Justice (Lecture)."

18. 이 표현 전반에 대해 조나단 리먼(Jonathan Leeman)에게 빚을 졌다. "Identity Politics and the Death of Christian Unity," 2020년 Together for the Gospel 콘퍼런스 분과 세션, https://t4g.org/resources/jonathan-leeman/identity-politics-and-the-death-of-christian-unity 참조.

19. Keller, *Generous Justice*, 139. 《팀 켈러의 정의란 무엇인가》(두란노 역간).

20. Keller, *Generous Justice*, 140. 《팀 켈러의 정의란 무엇인가》(두란노 역간). 그는 이렇게 덧붙여 설명한다. "긍휼과 정의의 행위는 단지 전도를 위한 수단으로서가 아니라 사랑에서 우러나와야 합니다. 그러나 전도를 위한 기초를 놓는 데 있어서 그리스도인이 정의를 실천하는 것만큼 좋은 방법은 거의 없습니다"(Keller, *Generous Justice*, 142). 영적인 목적 - 즉 누군가가 그리스도 안에서 믿음을 갖게 되기를 바라는 마음 - 으로 실재적인 선한 일을 하는 것이 조작적인 일일까? 팀 켈러는 "물론 그렇지 않습니다, 적어도 반드시 그런 것은 아닙니다"라고 말한다. 그는 이렇게 구분을 짓는다. "내 사랑은 당신이 복음을 듣고 반응하는 것에 "조건적"이지 않지만, 그 사랑이 그런 열망에 의해 "동기부여"될 수는 있습니다"(Keller in "A Conversation: Tim Keller, John Piper, D. A. Carson (2 of 6)," *The Gospel Coalition*, 2008년 10월 12일, YouTube 비디오, https://www.youtube.com/).

21. Keller, *Generous Justice*, 139. 《팀 켈러의 정의란 무엇인가》(두란노 역간). 우선순위는 분명하다. "우리가 누군가에게 할 수 있는 가장 사랑스러운 일은 그가 영원히 그리스도를 알게 돕는 일입니다"(Tim Keller, "Tim Keller on a Fishy Story," Matt Smethurst와의 인터뷰, The Gospel Coalition, 2018년 10월 3일, https://www.thegospelcoalition.org/). 더불어 그는 이렇게도 말한다. "오늘날 많은 이들이 [복음 전파]의 중요성을 폄하합니다. 대신 그들은 말합니다. '진짜 변증은 사랑의 공동체입니다. 사람은 논리로 하나님 나라에 들어오지 않고 사랑으로만 들어올 수 있습니다. 복음을 전하십시오. 필요하다면 말로 하십시오.' 물론 그리스도인의 공동체는 복음의 진리를 보여 주는 데 매우 중

요한 증거입니다. 하지만 그것이 설교와 선포를 대신할 수는 없습니다"(Tim Keller, "The Gospel and the Poor," *Themelios* 33, no. 3, 2008년 12월, https://www.thegospelcoalition. org/).

22. Keller, *Generous Justice*, 141. 《팀 켈러의 정의란 무엇인가》(두란노 역간). 2008년 한 좌담회에서 팀 켈러는 이렇게 말했다. "사회 복음은 전도를 사회 개선 안으로 흡수해 버리고 '이것이 복음이다. 우리는 세상을 더 나은 곳으로 만들겠다'고 말합니다. … 그러나 당신이 진짜 복음을 열정을 가지고 선포하고 있다면, 그것은 가난한 이들을 위한 사역을 향한 강력한 추진력이 될 뿐만 아니라, 가난한 이들을 위한 사역에 지나치게 치우치지 않도록 막아 주는 균형추가 되기도 합니다"(Keller in "A Conversation: Tim Keller, John Piper, D. A. Carson (1 of 6) - Ministries of Mercy," The Gospel Coalition, October 12, 2008, Youtube 영상, https://www.youtube.com/).

23. 팀 켈러는 이렇게 쓴다. "문서로만 보면 '그리스도인은 전도를 해야 하는가, 아니면 사회 정의를 실천해야 하는가?'라고 물을 수 있다. 하지만 실제 삶에서는 이 두 가지가 함께 간다. … 우리는 전도와 정의 실천을 혼동해서도 안 되지만, 이 둘을 서로 떼어놓아도 안 된다"(Keller, *Generous Justice*, 143). 《팀 켈러의 정의란 무엇인가》(두란노 역간).

24. 2021년 한 글에서 캐시 켈러는 많은 현대 복음주의자들이 선교적 방향을 잃고 있다고 안타까워 했다. "(사도행전 1장 6절에서 8절)을 보면 예수님이 '지금이 하나님의 나라를 세우고 권세를 회복할 때입니까?'라는 질문에 대해 복음을 전하고, 사람들을 회심시키며, 제자의 수를 늘리라는 명령으로 대답하시는 것을 볼 수 있습니다. … 팀과 저는, 그리고 우리의 여러 친구들과 동역자들은, 자매 교회들의 성도 및 리더들과 수없이 괴로운 대화를 나눴습니다. 그들은 매주 사회 정의만 설교되고 기도되는 현실 속에서 교회를 떠날 준비가 되어 있었습니다. 이들은 복음을 통해 장벽을 허무는 능력을 드러내고자 의도적으로 다인종 교회를 선택했던 성숙한 그리스도인들이었습니다. 하지만 지금 그들은 모든 형태의 교제와 대화를 가로막는 새로운 장벽들을 경험하고 있습니다"(Kathy Keller, "The Great Commission Must Be Our Guide in These Polarizing Times," Gospel in Life, 2021년 봄, https://gospelinlife.com/).

25. 복음 선포는 논리적, 신학적으로는 주도적인 위치에 있지만, 항상 시간적으로 먼저인 것은 아니다. 1989년에 낸 책에서 팀 켈러는 이를 설명하기 위해 유머러스한 예를 든다. "당신이 사는 마을에 토네이도가 닥쳤다. 교회 근처에 사는 비신자의 집에 나무가 쓰러졌다. 당신은 그 집에 가장 먼저 전도팀을 보낼 것인가? 당연히 아니다! 당신은 먼저 가서 쓰러진 나무를 치우고, 그 가족에게 피난처와 위로를 제공할 것이다. 이처럼 극단적인 예에서 우리는 긍휼이 시간적으로 분명히 우선함을 본다"(Keller, *Ministries of Mercy*, 125). 《여리고 가는 길》(비아토르 역간). 팀 켈러는 사역이 성숙해감에 따라 이러한 주제를 점점 더 세심하고 정교하게 설명했다. *Ministries of Mercy*에서는 후속 저작만큼 "비대칭성"을 명확히 언급하지 않는다. 그러나 2010년에 *Generous Justice*를 출간했을 때 그는 이렇게 명확히 밝혔다. "나는 이 책을 통해, 전도 사역의 '중심성'을 조금도 훼손하지 않으면서도, 그리스도인이 세상 속에서 정의의 실현에 참여해야 할 강력한 근거를 제시하고자 했다"(Collin Hansen, "Preview Keller's *Generous Justice: How God's Grace Makes Us Just*," The Gospel Coalition, 2010년 10월 3일, https://www.thegospelcoalition.org/).

26. Hansen, *Timothy Keller*, 158. 《하나님의 사람, 팀 켈러》(두란노 역간).

27. Hansen, *Timothy Keller*, 158. 《하나님의 사람, 팀 켈러》(두란노 역간).

28. 존 파이퍼가 말했듯이, "우리는 모든 고통에 관심을 가지되, 특별히 영원한 고통에 더욱 그렇다"(Piper, "Making Known the Manifold Wisdom of God Through Prison and Prayer," 2010년 로잔 세계복음화대회 강연, *Desiring God*, 2010년 10월 19일 게시, https://www.desiringgod.org/). 2년 전 존 파이퍼와의 좌담회에서 팀 켈러는 이렇게 말했다. "존이 '특히 영원한 고통'이라고 말한 것은 전적으로 맞습니다. 사실 그것은 상식이죠"(Tim Keller in "A Conversation: Tim Keller, John Piper, D. A. Carson (1 of 6) - Ministries of Mercy"). 안타깝게도, 팀 켈러가 남긴 가장 논란이 된 SNS 발언 중 하나는 다음과 같았다. "예수님은 세상의 경제적, 정치적, 사회적 문제를 주로 해결하러 오신 것이 아닙니다. 예수님은 우리의 죄를 용서하기 위해 오셨습니다"(Keller [@timkellernyc], "예수님은 세상의…" Twitter, 2017년 12월 18일 오후 1:30, https://x.com/). 많은 이들이 "주로"라는 단어를 간과했을 뿐 아니라, 이런 주장이 역사적으로 보아도 단순히 기독교의 기본 교리라는 점을 이해하지 못한 것으로 보인다.

29. 팀 켈러는 이렇게 말한다. "교회는 성도들이 자신의 삶의 모든 영역을 복음으로 형성해 가도록 돕는 역할을 해야 한다. … 하지만 그렇다고 해서 교회라는 제도 자체가, 성도들이 감당하도록 준비시키는 모든 일을 직접 해야 한다는 뜻은 아닙니다"(Keller, *Generous Justice*, 144; cf. 145-46, 216n128). 《하나님의 사람, 팀 켈러》(두란노 역간). 목회자로서 팀 켈러 자신의 정의 실천은 대부분 의도적으로 간접적인 방식으로 이루어졌다. 그는 2010년 한 인터뷰에서 이렇게 설명했다. "가난한 이들 가운데서 일하는 많은 교회들은 종종 별도의 501(c)(3) 기관 - 흔히 '지역사회 개발 법인' - 을 설립하여 실질적인 사역을 담당하게 합니다. 이렇게 하면 지역 교회의 장로들은 양 떼를 세우는 일에 집중할 수 있습니다. 이는 아브라함 카이퍼의 통찰과도 맞물립니다. 그는 사회 속의 많은 기독교적 사역은 평신도가 운영하는 자발적인 단체와 협회를 통해 이루어지는 것이 최선이라고 보았습니다. 결국 뉴욕시에서 내가 정의를 위해 한 가장 주요한 개인적 기여는, 이러한 일들이 가능하도록 교회를 설립하고 이끌었다는 점입니다"(Tim Keller, "Interview with Tim Keller on *Generous Justice*," Kevin DeYoung과의 인터뷰, The Gospel Coalition, 2010년 10월 26일, https://www.thegospelcoalition.org/).

30. Keller, "Interview with Tim Keller on *Generous Justice*." "정의란 '사람들에게 마땅히 돌아가야 할 것을 주는 것'이라는 간략한 정의를 제시한 후, 팀 켈러는 이렇게 덧붙여 설명한다. "한편으로 정의란 악행을 억제하고 처벌하는 것을 의미한다. 다른 한편으로는 하나님의 형상대로 지음 받은 존재로서 사람들에게 우리가 마땅히 갚아야 할 것을 주는 것을 의미한다. 닉 월터스토프(Nick Wolterstorff)는 하나님의 형상대로 창조된 피조물로서 모든 인간은 당신 앞에 '청구권'을 가지고 나타난다고 말한다. 즉 살해되거나 납치당하거나 강간당하지 않을 권리를 가지고 있다는 뜻이다. 물론 이런 권리들의 구체적인 내용에는 이견의 여지가 많지만, 이것이 제 정의의 기본이다." 다른 곳에서 팀 켈러는 히브리어 '미쉬파트'에 대해 언급하며, 이 단어는 구약에 200회 이상 등장하며 종종 '정의'로 번역되는데, 그 뜻은 "사람들에게 마땅히 돌아가야 할 것을 주는 것 - 형벌이든, 보호이든, 돌봄이든 간에"라고 설명한다. "우리는 하나님의 형상대로 지음 받은 모든 인간에게 마땅히 돌아갈 것을 줄 때 정의를 실천하는 것이다"(Keller, *Generous Justice*, 4, 18). 《팀 켈러의 정의란 무엇인가》(두란노 역간).

31. Keller, *Generous Justice*, 84. 《팀 켈러의 정의란 무엇인가》(두란노 역간).

32. Keller, *Generous Justice*, 84-85. 《팀 켈러의 정의란 무엇인가》(두란노 역간). Nicholas Wolterstorff, *Justice: Rights and Wrongs* (Princeton, NJ: Princeton University Press, 2008), 357-59 참조.

33. Keller, *Generous Justice*, 87. 《팀 켈러의 정의란 무엇인가》(두란노 역간). 팀 켈러는 장 칼뱅의 도전적인 권면을 인용한다. "대다수의 사람들은 그들 자신의 공로로 판단한다면 가장 무가치하다. 그러나 여기 성경은 가장 훌륭한 방식으로 우리를 돕는다. 곧 사람들의 공로를 기준으로 판단하지 말고 모든 사람 안에 있는 하나님의 형상을 바라보라고 가르친다. 우리는 그 형상에게 모든 존귀와 사랑을 빚지고 있다. … 당신은 '그는 경멸스럽고 무가치하다'라고 말할 수 있다. 그러나 주님은 그에게 자기 형상의 아름다움을 주셨다. … 당신은 '그에게 최소한의 노력조차 할 가치가 없다'라고 말할 수 있다. 그러나 그를 당신에게 추천하는 하나님의 형상은, 당신 자신과 당신의 모든 소유를 바칠 가치가 있다. … 당신은 '그가 내게 마땅히 받을 자격이 있는 것은 이런 게 아니다'라고 말할지 모른다. 그러나 주님은 무엇을 받을 자격이 있는 분이신가? … 사람들의 악한 의도를 바라보지 말고, 그들 안에 있는 하나님의 형상을 바라보라. 그 형상은 그들의 죄를 지우고 가리우며, 그 아름다움과 존엄함으로 우리를 끌어당겨 그들을 사랑하고 품게 만든다." John Calvin, *Institutes of the Christian Religion*, ed. John T. McNeill, trans. Ford Lewis Battles (Philadelphia: Westminster, 1960), 3.7.6 (696-697, 《기독교 강요》(복있는사람 역간)), "God's Promise to Noah," 1998년 8월 16일 설교 중 인용.

34. Tim Keller, "Justice in the Bible," Gospel in Life, 2020년 가을.

35. Keller, *Generous Justice*, 7. 《팀 켈러의 정의란 무엇인가》(두란노 역간).

36. Keller, *Generous Justice*, 7, 8. 《팀 켈러의 정의란 무엇인가》(두란노 역간).

37. Keller, *Generous Justice*, 52; cf. 201n56. 《팀 켈러의 정의란 무엇인가》(두란노 역간). 그는 다른 곳에서 이렇게 쓴다. "우리의 첫 번째 책임은 우리 가족과 친족에게 있으며 (딤전 5:8), 두 번째 책임은 믿음의 공동체 안의 지체들에게 있다(갈 6:10). 그러나 성경은 분명히 말한다. 그리스도인의 실천적 사랑, 곧 너그러운 정의는 우리와 같은 믿음을 가진 이들에게만 국한되지 말아야 한다. 갈라디아서 6장 10절은 이 균형을 잘 보여 준다. '모든 이에게 착한 일을 하되 더욱 믿음의 가정들에게 할지니라.' 모든 이에게 선을 행하는 것은 선택 사항이 아니라 명령이다"(Keller, 60-61. 주 53 참조). 《팀 켈러의 정의란 무엇인가》(두란노 역간).

38. 야고보는 바울을 반박하거나 오직 믿음으로 의롭게 된다는 교리를 부인하는 것이 아니다. 종교개혁자들이 말했듯이, "오직 믿음으로 구원받는다. 그러나 구원하는 믿음은 결코 홀로 있지 않다." 예를 들어 John Calvin, *Institutes*, 3.17.11-12 (814-17) 참조. 《기독교 강요》(복있는사람 역간)

39. 팀 켈러는 이렇게 설명한다. "그리스도인들은 가난한 자들(갈 2:10), 과부와 고아들(약 1:27), 낯선 이들에 대한 환대(히 13:2)를 기억하고 실천하며, 물질주의를 꾸짖어야 한다(딤전 6:17-19). … 모든 성도가 이러한 책임을 지니고 있을 뿐 아니라, 긍휼 사역을 조율하기 위해 특별한 직분자 계층 - 집사 - 이 세워졌다. 이것은 긍휼 사역이 말씀 사역이나 교회 치리와 마찬가지로, 교회의 본질적인 사명임을 보여 준다(롬 15:23-29 참

조)." Keller, *Ministries of Mercy*, 43. 《여리고 가는 길》(비아토르 역간). 가난한 자를 위한 정의를 추구하는 것은 심지어 하나님을 아는 것과도 밀접하게 연결되어 있다. "그는 가난한 자와 궁핍한 자를 변호하고 / 형통하였나니 / 이것이 나를 앎이 아니냐 / 여호와의 말씀이니라"(렘 22:16). 분명히 말하건대, 너그러운 정의가 하나님과의 올바른 관계를 얻는 것은 아니다. 그러나 그것은 그런 관계를 반영한다.

40. Keller, *Generous Justice*, 6. 《팀 켈러의 정의란 무엇인가》(두란노 역간).

41. Bruce K. Waltke, *The Book of Proverbs: Chapters 1–15*, New International Commentary on the Old Testament (Grand Rapids, MI: Eerdmans, 2004), 97.

42. Timothy Keller, *God's Wisdom for Navigating Life: A Year of Daily Devotions in the Book of Proverbs, with Kathy Keller* (New York: Viking, 2017), 18. 《팀 켈러, 오늘을 사는 잠언》(두란노 역간).

43. 잠언 15장 19절(게으른 자의 길은 가시 울타리 같으나 / 정직한 자의 길은 대로나라)을 묵상하며 팀 켈러는 이렇게 통찰력 있게 설명한다. "여기서 게으른 자는 근면한 자가 아니라 정직한 자와 대조된다(마 25:26 참조). 게으름은 단순한 기질이 아니라 도덕적 결함이다. 게으름은 자기중심적인 것이지 사랑하는 것이 아니며, 정직하지 않고 … 매우 어리석은 것이다"(Keller, *God's Wisdom for Navigating Life*, 152). 《팀 켈러, 오늘을 사는 잠언》(두란노 역간).

44. Keller, *Generous Justice*, 89. 보다 풍부한 설명과 맥락은 88-92쪽에 걸쳐 제시된다. 《팀 켈러의 정의란 무엇인가》(두란노 역간).

45. Tim Keller, "Treasure vs. Money," 1999년 5월 2일 설교.

46. Tim Keller, "The Gospel and Wealth," 2005년 11월 6일 설교.

47. Keller, *Generous Justice*, 107. 《팀 켈러의 정의란 무엇인가》(두란노 역간). "버튼을 누르는" 설교의 예로, 팀 켈러는 19세기 목사인 로버트 머레이 맥체인(Robert Murray M'Cheyne)의 "주는 것이 받는 것보다 더 복이 있다"(행 20:35)는 (예수님 자신의) 약속에 대한 성찰을 인용한다. 맥체인은 우리 안에 있는 기부에 대한 반감을 주님이 어떻게 다루실지 세 가지로 설명한 뒤 이렇게 선포한다. "오, 사랑하는 그리스도인들이여! 그리스도를 닮고 싶다면 많이 베푸십시오. 자주 베푸십시오. 천하고 가난한 자, 감사할 줄 모르고 받을 자격이 없는 자에게 아낌없이 베푸십시오. 그리스도는 영광스럽고 복되시며, 여러분도 그렇게 될 것입니다. 내가 원하는 것은 당신의 돈이 아니라, 당신의 행복입니다. 주님의 말씀을 기억하십시오. '주는 것이 받는 것보다 복이 있다'"(Robert Murray M'Cheyne, *Sermons of M'Cheyne* (Edinburgh: n.p., 1848), Keller, *Generous Justice*, 108에서 재인용. 맥체인의 말은 강력하지만, 만나는 모든 가난한 사람에게 주지 못했다는 죄책감으로 연결된다면 잘못 적용된 것이다. 우리는 가난한 자에게 진정 무엇이 유익한지를 분별할 지혜를 발휘해야 하며, 그것이 항상 그들이 원한다고 생각하는 것을 주는 방식이 되지는 않을 수 있다. 팀 켈러는 *Ministries of Mercy*에서 이 주제를 상세히 다룬다. 그는 이렇게 쓴다. "은혜는 파괴적인 행동을 가로막고, 죄의 황폐함으로부터 우리를 보호하며, 우리를 성화시켜 '거룩하고 행복한 존재' – 이 둘은 분리될 수 없는 특성이다 – 로 만들어 간다. 요약하면, 은혜란 파괴적 행동을 가로막는, 받을 자격 없는 돌봄이다. 이것은 무조건적 수용도 아니고, '똑바로 살지 않으면 널 사랑하지 않을 거야'라고 말하는 율법주의도 아니다. 은혜는 이렇게 말한다. '네 죄가 나

로부터 너를 끊어 놓지 못할 것이다.' 그리고 이어서 말한다. '나는 네 죄가 너를 파괴하도록 두지 않을 것이다.' 은혜는 사랑받기 어려운 자에게 찾아오지만, 그를 그대로 머물게 두지 않는다. … 우리의 자비 사역은 사람들을 자유롭게 도와야 하지만, 동시에 그들의 삶 전체가 그리스도의 치유하시는 주권 아래 놓이도록 이끄는 것을 목표로 해야 한다"(Keller, *Ministries of Mercy*, 247). 그는 이어서 이렇게 설명한다. "도움이 필요한 사람이 무책임하게 행동하고 있으며, 당신의 지속적인 지원이 그의 행위에 대한 결과를 막는 역할만 한다면, 그 지원은 더 이상 사랑도 자비도 아니다. 자비가 자비를 제한해야 한다. 동기가 자비라면, 지원을 중단하는 것이 오히려 그 사람에게 각성의 계기가 될 수 있다. 그는 당신의 태도 속에서 관심과 긍휼, 곧 '단호한 긍휼'을 보게 될 수도 있다"(Keller, 248). 그는 교회 건물을 방문해 돈을 요청하는 노숙자들을 대할 때 실질적인 지침들도 제시한다(Keller, 215-16 참조).

48. Keller, *Generous Justice*, 67-68. 《팀 켈러의 정의란 무엇인가》(두란노 역간). 팀 켈러는 이렇게 쓴다. "예수님은 이런 말씀을 하신 셈이다. '만일 당신의 유일한 희망이, 당신에게 아무런 도움을 줄 의무가 없을 뿐 아니라 오히려 반대로 당신을 짓밟을 정당한 이유를 가진 자에게로부터 도움을 받는 것이라면 어떻겠는가? 그 사람으로부터 값없이 은혜를 받는 것이 당신의 유일한 희망이라면 말이다'"(Keller, 76). 부제 *The Call of the Jericho Road*에서도 드러나듯이, 팀 켈러의 책 *Ministries of Mercy*는 선한 사마리아인의 비유에 대한 확장된 실천적 묵상이다. 《여리고 가는 길》(비아토르 역간).

49. Keller, *Generous Justice*, 76-77. 《팀 켈러의 정의란 무엇인가》(두란노 역간).

50. 잠언 12장 27절과 13장 23절을 인용하며 팀 켈러는 다음과 같이 지적한다. "가난은 단순한 의지력 부족이나 불의한 사회 구조 중 하나만으로 환원될 수 없다. 근면과 사유 재산은 성경에서 높이 평가되지만, 재산권은 절대적이지 않다. 왜냐하면 우리는 하나님이 맡기신 것의 청지기일 뿐이기 때문이다." 신명기 23장 24절에 대해 논의하면서 그는 이렇게 말한다. "만약 완전히 공동 사회주의 사회라면, 포도는 국가의 소유일 것이다. 반대로 완전히 개인주의 사회라면, 포도를 따는 행위는 절도일 것이다. 성경이 제시하는 상호의존적인 공동체의 비전은 사유 재산의 중요성을 인정하지만 그것을 절대화하지 않으며, 어떤 기존의 정치경제적 관점도 전면적으로 지지하지 않고 모두를 비판적으로 바라본다"(Keller, *God's Wisdom for Navigating Life*, 311). 《팀 켈러, 오늘을 사는 잠언》(두란노 역간). 그는 또 이렇게 쓴다. "나의 죄와 삶의 결과(잘 살든 가난하든)는 개인적, 집단적, 환경적 요소가 복합적으로 작용한 결과이다. 가난은 개인의 실패나 잘못(잠 6:6-7; 23:21), 사회 구조적 불의(잠 13:23; 18:23; 출 22:21-27), 혹은 홍수, 장애, 질병 같은 환경적 요인에 기인할 수 있다. 이처럼 가난의 원인이 복잡하기 때문에 정의의 실현 – 곧 권리와 처벌의 공정한 분배 – 에는 가장 큰 지혜와 숙고, 신중함이 요구된다"(Keller, "Justice in the Bible") 그는 다른 곳에서 "가난한 가정의 삶에는 대개 다양한 요소들이 상호작용하고 있다. … 한 사회의 빈곤 수준을 근본적으로 개선하려면, 공적·사적, 영적·개인적·집단적인 다양한 수단이 종합적으로 동원되어야 한다"고 쓴다(Keller, *Generous Justice*, 34-35). 《팀 켈러의 정의란 무엇인가》(두란노 역간).

51. Keller, *Generous Justice*, 18. 《팀 켈러의 정의란 무엇인가》(두란노 역간). 2020년에 발표한 긴 에세이에서 팀 켈러는 현대 정의 이론들의 파산을 드러낸다(Keller, "A Biblical Critique of Secular Justice and Critical Theory," Gospel in Life, 2020년 8월, https://gospelinlife.com/ 참조). 특히 포스트모던 비판이론에 대해 팀 켈러는 일곱 가지 주요

비판을 제기한다. (1) 심각하게 비일관적이며, (2) 지나치게 단순화되어 있고, (3) 공통된 인간성을 약화시키며, (4) 인간의 공통된 죄성을 부인하고, (5) 집단 간의 용서와 평화, 화해를 불가능하게 만들며, (6) 자기 의에 가득 찬 '행위에 근거한' 정체성을 제시하고, (7) 지배적 성향을 띤다는 것이다. 반면 성경적 정의는 모든 세속적 정의 이론들 ─ 자유지상주의(자유), 자유주의(공정), 공리주의(행복), 포스트모더니즘(권력) ─ 보다 탁월하다. 성경적 정의는 신뢰할 수 있고 충분한 하나님의 계시에 기초할 뿐 아니라, (1) 다양한 세속 정의 이론들이 제기하는 문제들을 모두 다룰 수 있으며, (2) 그 이론들을 무시하거나 타협하지 않고 정면으로 대치하며, (3) 권력 남용을 막을 내적 장치를 갖추고 있고, (4) 유일하게 권력에 대한 급진으로 전복적인 이해를 제공한다. 팀 켈러는 이렇게 결론내린다. "세상에 성경적 정의와 같은 것은 없다! 그리스도인들은 팥죽 한 그릇에 장자의 명분을 팔아 버려서는 안 된다. 오히려 그 명분을 붙들고 정의를 행하며, 긍휼을 사랑하며, 겸손히 하나님과 함께 걸어가야 한다(미가 6:8)."

52. 팀 켈러는 이렇게 쓴다. "정치적 논의나 참여를 모두 피하려는 그리스도인들은 결국 사회적 현상 유지에 표를 던지는 셈이다. 어떤 인간 사회도 하나님의 정의와 의를 완벽하게 반영하지 못하므로, 자칭 비정치적인 그리스도인들도 하나님을 불쾌하게 하는 여러 일들을 지지하는 셈이 된다. 정치적이지 않겠다는 태도 자체가 정치적인 것이다"(Timothy Keller, *Rediscovering Jonah: The Secret of God's Mercy* (New York: Penguin, 2018), 163). 《팀 켈러의 방탕한 선지자》(두란노 역간).

53. 이 표현은 주로 언약 공동체 안에 있는 이스라엘 백성, 곧 같은 신앙 공동체의 구성원을 가리킨다. 갈라디아서 6장 10절과 같은 신약 본문들과 함께 볼 때, 이는 교회의 자비 사역 자원이 통상적으로 어떤 방향으로 배분되어야 하는지를 암시한다. 팀 켈러는 이렇게 쓴다. "나는 지역 교회의 '집사' 기금은 주로 교회의 예배와 공동체 삶에 참여하고 있는 사람들, 즉 교인이나 교회에 연결된 이들을 돕는 데 사용되어야 한다고 믿습니다. 도시와 세계의 가난한 자들을 돕기 위해서는, 실제적이고 신학적인 이유 모두에 비추어, 그리스도인 비영리단체나 다른 기관들을 조직하는 것이 더 바람직합니다"(Keller, *Generous Justice*, 204n62. 주 37도 참조). 《팀 켈러의 정의란 무엇인가》(두란노 역간).

54. Keller, *God's Wisdom for Navigating Life*, 320. 《팀 켈러, 오늘을 사는 잠언》(두란노 역간).

55. William Billings, "Methinks I See a Heav'nly Host," in *The Singing Master's Assistant* (1778), Tim Keller, *Hidden Christmas: The Surprising Truth Behind the Birth of Christ* (New York: Penguin, 2016), 74에서 재인용. 《팀 켈러의 예수 예수》(두란노 역간).

56. Keller, "The Gospel and the Poor."

7. 하늘의 응답

1. Tim Keller, Twitter Q&A, 2014년 7월 28일. 대화록은 https://samluce.com/2014/07/ask-tim-keller-transcript-via-cambassador21 에서 확인할 수 있다.

2. Tim Keller, "Pastoring the City: Tim Keller on Coming to Christ and Learning to Love the City," Sophia Lee와의 인터뷰, *World*, 2021년 12월 9일, https://wng.org/. 팀 켈러는 2014년 트위터 Q&A에서도 비슷한 발언을 했다. "당신의 어린 시절 자신에게 한 가지 조언을 해준다면, 혹은 지금 아는 하나님에 대해 그때 알았으면 좋았을 것 같은 것이 있다면 무엇인가요?"라는 질문에 대해 팀 켈러는 이렇게 답했다. "기도는 당신이 생각하는 것보다 훨씬 더 중요하다는 것을 말해 주고 싶습니다"(Keller [@timkellernyc], ".@amytamar I would tell him …" Twitter, 2014년 7월 28일 오후 1시 56분, https://x.com/). 팀 켈러가 기도에 대해 개인적으로 걸어온 여정을 더 알고 싶다면, 그가 여러 해를 돌아보며 세 가지 중요한 교훈 – 무력함으로서의 기도, 수고로서의 기도, 사랑으로서의 기도 – 를 나눈 20분 분량의 콘퍼런스 강연이 있다(Keller, "A Personal Testimony on Prayer," Redeemer Presbyterian Church에서 전한 콘퍼런스 강연, 2019년 10월 3일 공개, https://podcast.gospelinlife.com/). 이 장의 일부 내용은 Matt Smethurst, "Ask God for More of God: Lessons for a Better Prayer Life,"(*Desiring God*, 2024년 1월 19일, https://www.desiringgod.org/) 에도 실렸다.

3. Tim Keller, *Prayer: Experiencing Awe and Intimacy with God*(New York: Dutton, 2014), 9-10. 《팀 켈러의 기도》(두란노 역간).

4. 그들은 이 실천을 다른 이들에게 권한다. "하루의 마지막 말이 함께 기도하는 것이 되게 하라. 분노한 채로 기도하기란 거의 불가능하다(적어도 그리 쉽지는 않다). 단 5분이라도 하나님께 가정을 위한 축복을 구하는 간구의 기도를 드린다면, 하나님의 임재 앞에 나아가기 위해 결국 분노를 내려놓을 수밖에 없을 것이다"(Timothy and Kathy Keller, *On Marriage* [New York: Penguin, 2020], 33). 《결혼에 관하여》(두란노 역간).

5. Collin Hansen, *Timothy Keller: His Spiritual and Intellectual Formation* (Grand Rapids, MI: Zondervan Reflective, 2023), 190. 《하나님의 사람, 팀 켈러》(두란노 역간). 핸슨은 "Collin Hansen on The Making of Tim Keller, Overcoming Loneliness, Tim's Teenage Rebellion, How He Finished Well, and Why He Wanted People to Know About His Weaknesses," The Carey Nieuwhof Leadership Podcast, 2023년 7월 11일, https://careynieuwhof.com/ 에서 이 일화를 더 자세히 설명한다.

6. William Gurnall, *The Christian in Complete Armour* (1655; repr., Carlisle, PA: Banner of Truth, 1964), 12. 《그리스도인의 전신갑주》(크리스천다이제스트 역간).

7. Hansen, *Timothy Keller*, 193. 또한 Tim Keller, "Prayer and the Life of Redeemer Presbyterian Church," *Redeemer Report*, 2014년 9월, https://www.redeemer.com/ 참조. 《하나님의 사람, 팀 켈러》(두란노 역간).

8. 이 시기의 부흥과 같은 정황에 대해서는 Hansen, *Timothy Keller*, 202-203쪽 참조.

9. Tim Keller, "How to Pray," 1990년 5월 6일 설교. 비슷하게 팀 켈러는 이렇게 썼다. "영적 진실성을 판단하는 확실한 시험은 …… 당시의 개인적인 기도 생활이다."

Keller, *Prayer*, 23. 《팀 켈러의 기도》(두란노 역간). 그는 또한 목회자들에게 다음과 같은 경고를 보낸다. Keller, *Preaching: Communicating Faith in an Age of Skepticism* (New York: Viking, 2015), 168-169. 《팀 켈러의 설교》(두란노 역간).; Keller, *Serving a Movement: Doing Balanced, Gospel-Centered Ministry in Your City* (Grand Rapids, MI: Zondervan, 2016), 77. 《운동에 참여하는 센터처치》(두란노 역간).

10. Tim Keller, "Keller on Quiet Times, Mysticism, and the Priceless Payoff of Prayer," Matt Smethurst와의 인터뷰, The Gospel Coalition, 2014년 10월 21일, https://www.thegospelcoalition.org/.

11. Tim Keller, "Beyond the Daily Devotional," Redeemer Report, 2019년 2월, https://www.redeemer.com/. 1997년, 팀 켈러는 한 겨울 설교 시리즈를 개인적인 고백으로 시작했다. "이 해의 가장 추운 시기에 몇 주 동안 우리가 함께하고 싶은 것은 따뜻해지는 것입니다. 여러분은 어떤지 모르겠지만, 저의 하나님과의 영적 여정, 하나님과의 경험은 날씨가 따뜻할 때 따뜻해지고 … 추울 때는 차가워지는 경향이 있습니다. 저는 여름에는 하나님께 가까이 나아갈 시간도, 능력도, 심지어 열정도 더 많은 것 같습니다. 그러다가 가을이 되면 사역과 교회 활동이 본격적으로 시작되면서, 크리스마스 이후에는 예수님을 바라보며 '안녕하세요, 오랜만에 뵙습니다'라고 말하게 됩니다. 제 기도 생활은 날이 갈수록 점점 짧아지고요. 그래서 추운 겨울은 따뜻해지기에 좋은 시기입니다"(Keller, "Discipline of Desire: Part 1," 1997년 1월 19일 설교). 그는 또 이렇게 쓴다. "저는 매년 여름의 느긋한 흐름을 고대합니다. 그것이 저의 기도 생활을 다시 활성화할 기회를 주기 때문입니다. 물론 연중에도 기도하지만, 바쁜 일정 속에서는 하나님과의 친밀함을 다시 일으키기 위해 필요한 시간을 꾸준히 확보하기가 쉽지 않습니다. 그런데 이 친밀함은 제가 갈망할 뿐 아니라, 탈진에 대한 유일한 방어책이기도 합니다"(Keller, "A Prayer Life That Nourishes Your Relationship with God," Redeemer Churches and Ministries, https://www.redeemer.com/).

12. "나에게 앞으로 나아가기 위한 길은 나 자신의 영적·신학적 뿌리로 돌아가는 것이었다." Keller, *Prayer*, 14. 《팀 켈러의 기도》(두란노 역간).

13. Keller, *Prayer*, 16-17. 그는 개혁주의 전통 안에서 "진리와 성령, 교리와 체험 사이에서 선택하라는 요구가 없었다"고 말한다(Keller, 15). 《팀 켈러의 기도》(두란노 역간).

14. Keller, *Prayer*, 80. 《팀 켈러의 기도》(두란노 역간).

15. Keller, "Keller on Quiet Times, Mysticism, and the Priceless Payoff of Prayer."

16. Keller, "Keller on Quiet Times, Mysticism, and the Priceless Payoff of Prayer."

17. Keller, *Prayer*, 180. 《팀 켈러의 기도》(두란노 역간).

18. Keller, *Prayer*, 56. 《팀 켈러의 기도》(두란노 역간). 그는 이렇게 덧붙인다. "우리의 기도는 성경에 깊이 잠김으로부터 솟아나야 한다. … 우리는 들은 만큼만 말할 수 있다"(Keller, 55). 또한 "우리가 우리의 내면적 필요와 심리 상태에 따라 기도를 시작한다면, 성경적인 기도의 전 영역을 결코 만들어 낼 수 없다. 이는 성경에 계시된 하나님의 존재에 따라 응답적으로 기도할 때만 그것이 가능하다. … 성경의 어떤 기도는 친구와의 친밀한 대화 같고, 어떤 것은 위대한 왕에게 드리는 간청과 같으며, 또 어떤 것은 씨름과도 같다. 왜 그런가? 모든 경우에서 기도의 성격은 하나님의 성품에 의해 결

정되기 때문이다. 하나님은 우리의 친구, 아버지, 연인, 목자, 왕이시다. 우리는 어떤 기도 방식이 우리가 원하는 경험과 감정을 가장 잘 만들어 주는지를 기준으로 기도의 방식을 결정해서는 안 된다. 우리는 하나님 자신에게 응답하며 기도해야 한다"(Keller, 60).

19. Keller, *Prayer*, 62. 《팀 켈러의 기도》(두란노 역간). 또한 Keller, "Prayer in the Psalms," The Gospel Coalition 2016 Women's Conference 워크숍, 2017년 10월 27일 공개, https://www.thegospelcoalition.org/.

20. Timothy Keller, *Encounters with Jesus: Unexpected Answers to Life's Biggest Questions* (New York: Viking, 2013), 167. 《팀 켈러의 인생 질문》(두란노 역간).

21. Keller, *Prayer*, 149. 《팀 켈러의 기도》(두란노 역간). 그는 이후 성경 본문을 천천히 읽으며 다음과 같은 질문에 답해 보라고 권면한다. "이 말씀은 하나님과 그분의 성품에 대해 무엇을 말해 주는가? 인간 본성과 성품, 행동에 대해 무엇을 말하는가? 그리스도와 그분의 구원에 대해 무엇을 말하는가? 교회 혹은 하나님의 백성의 삶에 대해 무엇을 말하는가? … 묵상의 또 다른 열매맺는 방법은 적용 질문을 던지는 것이다. 본문 안에서 본받아야 할 모범이나 피해야 할 사례가 있는가? 순종해야 할 명령이 있는가? 붙들어야 할 약속이 있는가? 경계해야 할 경고가 있는가?"(Keller, 153, 154).

22. Keller, *Prayer*, 57. 《팀 켈러의 기도》(두란노 역간). 그는 다른 곳에서 이렇게 설명한다. "묵상은 말과 이성적 사고를 넘어 순수한 인식으로, 하나님과의 합일로 나아가려는 관상적 실천들이 아니다. 성경적 묵상은 오히려 말씀으로 마음을 채우고, 그런 다음 그것을 '마음에 싣는 것'(존 오웬의 표현을 빌리자면)이다. 그렇게 해서 감정뿐 아니라 삶 전체에 영향을 미치게 하는 것이다." Keller, "Keller on Quiet Times, Mysticism, and the Priceless Payoff of Prayer."

23. Keller, *Prayer*, 162. 《팀 켈러의 기도》(두란노 역간). 그는 간결하게 말한다. "기쁨에 이르기까지 묵상하라"(Keller, 159). 또 그는 이렇게 쓴다. "종종 묵상을 하거나 기도하는 가운데 마음이 따뜻해지거나, 심지어는 녹아내리는 것 같은 하나님의 실재에 대한 영적 인식을 경험할 수 있습니다. 물론 아무 일도 일어나지 않을 때도 많습니다! 아주 드물게는 결코 잊을 수 없는 하나님의 임재 가운데 인생이 바뀌는 경험을 하기도 합니다. 이 만남들의 빈도나 강도는 전적으로 우리의 통제를 벗어납니다. 성령은 그분이 원하시는 대로 불어옵니다(요 3:8). 하지만 제 경험에서 하나님의 실재가 점점 더 깊이, 또 점점 더 자주 느껴지게 된 것은 오직 묵상을 꾸준히 실천했기 때문이었습니다." Keller, "A Prayer Life That Nourishes Your Relationship to God," Redeemer Churches and Ministries, https://www.redeemer.com/.

24. Keller, *Prayer*, 21. 《팀 켈러의 기도》(두란노 역간).

25. Keller, *Prayer*, 68. 《팀 켈러의 기도》(두란노 역간).

26. 팀 켈러는 이 내용을 마틴 로이드 존스로부터 받았으며, 로이드 존스는 다시 17세기 청교도 토머스 굿윈을 인용했다. Martyn Lloyd-Jones, *Joy Unspeakable: Power and Renewal in the Holy Spirit* (1984; repr., New York: Crown, 2000), 95-96. 팀 켈러는 이 비유를 1990년 4월 29일 리디머교회에서 처음 소개했고, 이후 거의 매년 반복해 사용했다. 《성령 세례》(CLC 역간).

27. Keller, *Prayer*, 70. 그는 또한 이렇게 말한다. "기도는 악몽에서 현실로 깨어나는 것과 같다. 꿈속에서 그토록 심각하게 여겼던 일들을 이제는 웃을 수 있다. 모든 것이 정말로 잘 되고 있다는 것을 알게 된다. 물론 기도가 반대의 효과를 낼 때도 있다. 환상을 깨뜨리고, 우리가 생각했던 것보다 더 큰 영적 위기에 처해 있다는 사실을 보여 줄 수 있다"(Keller, 130).

28. Tim Keller, "Basis of Prayer: 'Our Father,'" 1995년 4월 23일 설교.

29. Keller, *Prayer*, 189.《팀 켈러의 기도》(두란노 역간).

30. 팀 켈러는 이렇게 설명한다. "찬양과 감사 – 즉 하나님 중심성 – 가 먼저 오는 이유는, 그것이 자기중심성이라는 마음의 병을 고치기 때문이다. 자기중심성은 우리를 안으로 굽게 만들고 시야 전체를 왜곡시킨다. … [기도는] 자기 몰입이라는 우울한 짐에서 해방을 준다"(Keller, *Prayer*, 114, 139).《팀 켈러의 기도》(두란노 역간).

31. Timothy Keller, *The Prodigal God: Recovering the Heart of the Christian Faith* (New York: Penguin, 2008), 72-74.《팀 켈러의 탕부 하나님》(두란노 역간). 이와 관련해 팀 켈러는 바울의 모든 서신에서 그의 기도에 "그들의 상황이 바뀌기를 구하는 간구가 전혀 없다"는 흥미로운 관찰을 덧붙인다(Keller, *Prayer*, 20).

32. Tim Keller, "Call to Worship," 2008년 8월 24일 설교. 그는 또 이렇게 쓴다. "삶이 순조롭게 흘러가고, 우리 마음속 진짜 보물들이 안전해 보일 때는 기도해야겠다는 생각조차 들지 않는다"(Keller, *Prayer*, 77).《팀 켈러의 기도》(두란노 역간).

33. 팀 켈러는 기도 여정에 대한 자전적 회고 속에서, 버지니아의 호프웰교회에서 수십 년 전 자신이 했던 말이 어떤 성도에게 영향을 주었던 일을 떠올린다. "간구 전에 찬양이 먼저입니다. 사실 주기도문의 3분의 2는 찬양입니다. 그러니 이 말의 의미 – 제가 설교에서 이렇게 말한 기억이 납니다 – 는 당신이 원하는 것을 하나님께 구하기 전에, 하나님 안에 당신이 원하는 모든 것이 이미 있다는 사실을 먼저 깨달아야 한다는 것입니다"(Keller, "A Personal Testimony on Prayer").

34. Keller, *Prayer*, 24.《팀 켈러의 기도》(두란노 역간).

35. Tim Keller, "The World and Jesus," 2014년 12월 21일 설교.

36. Keller, *Prayer*, 122.《팀 켈러의 기도》(두란노 역간).

37. Keller, "Keller on Quiet Times, Mysticism, and the Priceless Payoff of Prayer."

38. Keller, *Prayer*, 26.《팀 켈러의 기도》(두란노 역간).

39. Keller, *Prayer*, 86.《팀 켈러의 기도》(두란노 역간). 나중에 그는 이어 이렇게 쓴다. "누군가가 당신에게 돈을 남겼다는 통보를 받았다고 상상해 보십시오. 하지만 여러 이유로 인해 당신은 그 액수가 별로 크지 않을 거라고 생각하고, 바쁘다는 이유로 한참 동안 확인조차 하지 않습니다. 마침내 확인해 보니 그것은 엄청난 재산이었고, 당신은 그것을 아무것도 하지 않은 채 지내온 것입니다. '당신은 실제로 부유했지만, 가난하게 살아온 것입니다.' 바울이 그리스도인 친구들에게 경계시키려 했던 것이 바로 이것입니다. 그리고 이것은 오직 기도 가운데 하나님과의 만남을 통해서만 피할 수 있습니다"(Keller, 168).

40. 공동체적 기도의 능력은 아무리 강조해도 지나치지 않다. 팀 켈러는 이렇게 쓴다. "내면의 삶에 우선순위를 둔다는 것은 개인주의적인 삶을 의미하지 않습니다. 성경의 하

나님을 더 잘 알기 위해서는 결코 혼자만으로는 충분하지 않습니다. 그것은 교회의 공동체, 개인 경건뿐 아니라 공동 예배에의 참여, 조용한 묵상뿐 아니라 성경을 배우는 것을 포함합니다. 하나님을 아는 다양한 방식들의 중심에는 공적 기도와 사적 기도가 함께 자리하고 있습니다. … 우리는 하나님을 오직 혼자만의 방식으로 알 수 없으며, 다른 이들과의 공동체 안에서 알아 가야 합니다. 예수님은 우리에게 '나의 아버지'가 아니라 '우리 아버지'라고 기도하라고 가르치셨습니다"(Keller, *Prayer*, 23, 91. 또한 4장에서 보았듯 팀 켈러는 C. S. 루이스의 《네 가지 사랑》(*The Four Loves*)에 나오는 인사이트를 인용하며 다음과 같이 말한다. "평범한 사람 하나를 제대로 알기 위해 공동체가 필요하다면, 예수님을 알기 위해선 더더욱 그렇지 않겠습니까? 친구들과 함께 기도할 때, 당신은 아직 보지 못했던 예수님의 면모를 듣고 보게 될 것입니다"(Keller, 119). C. S. Lewis, *The Four Loves* (New York: Harcourt, 1960), 61.

41. Timothy Keller, *Forgive: Why Should I and How Can I?* (New York: Viking, 2022), 192. 《팀 켈러, 용서를 배우다》(두란노 역간).

42. Keller, *Prayer*, 140. 《팀 켈러의 기도》(두란노 역간).

43. Keller, *Prayer*, 32. 《팀 켈러의 기도》(두란노 역간). 또한 그는 이렇게 덧붙인다. "기도는 항상 '그러나 아버지의 뜻이 이루어지이다'라는 말로 끝나야 하지만, 그럼에도 불구하고 간절히 하나님께 매달리는 기도로 시작해야 한다. 루터는 끈질긴 기도를 '하나님을 이기는 것'이라고 표현할 정도로 담대했다. 기도는 수동적이거나 조용하고 평온한 실천이 아니다"(Keller, 136). 그는 또 이렇게 조언한다. "나는 기도가 고전적인 '하루 한 번의 경건 시간'보다 더 자주 이루어져야 한다고 믿는다. 나에게는 아침과 저녁 기도가 가장 잘 맞지만, 종종 짧은 점심시간에 '스탠드업' 기도(짧지만 집중해서 드리는 기도 - 역자주)를 하며 아침에 받은 통찰과 다시 연결되도록 노력한다"(Keller, 245-46).

44. Keller, *Prayer*, 231. 《팀 켈러의 기도》(두란노 역간).

45. Keller, *Prayer*, 236. 《팀 켈러의 기도》(두란노 역간). 그는 이렇게 설교한다. "하나님의 은혜는 거의 언제나 우리의 시간표대로 움직이지 않습니다. 우리가 합리적이라고 생각하는 일정에 따라 움직이지 않으며, 거의 항상 우리의 시간 계산, 우리의 달력, 우리의 계획에 맞지 않게 움직입니다"(Keller, "The Man Who Would Not Be Hurried," 2000년 12월 17일 설교).

46. John Newton, *The Letters of John Newton* (Carlisle, PA: Banner of Truth, 1960), 179-80. 팀 켈러는 1990년 1월 21일 "Passive Discipline"라는 설교에서 처음으로 이 인용문을 소개했다. 당시 팀 켈러는 뉴턴의 말을 인용하며 이렇게 덧붙였다. "이 사람은 제 인생 전체를 통틀어 제가 본 최고의 목회자였습니다." 수년 후, 고난에 관한 책에서 요셉 이야기를 다루며 팀 켈러는 뉴턴의 통찰을 확장하여 이렇게 설명했다. "요셉의 이야기와 성경 전체가 참이라면, 당신의 삶에 들어오는 모든 일은, 아무리 고통스럽더라도, 어떤 방식으로든 반드시 필요한 것입니다. 반대로 당신이 간절히 바라고 기도하지만 하나님이 주시지 않는 것이라면, 아무리 그것 없이는 살 수 없을 것 같아도, 실제로는 그것이 필요하지 않은 것입니다." Timothy Keller, *Walking with God through Pain and Suffering* (New York: Penguin, 2013), 267. 《팀 켈러, 고통에 답하다》(두란노 역간).

47. Keller, *Walking with God*, 267. 《팀 켈러, 고통에 답하다》(두란노 역간).

48. Keller, *Walking with God*, 302. 《팀 켈러, 고통에 답하다》(두란노 역간).

49. 팀 켈러는 이 내용을 리디머 교회에서 여러 차례 나누었으며, 최초로 1990년 10월 4일 설교 "Spiritual Gifts: Part 4"에서 언급했다. 그는 로마서 8장 26절의 놀라운 약속을 이렇게 인용한다. "성령님은 우리가 어떻게 기도해야 할지 모를 때조차, 우리의 중심의 기도를 취하셔서 하나님 보좌 앞에서 우리가 마땅히 기도해야 할 방식으로 기도하신다(롬 8:26 참조). 우리가 기도에 어려움을 느낄 때, 우리가 하나님이 알고 있는 모든 것을 안다면 구했을 바로 그것을 하나님이 주실 것이라는 확신을 가지고 나아갈 수 있다. 하나님은 진심으로 우리에게 관심을 가지고 계시고, 한없는 사랑으로 사랑하신다"(Keller, *Prayer*, 229). 《팀 켈러의 기도》(두란노 역간).

50. Tim Keller, "Repose: The Power and Glory," 2014년 11월 16일 설교. 팀 켈러는 이렇게 묻는다. 왜 욥은 고난의 긴 여정을 끝낸 후 하나님께 칭찬을 받았을까? 부분적으로는 그가 기도를 멈추지 않았기 때문이다. "그렇다, 그는 불평했다. 그러나 '하나님께' 불평했다. 의심했지만 '하나님께' 의심을 토로했다. 비명을 질렀고 고함쳤지만 하나님의 임재 안에서 그렇게 했다. 아무리 큰 고통 속에서도 그는 계속 하나님께 나아갔다. 그는 하나님을 구하며 찾기를 멈추지 않았다. 결국 하나님은 욥이 승리했다고 말씀하셨다. 우리의 하나님이 슬픔과 분노와 질문을 보시고도, 여전히 '네가 승리했다'고 말씀하신다는 것이 얼마나 놀라운 일인가. 그것은 모든 것이 괜찮았기 때문이 아니라, 욥의 마음과 동기가 항상 옳았기 때문도 아니라, 오히려 욥이 하나님을 향해 얼굴과 임재를 간절히 구하는 끈질김으로 인해 '고난이 그를 하나님에게서 멀어지게 하지 않고 오히려 더 가까이 나아가게 했기 때문이다'. 그것이 모든 차이를 만들어낸 것이다. 존 뉴턴이 말했듯이, 우리가 기도하며 하나님께 나아가 얻는 것이 많지 않다고 느낄 때, 기도를 멀리하고 하나님께 나아가지 않으면 확실히 얻는 것이 아무것도 없을 것이다"(Keller, *Walking with God*, 287-88; 참조. 321).

51. Keller, *Prayer*, 76. 《팀 켈러의 기도》(두란노 역간).

52. 팀 켈러는 설교에서 동양 명상에 대해 자주 비판적인 태도를 보였다. 기도에 관한 그의 책 외에도, 여기 1993년 설교의 한 예가 있다. "동양 종교와 동양 명상의 목적은 당신과 하나님이 동일하다는 것을 인식하게 하는 데 있습니다. 그러나 기독교 명상의 목적은 당신과 하나님이 완전히 다르다는 사실을 보여 주는 것입니다. 기독교 명상이 다루려는 문제는, 당신이 실제로는 하나님이 얼마나 거룩하신지, 얼마나 사랑이 많으신지, 얼마나 지혜로우신지를 제대로 인식하지 못한다는 것입니다. 동양 명상에서는 '자기 자신'을 찾는 것이 목표지만, 기독교 명상에서는 '하나님'을 찾는 것이 목적입니다. 동양 명상은 하나님과 나 사이의 동일성을 찾지만, 기독교 명상은 하나님과 나 사이의 철저한 차이를 발견하게 하는데, 바로 그 차이가 기독교 신앙의 위대한 영광이자 위로입니다"(Tim Keller, "Paul's Prayer: Part 2," 1993년 8월 29일 설교. 또한 Tim Keller, "The Bridge to Prayer: Practicing the Christian Life," 2008년 4월 27일 설교도 참조).

53. Keller, "Keller on Quiet Times, Mysticism, and the Priceless Payoff of Prayer."

54. Keller, *Prayer*, 104. 《팀 켈러의 기도》(두란노 역간).

55. Keller, *Prayer*, 105. 《팀 켈러의 기도》(두란노 역간). 이외에도 팀 켈러는 복음 지향성이 결여될 때 나타나는 두 가지 왜곡된 기도의 형태를 언급한다. 하나는 '열기만 있고 빛은 없는 기도', 또 하나는 '빛만 있고 열기가 없는 기도'이다. 그는 이렇게 쓴다. "아

이러니하게도 '열기만 있고 빛은 없는 기도'와 '빛만 있고 열기가 없는 기도'는 같은 뿌리에서 비롯된다. 그것은 행위를 통한 의로움의 추구, 곧 우리가 하나님의 은혜를 스스로 획득할 수 있다는 확신에서 나오며, 동시에 우리에게 값없이 주어지는 칭의와 양자 됨을 바라보지 못하는 것에서 비롯된다"(Keller, "Prayer and the Gospel," Redeemer Churches and Ministries).

56. 기도의 이러한 다면적인 특성은 팀 켈러가 제시한 기도 생활을 평가하기 위한 "열두 가지 시금석"을 통해 확인할 수 있다. 그는 이것들을 세 개씩 네 그룹으로 나누어 설명한다. 전체 논의는 Keller, *Prayer*, 121-41 참조.《팀 켈러의 기도》(두란노 역간).

57. Keller, *Prayer*, 237-38.《팀 켈러의 기도》(두란노 역간).

58. 1996년 설교에서 팀 켈러는 야고보서 5장 16절 "의인의 간구는 역사하는 힘이 큼이니라"(개역개정)의 약속을 되새기며 회중에게 이렇게 말했다. "기도는 세상에 흔적을 남깁니다. … 기도는 실제로 변화시킵니다." 이 설교에서 그는 4세기 설교자 요한 크리소스톰의 말을 인용했다. "기도의 능력은 불의 힘을 꺾었고, 사자의 분노를 제어했으며, 귀신을 쫓아내고 죽음의 사슬을 끊었다. 질병을 치유했고, 도시들을 파멸로부터 구했으며, 해의 운행을 멈추게 하고, 번개를 막았다"(물론 이 모든 예는 성경에 나온 것들이다). 크리소스톰은 이렇게 결론 내린다. "기도 안에는 모든 것을 충분히 담은 무기고가 있고, 고갈되지 않는 보화가 있으며, 다함이 없는 광맥이 있다. 기도는 구름에 가리지 않는 하늘이고, 어떤 폭풍에도 흔들리지 않는 천국이다. 기도는 수천 가지 복의 뿌리요, 근원이요, 어머니이다"(Tim Keller, "Healing and Prayer," 1996년 4월 14일 설교. 또한 Chrysostom, *On the Incomprehensibility of God*, homily 5, quoted in *Ancient Christian Commentary on Scripture, New Testament 2, Mark*, ed. Thomas C. Oden and Christopher A. Hall [Downers Grove, IL: IVP Academic, 1998], 162 참조).

59. Keller, *Prayer*, 18.《팀 켈러의 기도》(두란노 역간). 이어서 그는 이렇게 말한다. "풍성하고, 활기차며, 위로가 되고, 힘들게 얻어진 기도 생활은 우리가 다른 모든 종류의 유익을 올바르고 유익하게 받을 수 있도록 하는 가장 좋은 것입니다"(Keller, 21). 팀 켈러는 자신의 기도 여정을 소개하는 간증에서 이를 이렇게 설명했다. "하나님이 우리에게 하실 수 있는 최악의 일은 … 우리가 기도하지도 않았는데 좋은 일이 일어나게 하시는 것입니다. 그렇게 되면 우리는 자족적인 존재가 되어 버립니다. … 인생에서 최악의 일은 우리가 기도하지도 않은 축복이 우리에게 임하는 것입니다. 우리의 마음은 기도 없이 하나님의 복을 받을 준비가 되어 있지 않습니다"(Keller, "A Personal Testimony on Prayer").

8. 고통스러운 선물

1. 이 단락은 다음 인터뷰에서 발췌했다. Tim Keller, "Tim Keller Wants You to Suffer Well," Matt Smethurst 인터뷰, The Gospel Coalition, 2013년 10월 1일, https://

www.thegospelcoalition.org/

2. Timothy Keller, *Walking with God through Pain and Suffering* (New York: Dutton, 2013), 팀과 캐시는 결혼반지 안쪽에 시편 34편 1-3절 말씀을 새겨 넣었다. "내가 여호와를 항상 송축함이여 내 입술로 항상 주를 찬양하리이다 내 영혼이 여호와를 자랑하리니 곤고한 자들이 이를 듣고 기뻐하리로다 나와 함께 여호와를 광대하시다 하며 함께 그의 이름을 높이세." 수십 년 뒤 팀 켈러는 이렇게 회상했다. "당시 우리는 그 본문에서 중심이 되는 구절을 거의 완전히 무시했다. 그 본문은 사역의 성공을 '곤고한 자들이 듣고 기뻐하는 것'이라고 정의한다. 그 표현이 그때 우리에게 와닿지 않았던 이유 중 하나는, 나중에 캐시가 말했듯이 '그 나이에 우리는 내성 발톱조차 겪어 본 적이 없었기' 때문이다. 우리는 젊었고, 젊음의 오만은 고통과 고난을 상상하지 못하게 했다. 우리가 얼마나 고통을 잘 이해하고, 다른 이들이 그것을 직면하고 잘 통과하도록 돕는 것이 중요한지를 그때는 전혀 몰랐다"(Keller, *Walking with God*, 4).《팀 켈러, 고통에 답하다》(두란노 역간).

3. Timothy Keller, *On Death* (New York: Penguin, 2020), 42. 캐시 켈러가 서문에서 설명했듯이, 이 짧은 책은 팀이 캐시의 여동생의 장례식에서 전한 설교를 바탕으로 한다.《죽음에 관하여》(두란노 역간).

4. Keller, *On Death*, 43. 이 단락의 따옴표 없이 서술된 문장들은 명확성을 위해 의역되었다.《죽음에 관하여》(두란노 역간).

5. Keller, *On Death*, 38-39. 팀 켈러는 죽음의 다면적인 파괴력을 "가장 큰 단절", "가장 큰 분", "가장 큰 모욕", "우리의 가장 큰 원수"라고 규정하면서 설명한다(Keller, *On Death*, 1-3).《죽음에 관하여》(두란노 역간).

6. Keller, *Walking with God*, 80.《팀 켈러, 고통에 답하다》(두란노 역간).

7. Keller, *On Death*, 9-10.《죽음에 관하여》(두란노 역간).

8. 팀 켈러는 이렇게 설명한다. "세속적 관점에서는 이 물질세계가 전부다. 그렇기 때문에 인생의 의미는 자신을 가장 행복하게 만드는 삶을 자유롭게 선택하는 데 있다. 하지만 그런 관점에서는 [고통]은 인생 이야기의 완전한 중단으로 여겨지며, 이야기의 의미 있는 일부가 될 수 없다. [고통은] 어떤 대가를 치러서라도 피하거나, 가능한 한 최소화해야 한다. 이는 피할 수 없고 줄일 수 없는 고통에 직면했을 때, 세속적인 사람들은 자신들의 우주 본질에 대한 믿음이 그러한 자원과 일치하지 않음에도 불구하고, 카르마나 불교, 그리스 스토아주의, 또는 기독교와 같은 다른 삶의 관점으로부터 자원을 몰래 '밀수입해야 한다'는 것을 의미한다. … 엄격한 세속적인 관점에서, 고통은 우리의 인생 이야기에서 좋은 장이 될 수 없다 - 단지 그것을 방해하는 요소일 뿐이다. 고통은 우리를 집으로 데려갈 수 없다. 단지 우리가 인생에서 가장 원하는 것들로부터 우리를 멀어지게 할 뿐이다. 간단히 말해, 세속적 관점에서는 고통이 항상 이긴다"(Keller, *Walking with God*, 16-17, 22-23).《팀 켈러, 고통에 답하다》(두란노 역간).

9. Keller, *On Death*, 11.《죽음에 관하여》(두란노 역간).

10. Keller, *On Death*, 15. 또한 "현대 문화는 죽음이라는 피할 수 없는 현실에 대비하는 데 있어 역사상 최악의 문명이다"(Keller, 11).《죽음에 관하여》(두란노 역간).

11. Keller, *Walking with God*, 72.《팀 켈러, 고통에 답하다》(두란노 역간).

12. Keller, *Walking with God*, 30. 《팀 켈러, 고통에 답하다》(두란노 역간).

13. Keller, *Walking with God*, 31. 고난은 하나님의 말씀에서 사소한 주제가 아니다. 그것은 이야기의 중심에 있다. 실제로 성경은 "다른 어떤 주제 못지않게 고난에 관한 책"이라고 할 수 있다(Keller, 6).《팀 켈러, 고통에 답하다》(두란노 역간).

14. Keller, *Walking with God*, 74. 《팀 켈러, 고통에 답하다》(두란노 역간).

15. Keller, *Walking with God through Pain and Suffering*, 86. 《팀 켈러, 고통에 답하다》(두란노 역간).

16. 팀 켈러는 이 논증을 처음으로 "Lord of the Whips"라는 제목의 1996년 11월 24일 설교에서 펼친 것으로 보인다. 그는 재치있게 말한다. "만약 하나님이 당신의 상황을 고쳐 주시지 않는다고 해서 화가 날 만큼 무한하고 위대한 분이라면, 그분은 당신의 이해를 넘어서는 답을 가진 무한하고 위대한 지혜를 가진 분이심에 틀림없다"(Keller, *Walking with God*, 99 참조). 《팀 켈러, 고통에 답하다》(두란노 역간).

17. Timothy Keller, *The Reason for God: Belief in an Age of Skepticism* (New York: Dutton, 2008), 23. 《팀 켈러, 하나님을 말하다》(두란노 역간). 팀 켈러는 또 다른 곳에서 이렇게 쓴다. "과거에는 고난이 찾아왔을 때, 우리가 그 이유를 이해하지 못한다고 해서 그것이 이유 없는 고난이라는 뜻은 아니었다. 우리는 세상을 이해할 수 있는 우리의 능력에 대해 훨씬 더 겸손했다"(Keller, *Walking with God*, 55; 참조 97). 팀 켈러는 중요한 통찰을 제시한다. "고통의 문제에 대한 현대의 논의는 추상적인 하나님에서 '출발한다'. 즉 논의를 위해 설정된 전능하고 전적으로 선하신 하나님이긴 하지만, 그분은 영광스러우시고, 위엄 있으시며, 무한히 지혜로우시고, 시작도 없고, 만물의 창조자요 유지자이신 분으로는 여겨지지 않는다. 그렇기 때문에 현대인들이 특정한 고난에 대해 '자신들이' 정당한 이유를 찾을 수 없을 때, 하나님도 그에 대한 정당한 이유가 없다고 결론 짓는 경향이 과거의 사람들보다 훨씬 더 강하다"(Keller, 87). 《팀 켈러, 고통에 답하다》(두란노 역간).

18. Keller, *Walking with God*, 285. 《팀 켈러, 고통에 답하다》(두란노 역간).

19. Keller, *Walking with God*, 121-22. 팀 켈러는 또한 이렇게 쓴다. "내 아들 중 한 명이 여덟 살쯤 되었을 때, 자기 뜻을 주장하며 부모의 지시에 저항하기 시작했다. 어느 날 내가 아들에게 어떤 일을 시키자 그는 '아빠, 그거 할게요. 그런데 먼저 왜 해야 하는지 설명해 주세요'라고 말했다. 나는 이렇게 대답했다. '네가 그 일이 납득이 가서 순종한다면, 그건 순종이 아니라 단지 동의일 뿐이야. 문제는 네가 내가 왜 그 일을 시키는지 이해하기에는 아직 너무 어리다는 거야. 내가 서른여덟이고 네가 여덟이기 때문에, 그리고 네가 아들이고 내가 어른이고 아버지이기 때문에 그냥 하는 거야.' 아이가 부모를 이해하지 못해도 신뢰해야 한다는 점은 쉽게 이해된다. 그렇다면 '우리가' 하나님을 이해하지 못할 때에도 얼마나 더 하나님을 신뢰해야 하겠는가?"(Keller, 261-262). 이 주제에 대한 또 하나의 도전적인 성찰로는 엘리자베스 엘리엇(Elisabeth Elliot)에 대한 이야기를 참조하라(Keller, 170-174). 《팀 켈러, 고통에 답하다》(두란노 역간).

20. Tim Keller, "Tim Keller on God and Coronavirus," *Premier Christian News*, 2020년 4월 9일, Youtube 영상, https://www.youtube.com/.

21. Edward Shillito, "Jesus of the Scars," in *Masterpieces of Religious Verse*, ed. James

Dalton Morrison (New York: Harper Brothers, 1958), 235. 팀 켈러는 1993년 9월 26일 설교한 "How to Handle Trouble"에서 이 시를 처음으로 인용했다. 같은 주제에 대해 그는 종종 존 스토트의 말을 인용하기도 했다. "십자가가 없다면 나는 결코 하나님을 믿을 수 없었을 것이다. … 고통이 실재하는 세상에서 고통을 겪지 않은 하나님을 어떻게 경배할 수 있겠는가?" John Stott, *Why I Am a Christian* (Downers Grove, IL: InterVarsity, 2003), 63-64. 《나는 왜 그리스도인이 되었는가》(IVP 역간). (Keller, "The Sacrifice," 2005년 3월 20일 설교). 물론, 의심하던 도마에게 예수께서 친히 자신의 못 자국을 은혜롭게 보여 주신 것(요 20:27)은 말할 것도 없이 중요하다.

22. Keller, *Walking with God through Pain and Suffering*, 5. 팀 켈러는 책 후반부에서 이렇게 쓴다. "서구 사회의 일반적인 사람들은 자기 인생을 얼마나 통제할 수 있는지에 대해 매우 비현실적인 생각을 갖고 있다. 고난은 그런 착각을 걷어 낸다. 고난은 우리를 무력하고 통제 불가능하게 만드는 것이 아니라, 우리가 '언제나' 하나님께 의존된 연약한 존재였음을 보여 준다. 고난은 그 사실을 깨닫고 그에 따라 살아가도록 우리를 일깨울 뿐이다"(Keller, 190-191). 《팀 켈러, 고통에 답하다》(두란노 역간).

23. Keller, *Walking with God*, 5. 《팀 켈러, 고통에 답하다》(두란노 역간).

24. Tim Keller, "Truth, Tears, Anger, and Grace," 2001년 9월 16일 설교. 이는 팀 켈러가 슬픔을 다루는 데 사용하던 가장 좋아하던 은유 중 하나이다. 그는 이 비유를 처음으로 1990년 "Joy: Overcoming Boredom"이라는 제목의 설교에서 공유했다. 그 메시지에서 그는 또한 슬픔에 소금을 문지르는 것에 비유하며 이렇게 말했다. "소금은 쓰라리지만 [상처가] 곪지 않게 해줍니다. 그리스도인은 그들의 소망을 그들의 슬픔에 문질러 곪지 않게 만듭니다."

25. Keller, *Walking with God*, 123. 팀 켈러는 이렇게 덧붙인다. "고난은 사람을 자기에게 함몰되게 만들기 쉽다. 고난이 주로 자신과 자신의 성장에 관한 일로 이해된다면, 그 고난은 진정으로 당신을 질식시킬 것이다. 대신 우리는 고난을, 그 직접적인 원인이 무엇이든 간에, 하나님을 더 잘 알아갈 수 있는 통로로, 그분을 섬기고 닮고 전에 없던 방식으로 그분께 가까이 나아갈 수 있는 기회로 여겨야 한다. 우리가 고난 속에서 하나님의 영광을 최우선으로 삼을 때에만 그렇게 될 수 있다"(Keller, 188). 《팀 켈러, 고통에 답하다》(두란노 역간).

26. Keller, *Walking with God*, 225. 《팀 켈러, 고통에 답하다》(두란노 역간).

27. Keller, *Walking with God*, 299. 《팀 켈러, 고통에 답하다》(두란노 역간).

28. Keller, *Walking with God*, 298. 《팀 켈러, 고통에 답하다》(두란노 역간).

29. Keller, *Walking with God*, 289. 《팀 켈러, 고통에 답하다》(두란노 역간).

30. Timothy Keller, "Growing My Faith in the Face of Death," *The Atlantic*, 2021년 3월 7일, https://www.theatlantic.com/.

31. Keller, *Walking with God*, 291. 팀 켈러는 세상을 떠나기 2년 전 이렇게 썼다. "내가 췌장암을 직면하는 데 도움을 주었던 첫 번째 훈련은 내가 스스로 만들어 낸 하나님을 마주하지 않도록 시편에 몰입하는 것이었다. 내가 만들어 낸 하나님은 훨씬 덜 불편하고 덜 불쾌할 수는 있지만, 그런 하나님이 내 마음이 희망이 없다거나 나는 쓸모없는 존재라고 말할 때 어떻게 나를 반박할 수 있겠는가? 시편은 나에게 복잡성으로 인해

당혹스럽게 하는 하나님을 보여 주지만, 이 이해하기 어려운 신은 실재하는 존재로 다가온다. 그분은 인간이 상상하거나 꾸며 낸 신이 아니다"(Keller, "Growing My Faith").

32. Keller, *Walking with God*, 284.《팀 켈러, 고통에 답하다》(두란노 역간).

33. Keller, *Walking with God*, 293. 팀 켈러는 이렇게 덧붙인다. "욥의 역설은 놓쳐서는 안 된다. 하나님은 은혜롭고 인격적인 하나님으로 오시면서 동시에 무한하고 압도적인 힘으로 임하신다. 동시에 둘 다이시다. 어떻게 이것이 가능한가? 오직 예수 그리스도 안에서 우리는 길들일 수 없는 무한한 하나님이 아기요 사랑의 구주가 되시는 모습을 본다. 십자가에서 우리는 하나님의 사랑과 거룩함이 동시에 성취되는 모습을 본다. 하나님은 너무 거룩하고 정의로우시기에 예수님이 죄를 위해 죽으셔야만 했다. 그렇지 않다면 우리는 용서받을 수 없었다. 하지만 하나님은 우리를 너무나 사랑하셨기에 기꺼이 그 생명을 내어 주셨다. 복음은, 욥이 그 어둡고 폭풍우 치는 날에 만난 하나님이 어떻게 사랑의 하나님이자 진노의 하나님이실 수 있는지를 설명해 준다"(Keller, 282).

34. Keller, Walking with God, 130.《팀 켈러, 고통에 답하다》(두란노 역간).

35. Keller, Walking with God, 207-213.《팀 켈러, 고통에 답하다》(두란노 역간).

36. Keller, Walking with God, 227.《팀 켈러, 고통에 답하다》(두란노 역간).

37. Keller, *Walking with God through Pain and Suffering*, 196-97.《팀 켈러, 고통에 답하다》(두란노 역간).

38. Keller, *Walking with God*, 199.《팀 켈러, 고통에 답하다》(두란노 역간).

39. Keller, *Walking with God*, 234.《팀 켈러, 고통에 답하다》(두란노 역간).

40. 이 표현은 명목상의 그리스도인을 뜻한다. 팀 켈러는 이렇게 설명한다. "오늘날 많은 사람들이 하나님을 믿는다고 하고 교회에 나가기도 한다. 그러나 그들에게 구원의 확신이나 하나님이 자기를 받아 주셨다는 확신이 있는지, 예수 그리스도의 십자가 죽음이 진짜고 가슴 깊이 감동을 주는지, 예수님의 육체적 부활과 성도의 부활을 확신하는지를 물으면 대부분 부정적인 대답을 듣거나 빤히 쳐다보는 시선을 받을 것이다. … 우리가 우리 자신을 더 크게 여기고, 하나님의 은혜와 계시에 덜 의존하게 되며, 우주가 어떻게 작동하는지, 역사는 어떻게 흘러가야 하는지를 우리가 더 잘 안다고 느낄수록 악의 문제는 더욱 견딜 수 없는 것이 된다. 그리고 하나님이 점점 멀어진 추상적 존재, 즉 우리를 악에서 건지기 위해 고난당하고 죽으신 분이 아닌, 단지 사랑이 많다는 추상적 개념으로만 이해될수록 그분은 고통 앞에서 냉담하고 잔인하게 느껴진다. 요컨대, 구원이나 부활에 대한 확신 없이 믿는 유신론은 고난 가운데서 무신론보다 더 큰 환멸을 준다. '고난당할 때 하나님을 얄팍하게 또는 추상적으로 믿는 것은, 아예 하나님을 믿지 않는 것보다 더 나쁘다'"(Keller, Walking with God, 59-60).《팀 켈러, 고통에 답하다》(두란노 역간).

41. 2020년 5월 5일, Tim Keller는 시편 126편에 대한 설교 "Don't Waste Your Sorrows"를 전했다.

42. Keller, *Walking with God*, 248-49. 팀 켈러는 "해야 할 책임을 감당하라"는 주제에 대해 이렇게 덧붙인다. "고난을 견딜 수 있는 힘은 하나님이 요구하시는 책임과 의무를 '행하는 데서' 옵니다. 하나님의 명령을 피하지 마십시오. 읽고, 기도하고, 연구하고,

교제하고, 섬기고, 증언하고, 순종하십시오. 당신이 할 수 있는 모든 책임을 다하십시오. 그러면 평강의 하나님이 함께하실 것입니다"(Keller, 288). 《팀 켈러, 고통에 답하다》(두란노 역간).

43. Keller, *Walking with God*, 249. 팀 켈러는 또한 이렇게 말한다. "하나님께서 고난을 허락하시는 이유에 대해 지적인 설명을 갖는 것과, 실제로 고난의 길을 지나며 더 냉소적이거나 절망하거나 부서지는 대신 오히려 더 지혜롭고, 단단하고, 겸손하며, 강하고 심지어 만족하게 되는 길을 찾는 것은 전혀 다른 문제다"(Keller, 202). 《팀 켈러, 고통에 답하다》(두란노 역간).

44. Keller, *Walking with God*, 163. 《팀 켈러, 고통에 답하다》(두란노 역간).

45. Keller, *Walking with God*, 180-81. 이 인용문은 조지 맥도널드(George MacDonald)의 발언을 각색한 것이다. 《팀 켈러, 고통에 답하다》(두란노 역간).

46. Keller, Walking with God, 6. 《팀 켈러, 고통에 답하다》(두란노 역간).

47. Keller, Walking with God, 313. 《팀 켈러, 고통에 답하다》(두란노 역간).

48. Keller, Walking with God, 314. 《팀 켈러, 고통에 답하다》(두란노 역간).

49. 이 단락은 Matt Smethurst, "The Gospel Explained," *The Gospel Coalition*, 2023년 7월 1일자 기사에서 각색되었으며, 다음 문장은 Matt Smethurst, "Is There Proof of Heaven?," The Gospel Coalition, 2016년 4월 6일자 기사에서 각색되었다. 두 글 모두 https://www.thegospelcoalition.org/ 에서 확인할 수 있다.

50. 팀 켈러는 위로와 회복의 대조를 여러 차례 설교에서 제시했는데, 그 시작은 2004년 3월 21일 설교 "The Grammar of Hope"였다. 이 내용은 *The Reason for God*, 32 《팀 켈러, 하나님을 말하다》(두란노 역간); *Making Sense of God*, 171-172 《팀 켈러의 답이 되는 기독교》(두란노 역간); *Walking with God through Pain and Suffering*, 46, 59, 117, 159 《팀 켈러, 고통에 답하다》(두란노 역간); *On Death*, 54 《죽음에 관하여》(두란노 역간); *Hope in Times of Fear*, 208 《팀 켈러의 부활을 입다》(두란노 역간)에서도 반복된다. "성경적 관점에서 말하는 부활은, 우리가 가지지 못했던 인생에 대한 단순한 '위로'가 아니라, 우리가 항상 원했던 삶의 '회복'이다. 이는 곧, 지금까지 일어난 모든 끔찍한 일들이 단순히 되돌려지고 고쳐질 뿐 아니라, 오히려 그로 인해 결국 누릴 영광과 기쁨이 더욱 커지게 된다는 뜻이다." 팀 켈러는 이에 대한 비유를 들며 이렇게 말했다. "몇 년 전 나는 내 가족 모두가 죽는 끔찍한 악몽을 꾸었다. 잠에서 깼을 때 나는 엄청난 안도감을 느꼈다. 하지만 단지 안도감 그 이상이었다. 내 가족 한 사람 한 사람에 대한 기쁨이 엄청나게 증폭되었다. 나는 한 명 한 명을 바라보며 그 존재에 대해 얼마나 감사한지, 얼마나 깊이 사랑하는지를 실감했다. 왜일까? 악몽이 내 기쁨을 더 크게 만든 것이다. … 결국 내가 그들을 잃었다가 다시 되찾은 경험으로 인해, 그들을 향한 나의 사랑은 더 깊어졌다. 이것은 우리가 당연하게 여기던 무언가를 잃었다가 다시 찾을 때도 마찬가지로 일어나는 일이다. 그것을 찾았을 때(영원히 잃었다고 생각한 것을), 우리는 그것을 훨씬 더 깊이 소중히 여기고 감사하게 된다"(Keller, *The Reason for God*, 32) 《팀 켈러, 하나님을 말하다》(두란노 역간).

51. Keller, *Walking with God*, 158. 《팀 켈러, 고통에 답하다》(두란노 역간).

52. Keller, *On Death*, 32-33. 이 예화는 팀 켈러가 여러 차례 설교에서 사용한 것으로,

"Upside-Down Living"(2003), "Death and the Christian Hope"(2004), "And If Christ Be Not Raised"(2006), "The New Heaven and New Earth"(2009), "Confident in Hope"(2017) 설교에서 확인할 수 있다.

53. 예수님은 '우리가' 받아야 할 심판을 대신 받으심으로써, 믿음으로 인해, 우리가 '그분이' 받아야 마땅한 복을 누릴 수 있게 하셨다. 팀 켈러는 이 같은 표현을 여러 번 사용했다. 예컨대 고린도후서 5장 21절을 묵상하며 이렇게 말한다. "십자가는 그야말로 가장 극적인 전복이 아니라면 아무 의미도 없습니다. 하나님은 우리가 있어야 할 자리에 자신을 두셨고, 우리가 믿는다면 … 우리는 그분이 있어야 할 자리에 가게 됩니다. 다시 말해, 예수님은 우리가 받아야 할 것을 자신이 짊어지셨고, 우리가 그분을 믿을 때, 우리는 그분이 받아야 할 것을 누리게 되는 것입니다"(Tim Keller, "The World's Sword," 2000년 4월 9일 설교). 성찬을 집례하며 그는 기도 중 이렇게 말했다. "우리가 이 잔을 받을 때, 우리는 그분의 쏟아진 생명과, 당신이 그의 마음에 쏟아부으신 진노를 생각합니다. 그러니 이제 우리를 향한 진노는 남아 있지 않습니다"(Tim Keller, "Holiness," 1995년 4월 23일 설교).

54. Keller, *On Death*, 94. 《죽음에 관하여》(두란노 역간).

55. Keller, *Walking with God*, 231. 《팀 켈러, 고통에 답하다》(두란노 역간).

56. Keller, *Walking with God*, 231. 《팀 켈러, 고통에 답하다》(두란노 역간).

57. Keller, *Walking with God*, 308. 또한 "예수 그리스도는 자신의 모든 고통에도 불구하고 우리를 버리지 않으셨다. 그런데 그분이 지금 고난의 한복판에 있는 당신을 버리실 거라 생각하는가?"(Keller, 251). 《팀 켈러, 고통에 답하다》(두란노 역간).

58. Tim Keller, "The Man in the Furnace," 2000년 5월 7일 설교, "The King and the Furnace," 2011년 8월 21일 설교.

59. Keller, *Walking with God*, 274. 고난에 대한 성경의 가르침은 "철저하게 현실적이면서도 동시에 놀랍도록 희망적"이어서 우리로 하여금 다음과 같은 오류를 피하게 한다. 즉 고난의 풀무불을 "피해 달아나거나(회피), 빨리 뛰어넘으려 하거나(부정), 그냥 절망 가운데 누워 있으려는(좌절) 시도를 멈추게 한다"(Keller, 9). 《팀 켈러, 고통에 답하다》(두란노 역간).

60. Tim Keller, "Growing My Faith in the Face of Death." 이것은 팀 켈러의 두 번째 암 투병이었다. 2002년 그는 갑상선암 진단을 받고 수술을 받았다. 그는 고난에 관한 자신의 책에서 이렇게 회상한다. "내 삶에서 '모든 지각을 뛰어넘는 하나님의 평강'(빌 4:7)을 느낀 때가 많지는 않았다. 하지만 감사하게도 그런 순간이 한 번 있었다. … 수술 당일 아침, 아내와 아들들에게 작별 인사를 한 뒤 나는 수술 준비를 위해 휠체어에 실려 한 방으로 들어갔다. 마취제를 투여 받기 전 마지막 순간에 기도했다. 놀랍게도, 그때 갑자기 모든 것이 새롭게 보이기 시작했다. 우주는 기쁨과 즐거움, 그리고 찬란한 아름다움으로 가득한 거대한 영역처럼 느껴졌다. 그것은 당연했다. 삼위일체 하나님께서 자신의 무한한 기쁨과 지혜와 사랑과 즐거움으로 그것을 채우시도록 창조하신 세계가 아닌가? 그리고 이 영광의 큰 세계 속에 어두운 점 하나가 있었는데, 그 점이 바로 우리 세상이었다. 고통과 고난이 일시적으로 존재하는 곳. 하지만 그것은 단지 하나의 점이었고, 곧 그 점도 사라지고 모든 것이 빛이 될 것이다. 나는 생각했다. '수술이 어떻게 되든 별로 중요하지 않아. 모든 것이 괜찮을 거야. 나, 내 아내, 내 자녀

들, 내 교회 - 모두 괜찮을 거야.' 나는 마음에 밝은 평안을 안고 잠이 들었다" Keller, *Walking with God through Pain and Suffering*, 318.《팀 켈러, 고통에 답하다》(두란노 역간).

61. Keller, "Growing My Faith in the Face of Death."

62. Timothy Keller, *Hope in Times of Fear: The Resurrection and the Meaning of Easter* (New York: Viking, 2021), 24. 책 마지막의 감사의 글에서 팀 켈러는 이렇게 회상한다. "이처럼 어두운 시기에 글을 쓰는 것은 부활 안에서 새롭고도 깊은 위로와 능력을 보게 해주었다. 이것이 내가 쓴 책 중 가장 나은 책이라고 주장하려는 것은 아니다. 그것은 독자들의 판단에 맡겨야 할 일이다. '하지만 이 책은 내가 하나님의 인도하심과 도움을 가장 많이 체험했다고 느낀 책이다'"(Keller, 217).《팀 켈러의 부활을 입다》(두란노 역간).

63. Keller, *Hope in Times of Fear*, 62.《팀 켈러의 부활을 입다》(두란노 역간).

64. Keller, *Walking with God*, 301.《팀 켈러, 고통에 답하다》(두란노 역간).

65. Tim Keller, "A Conversation with Pastor Tim Keller About Hope in Times of Fear," Russell Moore 진행, 2021년 3월 31일, Youtube 영상, https://www.youtube.com/.

66. Tim Keller, "Tim Keller on Reformed Resurgence," Kevin DeYoung, Collin Hansen, Justin Taylor 인터뷰, *Life and Books and Everything* (podcast), *Clearly Reformed*, 2021년 2월 3일, https://clearlyreformed.org/.

67. 팀 켈러는 2021년 *The Atlantic* 에세이에서도 같은 내용을 언급했다. "암 진단을 받은 후, 캐시와 나는 이 세상을 천국처럼 만들려 할수록 오히려 그것을 덜 즐기게 된다는 사실을 깨달았습니다. … 하지만 놀랍게도, 캐시와 나는 이 세상을 천국으로 만들려는 시도를 줄일수록 오히려 더 깊이 즐길 수 있다는 사실을 발견했습니다. 우리는 이제 이 세상에 그 어떤 것도 충족시킬 수 없는 요구를 부여하지 않습니다. 햇빛이 비치는 물결, 꽃병에 꽂힌 꽃, 포옹, 성, 대화와 같은 가장 단순한 것들조차도 예전보다 훨씬 더 큰 기쁨을 줍니다. … 하나님의 현실이 내 마음속에 서서히, 고통스럽게, 그리고 수많은 눈물을 통해 비추기 시작하자, 이 세상의 단순한 기쁨들이 날마다의 행복의 원천이 되었습니다. 더 적절한 표현이 없어 이렇게 말하지만, 내가 점점 더 '천국 중심적'이 될수록, 이 물질세계는 참으로 놀랍도록 선한 하나님의 선물로 보이게 되었습니다"(Keller, "Growing My Faith in the Face of Death").

68. "George Herbert, 'Time'(1633)," in *The English Poems of George Herbert*, ed. Helen Wilcock (Cambridge: Cambridge University Press, 2007), 432. 허버트의 시 〈시간〉의 세 번째 연은 이렇게 말한다. "And in his blessing thou art blest: / For where thou onely wert before / An executioner at best; / Thou art a gard'ner now, and more, / An usher to convey our souls / Beyond the utmost starres and poles." 팀 켈러는 이 구절을 1993년 5월 16일 설교 "Death of Death"에서 처음으로 의역해 사용했다.

69. Timothy Keller, *Making Sense of God: An Invitation to the Skeptical* (New York: Penguin, 2016), 166.《팀 켈러의 답이 되는 기독교》(두란노 역간).

70. Tim Keller, "Questions About Jesus," *Questioning Christianity*, 2014년 3월 13일, 리디머교회 Q&A. 기술적으로는 두 구절(고전 6:19-20)을 인용한 것이다. 또는 사도 바울

의 다른 표현을 빌리면 다음과 같다. "우리가 살아도 주를 위하여 살고 죽어도 주를 위하여 죽나니 그러므로 사나 죽으나 우리가 주의 것이로다"(롬 14:8).

71. Tim Keller (@timkellernyc), "I have Stage IV ⋯," Twitter, 2021년 12월 3일 오후 1:33, https://x.com/.

72. Tim Keller (@timkellernyc), "Health Update: Today, Dad is..," Twitter, 2023년 5월 18일 오후 4:44, https://x.com/.

73. Tim Keller (@timkellernyc), "Timothy J. Keller, husband, father⋯," Twitter, 2023년 5월 19일 오전 11:17, https://x.com/.

74. Keller, *Walking with God through Pain and Suffering*, 52. 《팀 켈러, 고통에 답하다》(두란노 역간). 팀 켈러는 다른 곳에서 이렇게 쓴다. "우리는 우리 삶의 모든 것을 결국 빼앗길 것입니다. 단 한 가지, 하나님의 사랑만은 예외입니다. 그 사랑은 죽음 속으로 함께 들어가 우리를 죽음 너머 하나님의 품으로 이끌 수 있습니다. 하나님의 사랑은 우리가 잃을 수 없는 유일한 것입니다. 그 사랑이 우리를 품어 주지 않는다면 우리는 언제나 본질적으로 불안할 수밖에 없습니다. 그리고 실제로 불안해야 마땅합니다. ⋯ 죽음 속에서 하나님은 이렇게 말씀하십니다. '만일 내가 너의 안전이 아니라면, 너에게는 안전이 없는 것이다. 나는 너에게서 빼앗길 수 없는 유일한 것이기 때문이다. 나는 너를 나의 영원한 팔로 안을 것이다. 다른 모든 팔은 결국 너를 놓겠지만, 나는 결코 너를 놓지 않을 것이다'"(Keller, *On Death*, 26, 27-28). 《죽음에 관하여》(두란노 역간).

75. Keller, *Walking with God*, 299. 《팀 켈러, 고통에 답하다》(두란노 역간).

에필로그

1. 믿는 자의 장래 부활은 너무도 확실하기에, 성경은 죽음을 종종 긴 잠에 비유한다. 예를 들어, 고린도전서 15장과 데살로니가전서 4장 등에서는 "잠들다"(asleep)라는 표현이 반복적으로 사용된다.

2. 예배 영상은 https://timothykeller.com/에서 예배 프로그램과 함께 내려받을 수 있다. 리곤 던컨(Ligon Duncan)은 이를 간결하게 요약했다. "단순하고 아름다운, 개신교 복음주의 장례 예배. 복음의 소망과 훌륭한 찬송으로 가득한 예배였다." Duncan(@LigonDuncan), "Simple, beautiful⋯," *X*(구 Twitter), 2023년 8월 15일 오후 3:30, https://x.com/.

3. 본문에 인용된 성경 구절은 NIV에서 가져왔다.

4. Collin Hansen, *Timothy Keller: His Spiritual and Intellectual Formation* (Grand Rapids, MI: Zondervan Reflective, 2023), xi, xii. 《하나님의 사람, 팀 켈러》(두란노 역간)

5. Tim Keller, "Message from Tim Keller," Redeemer Churches and Ministries, https://www.redeemer.com/. 34년 전, 리디머가 막 개척된 지 몇 달 되지 않았을 무렵, 팀 켈

러는 매우 진지한 경고를 전한 바 있다. 그 내용을 의역하면 다음과 같다. "은혜 안에서 성장하는 것과 은사를 사용하는 것을 혼동하지 마십시오. 저는 이 점에 대해 아주, 아주 솔직하게 말할 수 있습니다. 저는 신앙생활을 돕는 일을 직업으로 하고 있는 사람이기 때문에 엄청나게 바쁘게 지내기 쉽습니다. 사람들과 늘 대화하고 있고, 계속 가르치고 있으니까요. 하지만 제가 만약 은혜 안에서의 성장을 소홀히 한다면 – 제 마음을 살펴보며 정말로 사람들과 하나님에 대한 사랑이 자라고 있는지를 점검하지 않고 있다면, 기도 생활을 소홀히 하여 실제로 하나님의 임재를 경험하지 않고 있다면, 내면의 삶을 돌보지 않고 있다면 – 저는 은혜의 성장 없이도 그 모든 분주함을 통해 제 안에서 일종의 영적 온기를 끌어낼 수 있습니다. 저는 가르치는 은사를 받았기 때문에, 가르치기 시작하면 어떤 열정이 제 안에서 솟아오릅니다.

그것은 무엇일까요? 제 은사에서 나오는 영적인 열정과 따뜻함입니다. 하지만 저는 속으로 죽어 가고 있을 수도 있습니다. 그리고 은사를 사용하는 것으로 그것을 감출 수 있습니다. 이 때문에 매우 유능한 사역자들이 대단한 일들을 하고, 사람들의 삶을 변화시키며 많은 이들을 인도하다가도 갑자기 무너지거나, 스캔들을 일으키거나, '더는 못 하겠다'며 갑자기 아내를 떠나는 일 같은 일이 벌어지는 것입니다. 사람들은 '도대체 어떻게 그럴 수가 있지? 위선자였던 것일까?'라고 말합니다.

아닙니다. 아마 오래전에, 그 사람은 은혜 안에서의 실제적인 성장을 소홀히 하기 시작했을 것입니다. 그리고 은혜 안에서의 성장을 은사의 사용과 혼동하기 시작했겠죠. 왜냐하면 그는 칭찬을 많이 받았고, 너무 바빴기 때문입니다. 아마도 그는 스스로 '내가 성장하고 있군. 교회가 성장하고 있으니까, 사람들이 나를 칭찬하니까, 내 테이프를 사는 사람이 많아지니까, 내가 성장하고 있는 거야'라고 생각했을 것입니다. 하지만 그 모든 시간 동안, 그의 내면은 점점 말라 가고 있었습니다"(Tim Keller, "How Can We Grow?" 1989년 10월 1일 설교).

감사의 말

1. Graham Howell, "How God Is Making Me into Who I'm Meant to Be," Gospel in Life, Spring 2020, https://gospelinlife.com/.